高职高专财经商贸类专业系列教材

经 济 法

第 3 版

主 编 姜吾梅 余友飞

参 编 伍小美 屠铁君

机 械 工 业 出 版 社

本书围绕高职高专人才培养目标，强调能力本位，以"学中做、做中学"的教学要求为准则，对经济法的内容进行了优化，突出案例教学，并将能帮助学生理解相关法律知识的内容以小资料的形式编入其中，构筑出新颖、充实的内容体系，从而激发学生的学习兴趣，更好地培养学生的专业法律技能，为将来的专业工作提供良好的基础。

本书共分12个模块，主要内容包括经济法导论、公司法律制度、企业法律制度、合同法律制度、担保法律制度、工业产权法律制度、市场秩序法律制度、会计法律制度、票据法律制度、电子商务法律制度、劳动法律制度、经济仲裁与民事诉讼法律制度。为便于学习，每个模块均配有引导案例，模块后附有复习思考题，包括知识题和技能题。

本书编写紧密结合新修订、施行的法律、法规，注重理论联系实际，突出实务性；内容安排上贴近教学，通过引导案例、学习目标、案例分析、小资料、复习思考题等形式帮助学生掌握重点知识和基本技能。

本书既可作为高职高专、成人高等院校的教材，也可以作为国家经济管理机关、企事业单位相关工作人员的参考用书。

图书在版编目（CIP）数据

经济法/姜吾梅，余友飞主编. —3版. —北京：机械工业出版社，2021.2（2025.6重印）

高职高专财经商贸类专业系列教材

ISBN 978-7-111-67104-6

Ⅰ. ①经… Ⅱ. ①姜… ②余… Ⅲ. ①经济法—中国—高等职业教育—教材

Ⅳ. ①D922.29

中国版本图书馆CIP数据核字（2020）第257678号

机械工业出版社（北京市百万庄大街22号 邮政编码100037）

策划编辑：孔文梅　　责任编辑：孔文梅　董宇佳

责任校对：王明欣　　封面设计：鞠　杨

责任印制：单爱军

北京华宇信诺印刷有限公司印刷

2025年6月第3版第8次印刷

184mm×260mm・15.75印张・397千字

标准书号：ISBN 978-7-111-67104-6

定价：49.00元

电话服务　　　　　　网络服务

客服电话：010-88361066　　机 工 官 网：www.cmpbook.com

　　　　　010-88379833　　机 工 官 博：weibo.com/cmp1952

　　　　　010-68326294　　金 书 网：www.golden-book.com

封底无防伪标均为盗版　　机工教育服务网：www.cmpedu.com

前　言

党的二十大报告提出，坚持全面依法治国，推进法治中国建设。我们要坚持走中国特色社会主义法治道路，弘扬社会主义法治精神。本书编写的内容涉及民商事领域基本法律制度，介绍了民事主体的基本权利义务内容，通过对本书的学习，有利于尊法学法守法用法意识的养成，增强全民法治观念。

通过长期的经济法教学，我们认为财经商贸类专业的学生学习经济法主要是为其将来的专业工作服务，重在预防和避免经济纠纷发生的意识和能力的培养。因此，本书的编写围绕对学生专业法律技能的培养展开，其特点主要体现在以下几方面：

（1）新颖性。全书的知识内容均以新颁布或者修改的法律、法规为蓝本，各模块、单元知识结构、案例及习题等均为精心设计，难易适度。

（2）针对性。明确各模块教学应达到的能力目标和知识目标，使教师教有目标、学生学有目标，以强化教学的针对性。同时，各章均配有引导案例，激发学生的学习兴趣。

（3）操作性。依据"必需、够用"原则，对基本法律知识进行了精简，以能力为本位，注重学生专业法律基本技能的培养。为此，本书在各模块后均配有复习思考题，第一部分为知识题，主要考核学生对基本经济法律知识的掌握，即是否已达到知识目标；第二部分为技能题，主要考核学生的专业法律技能，具体是指运用所学的经济法律知识分析实际的经济纠纷案例，即是否已达到能力目标。

（4）实用性。本书采用了大量的经济纠纷案例。除各模块开篇的引导案例外，对重要的、较难理解的经济法律知识也都配有相关案例，在帮助学生消化所学经济法律知识，避免类似经济纠纷发生的同时，也使学生摆脱理论学习的枯燥，提高教学效果。

本书将经济法律知识与实际经济生活紧密结合，深入浅出，重点突出，不仅可以作为高职高专和成人高等院校的教材，也可以作为企业的培训教材和参考资料以及国家经济管理机关、企事业单位相关工作人员的参考用书。

本书第1版于2009年1月出版，深受广大读者的喜爱。2015年修订出版了第2版。

本书第2版出版以来，因书中内容涉及许多法律制度的修正，特别是2020年5月28日第十三届全国人民代表大会第三次会议通过的《中华人民共和国民法典》（以下简称《民法典》）颁布后，有必要对本书进行再次修订。

本次修订，首先是对全书的框架做了调整：从就业角度考虑，为增强大学生劳动法律意识和劳动争议纠纷防范能力，增加了劳动法律制度内容；同时将经济仲裁和民事诉讼法律制度作为单独一个模块，放到了全书的最后。其次，本次修订的主要内容包括：模块一依据《民法典》关于自然人的民事行为能力、法人的分类、诉讼时效、所有权、合同、担保物权、债权、侵权责任等相关内容做了比较大的修改；模块二、模块三从整体篇幅上精简了相应内容；模块四和模块五依据《民法典》关于合同、担保物权等相关内容做了比较大的修改；模块七针对反不正当竞争行为种类及其法律责任做了修改，并依据《民法典》侵权责任，针对产品责任做了修改；模块十主要依据2018年8月31日第十三届全国人大常委会第五次会议通过的《中华人民共和国电子商务法》对单元三电子商务合同法律制度的内容做了较大的修改。此外，书中的案例分析、课后复习思考题也同步进行了更新。

本书共分12个模块，各模块的编写及修订分工如下：模块一、模块七、模块十二由姜吾梅负责；模块二、模块三、模块十由余友飞负责；模块四、模块五、模块六由伍小美负责；模块八、模块九、模块十一由屠铁君负责。全书最后由姜吾梅修改定稿。

为方便教学，本书配备了电子课件、习题答案等教学资源。凡选用本书作为教材的教师均可登录机械工业出版社教育服务网www.cmpedu.com免费下载。如有问题请致电010-88379375，服务QQ：945379158。

本书在编写和修订过程中，得到了机械工业出版社领导、编辑的大力支持，在此深表感谢。写作过程中，我们参阅、引用了有关文献，在此谨向诸多作者及相关组织、个人表示由衷的感谢！

由于编者的时间及精力有限，书中难免存在疏漏之处，敬请专家和广大读者不吝赐教。

编　者

目　录

module 1

模块一
经济法导论

能力目标

◎ 能正确分析经济法律关系的构成。

◎ 能分析各民事主体的法律性质。

◎ 能在经济活动中进行有效的代理，避免无效代理行为。

◎ 能分析所有权和债权法律保护的区别。

知识目标

◎ 了解经济法的产生与发展。

◎ 掌握法人的设立条件以及终止的法定原因。

◎ 掌握代理的种类以及无效代理的法定情形。

◎ 掌握所有权的概念、类型。

◎ 了解债权的发生根据。

经济法调整一定范围的经济关系，是一个独立的法律部门。本模块从经济法的产生与发展入手，介绍经济法的概念和调整对象，经济法的基本原则和作用，经济法律关系，法人制度、代理制度、财产所有权制度、债权制度等相关的民事法律制度。

引导案例

《中华人民共和国民法典》简要解读

《中华人民共和国民法典》（以下简称《民法典》），已于 2020 年 5 月 28 日经第十三届全国人民代表大会第三次会议通过，自 2021 年 1 月 1 日起施行。那么什么是《民法典》？它有哪些亮点？又会给我们的生活带来哪些变化和影响？

《民法典》被称为"社会生活百科全书"，是民事权利的宣言书和保障书，如果说宪法重在限制公权力，那么民法典就重在保护私权利，几乎所有的民事活动，无论是合同签订、公司设立等商务活动，还是物业费缴纳、离婚等个人活动，都能在《民法典》中找到依据。《民法典》共 7 编，依次为总则编、物权编、合同编、人格权编、婚姻家庭编、继承编、侵权责任编以及附则。《民法典》实施后，我国原本的《婚姻法》《继承法》《民法通则》《收养法》《担保法》《合同法》《物权法》《侵权责任法》《民法总则》同时废止。民法是调整市场关系的基本法，各行为主体（民事主体）在市场经济交往过程中应恪守公平、诚信理念，不得"以假充真、以次充好"，应当"重合同，守义务"。同时《民法典》强调对公序良俗的维护、善意第三人利益的保障、生态环境的保护，以及社会整体秩序的维护。

《民法典》共有 49 个亮点，具体包括总则编 8 个亮点、物权编 7 个亮点、合同编 6 个亮点、人格编 7 个亮点、婚姻家庭编 8 个亮点、继承编 6 个亮点、侵权责任编 7 个亮点。下面列举与市场经济活动密切相关的 10 个亮点：

（1）个人信息和网络虚拟财产受保护。自然人的个人信息受法律保护。任何组织或者个人需要获取他人个人信息的，应当依法取得并确保信息安全，不得非法收集、使用、加工、传输他人个人信息，不得非法买卖、提供或者公开他人个人信息（第一百一十一条）。法律对数据、网络虚拟财产的保护有规定的，依照其规定（第一百二十七条）。

（2）诉讼时效延长至 3 年。向人民法院请求保护民事权利的诉讼时效为 3 年。法律另有规定的，依照其规定（第一百八十八条）。

（3）三权分置——土地经营权来了。为适应"三权分置"后土地经营权入市的需要，《民法典》物权编增加土地经营权的规定，并删除耕地使用权不得抵押的规定（第三百三十九条、第三百四十条、第三百四十一条、第三百九十九条）。

（4）走向动产质押和权利质押登记制度的统一。删除了《物权法》中动产质押和权利质押具体登记机构的内容，为今后建立统一的动产质押和权利质押登记制度留下空间（第四百零二条、第四百二十七条）。

（5）扩大担保合同的范围。为优化营商环境提供法治保障，《民法典》在现行物权法规定的基础上，进一步完善了担保物权制度，明确融资租赁、保理、所有权保留等非典型担保合同的担保功能，增加规定担保合同包括抵押合同、质押合同和其他具有担保功能的合同（第三百八十八条第一款）。

（6）电子合同开启无纸化时代。为适应电子商务发展以及老百姓网购寻求的增多，《民法典》规定，数据电文也具有法律效力，这意味着纸质合同将逐步退出互联网时代（第五百一十二条）。

（7）对商家的"霸王条款"说"不"。针对"禁止自带酒""特价、促销商品概不退换"等"霸王条款"，《民法典》完善了格式条款制度（第四百九十一条、第四百九十五条至第四百九十八条）。

（8）加强对知识产权的保护。故意侵害他人知识产权，情节严重的，被侵权人有权请求相应的惩罚性赔偿（第一千一百八十五条）。

（9）完善生产者、销售者召回缺陷产品的责任。依照相关规定采取召回措施的，生产者、销售者应当负担被侵权人因此支出的必要费用（第一千二百零六条第二款）。

（10）规定生态环境的惩罚性赔偿制度，并明确规定了生态环境损害的修复和赔偿规则（第一千二百三十二条、第一千二百三十四条、第一千二百三十五条）。

单元一　经济法概述

一、经济法的产生与发展

"经济法"一词，最早出现在法国空想社会主义者摩莱里 1755 年出版的《自然法典》一书中。1842—1843 年，法国空想社会主义者德萨米在《公有法典》一书中将"分配法和经济法"作为专章加以论述。而具有现代意义的经济法概念，则是在 20 世纪初由德国法学家提出的。

（一）前资本主义时期的经济法

前资本主义时期包括奴隶制时期和封建制时期，这一时期的法律是诸法合体，以刑为主。即把法律调整的所有关系都容纳在一起，并没有按照调整对象来划分不同的部门法。如我国的《秦律》、古巴比伦王国的《汉谟拉比法典》。当然，在这些综合法典中已有相当数量的调整特定经济关系的经济法律规范。如我国的《唐律》中关于土地、手工业、环境、税收等方面的规定，《罗马法》中关于所有权、抵押权、商品交换关系等方面的规定。

（二）资本主义时期的经济法

1. 自由资本主义时期的经济法

在自由资本主义时期，社会经济生活主要依靠价值规律的自发调节，国家对社会经济生活干预较少。资本主义国家调整经济关系的法律规范从"诸法合一"的体系中分立出来，出现了民法、商法、刑法等法律部门的划分。其中，民法、商法成为调整社会经济关系的独立法律部门。如法国 1804 年颁布了《法国民法典》，1807 年颁布了《法国商法典》，确立了平等对价、契约自由、私有财产神圣不可侵犯的立法原则。此外，资本主义国家还颁布了大量经济法规来调整复杂的经济关系，如有关保护贸易和关税、促进工商业发展等方面的规定。

2. 垄断资本主义时期的经济法

资本主义进入垄断时期后，因国家干预社会经济生活而形成了现代意义上的经济法。由于垄断带来的各种社会经济矛盾，原本自由资本主义时期依靠市场"看不见的手"的自发调节已经难以适应，需要求助于"国家之手"来干预和管理经济，因此许多国家制定了干预和管理经济的法律规范。例如，美国于1890年通过了第一部反垄断法——《谢尔曼法》，1914年又通过了《克莱顿法》和《联邦贸易委员会法》；德国在1896年制定了《反不正当竞争法》等。

第一次世界大战推动了经济立法的迅速发展。德国政府在战争期间先后颁布了《关于限制契约最高价格的通知》《确保战时国民粮食措施令》等经济法规。第一次世界大战之后，德国等战败国国民经济崩溃，接踵而来的是世界性的经济危机，资本主义国家不得不采取经济立法的手段来应对和摆脱危机。例如，德国在1919年颁布了以"经济法"命名的《煤炭经济法》和《碳酸钾经济法》。这场危机使那些个别的、局部的法律调整不再有用，迫使资产阶级政府必须从基本经济政策上整体地综合调节国民经济。在历史上比较特殊的时期（如美国罗斯福新政时期），各国颁布实行了一大批经济法规，大都规定了国家调节国民经济的内容。

第二次世界大战以后，资本主义世界相对稳定，经济发展速度较快，国际经济交往增多，这要求经济立法的世界一体化。因此，出现了一些国际经济方面的多边条约，如《联合国国际货物销售合同公约》等。

（三）社会主义时期的经济法

经济法虽然率先在资本主义国家产生并获得了巨大成功，但通过经济立法实现国家对社会经济的控制并不是资产阶级的专利，社会主义国家同样需要而且也完全能够通过法律手段来调整社会主义经济关系。经济法对社会主义国家的经济发展同样具有重要作用，如苏联的《苏联国营企业法》、捷克斯洛伐克的《经济法典》等。

在我国，自1979年以来，在全国人民代表大会的文件和中共中央、国务院的文件中，以及在第九届全国人民代表大会常委会制定的五年立法规划中，都使用了"经济法"这一概念。我国的法学教材、专著等也都使用了这一概念。

1992年10月，中国共产党第十四次全国代表大会完成了对社会主义市场经济理论认识的伟大突破，确定了建立社会主义市场经济体制的改革目标。1993年3月29日，《中华人民共和国宪法修正案》在第八届全国人民代表大会第一次会议上通过，"国家实行社会主义市场经济"和"国家加强经济立法，完善宏观调控"正式写入宪法。与此同时，全国人民代表大会及其常务委员会也加快了经济立法的步伐，从1993年开始陆续地制定和颁布了一系列重要的经济法规，如《中华人民共和国公司法》（以下简称《公司法》）、《中华人民共和国证券法》（以下简称《证券法》）、《中华人民共和国合伙企业法》（以下简称《合伙企业法》）、《中华人民共和国反不正当竞争法》（以下简称《反不正当竞争法》）、《中华人民共和国产品质量法》（以下简称《产品质量法》）等。这些经济法律的出台标志着我国的经济法制已经进入了一个新的发展阶段。

二、经济法的概念与调整对象

（一）经济法的概念

关于经济法的概念，国内外法学界存在着很多争议，我国法学界对经济法的概念问题，在实行社会主义市场经济之前主要有综合经济法论、纵向经济法论、经济行政法论、纵横经济法论、学科经济法论等观点；实行社会主义市场经济之后，主要有国家干预经济关系说、新经济行政法说、经济协调关系说、国家经济管理关系说等观点。

本书所讲的经济法是调整国家在干预经济和协调经济运行过程中所发生的经济关系的法律规范的总称。

（二）经济法的调整对象

经济法调整的经济关系不是一国所有的经济关系，而是一定范围的经济关系，即具有全局性的和社会公共性的经济关系。

1. 市场主体管理关系

市场主体管理关系是指国家为维护社会公共利益，在对具体的市场主体的组织和行为进行必要干预过程中所发生的经济关系。它主要包括市场主体法律地位的确定、市场主体的市场准入条件、市场主体资格的监督以及市场主体退出市场的程序等。

2. 市场经济管理关系

市场经济管理关系是指国家为了维护公平、自由竞争，保护国家、生产经营者的合法权益，保障市场机制的有效运作而规范市场所发生的经济关系。它主要包括公平竞争原则的确立，对不正当竞争行为和垄断行为的规制，公平交易的管理，各类市场的开办、经营、监督等。

3. 宏观经济调控关系

宏观经济调控关系是指国家对关系到国计民生的重大经济因素实行全局性的调控过程中与其他社会组织所发生的关系。它主要包括国家计划和产业政策的制定与实施、经济预算、投资引导、税收征管、金融证券监管、贸易监管、土地利用规划和标准化管理等。

三、经济法的基本原则

经济法的基本原则是指在经济法的宗旨和价值的引导下，规定于或者寓意于经济法律规则之中的对经济立法、经济守法、经济司法和经济法学研究具有全局性的指导意义和适用价值的根本思想或准则。

1. 经济权责一致原则

经济权责一致原则是指在经济法律体系中，各方主体所享有的经济权利（利益）与其所承担的经济义务（责任）必须一致。在经济管理和经营活动中，经济法保障经济法主体依法和正当行使权利及获得的经济利益，同时又要求经济法主体必须对其行为及后果承担相应的责任，未履行其职责和义务或利用经济权利谋求不正当利益的将受到相应的处罚。

2. 适度干预与适度自由原则

适度干预原则是指在经济法的立法、执法、司法过程中，尽量平衡国家与市场的关系，充分发挥其各自的功效，实现"有形之手"与"无形之手"的有机结合；适度自由原则是指国家应当准确地行使自由裁量权，充分调动和激发市场经济主体的积极性与创造性，促进社会资源的优化配置。适度干预的前提是社会本位，目标是经济公平；适度自由的前提是经济民主，目标是经济效益。

3. 可持续发展原则

可持续发展原则是指在经济法的立法、执法、司法和守法等活动中，都应注重其公平性、稳定性和可持续性，注重个体经济效益与整体经济效益、眼前经济效益与长远经济效益、当代发展公平与代际发展公平相统一的一项基本原则。只有遵循可持续发展原则，才能直接或间接地纠正产业结构的失衡，地区发展的不平衡，自然资源、环境资源、人力资源的浪费与滥用行为和各种限制、破坏正常竞争的市场保障，才能真正达到个体经济效益与整体经济效益、当代经济效益与代际经济的有机结合，在最高层次上体现经济法的价值取向。

单元二　经济法律关系

一、经济法律关系的概念

法律关系是一种社会关系，但并非所有的社会关系都是法律关系，只有受法律规范确认和调整的特定的社会关系才能上升为法律关系。因此，法律关系是指由法律规范调整的，有关主体之间的权利义务关系。

经济法律关系是指由经济法律规范调整的，有关经济法主体之间的经济权利义务关系。经济法律关系与经济法调整的特定经济关系是不同范畴的概念：经济法律关系是通过人们的意识而发生的思想意识关系，属于上层建筑的范畴；经济法调整的特定经济关系是通过物而形成的物质利益关系，属于经济基础的范畴。

二、经济法律关系的构成

与其他方面的法律关系一样，经济法律关系由主体、内容和客体三个要素构成，缺少任何一个要素都不能构成经济法律关系。

（一）经济法律关系的主体

1. 经济法律关系主体的概念

经济法律关系的主体是指经济法律关系的参与者，即参与经济法律关系，依法享有经济权利、承担经济义务、独立承担经济法律责任的当事人。享有经济权利的当事人称为权利主体，承担经济义务的当事人称为义务主体。

2. 经济法律关系主体的范围

（1）自然人、个体工商户和农村承包经营户。自然人、个体工商户和农村承包经营户除了可以作为民事主体以外，当他们在国家干预经济运行过程中与其他经济主体产生经济权利和经济义务时，即成为经济法律关系的主体。

（2）法人。在我国，法人包括营利法人、非营利法人、特别法人。

（3）非法人组织。非法人组织是指不具有法人资格，但是能够依法以自己的名义从事民事活动的组织，包括个人独资企业、合伙企业以及不具有法人资格的专业服务机构等。

（4）经济组织的内部机构。经济组织的内部机构虽然不具有独立法律人格，但在一定条件下也是经济法律关系的主体。

（二）经济法律关系的内容

经济法律关系的内容是指经济法主体依法所享有的经济权利和承担的经济义务，它是经济法律关系的核心。

1. 经济权利

经济权利是指经济法律关系的权利主体依法享有的自己为一定行为或不为一定行为，以及要求对方当事人为一定行为或不为一定行为的资格。

（1）经济职权。经济职权是指我国法律赋予国家经济管理机关从事经济管理活动的经济权利，主要包括立法权、决策权、监督权和处罚权等。经济职权对于国家机关来说既是权利又是责任，随意转让、放弃是失职和违法行为。

（2）企业经营管理权。企业经营管理权是指企业进行生产经营活动时依法享有的权利，主要包括经营方式选择权、生产经营决策权、物资采购权、产品销售权、劳动人事管理权、资金支配使用权和物资管理权等。

（3）请求权。请求权是指经济法主体的合法权益受到侵犯时，依法享有的要求侵权人停止侵权行为和要求有关国家机关保护其合法权益的权利，主要包括要求赔偿权、请求调解权、申请仲裁权、民事诉讼权和申请破产权等。

2. 经济义务

经济义务是指经济法律关系的义务主体在法律规定或者当事人约定的范围内为一定行为或者不为一定行为的责任。它主要包括：

（1）遵守法律和行政法规的义务。

（2）履行经济管理职责的义务。

（3）接受和服从合法干预和管理的义务。

（4）全面履行法律规定或约定的义务。

（5）依法纳税的义务。

（6）不得侵犯其他经济法律关系主体的合法权益的义务。

经济权利与经济义务二者相互依存。没有经济权利，就不会有经济义务。经济法律关系主体不能只享有经济权利而不承担经济义务，也不能只承担经济义务而不享有经济权利。

（三）经济法律关系的客体

经济法律关系的客体是指经济法律关系的主体享有经济权利、承担经济义务所共同指向的对象。它是经济法律关系主体的权利和义务的载体，没有客体，经济权利和经济义务就会落空。经济法律关系的客体包括以下内容：

1. 物

物是指能够为经济法律关系的主体控制和支配的，具有一定经济价值并以物质形态表现出来的物体，以及可以充当一般等价物的货币和有价证券。

2. 经济行为

经济行为是指经济法律关系的主体为达到一定经济目的所进行的经济活动，包括经济管理行为、完成一定工作的行为和提供一定劳务的行为。

3. 智力成果

智力成果是指人们从事智力活动所创造的能够带来经济价值的创造性脑力劳动成果，包括知识产权、专有技术和经济信息等。

三、经济法律关系的产生、变更与终止

（一）经济法律关系的产生、变更与终止的概念

经济法律关系的产生是指由经济法律规范所确认的，经济法律关系的主体之间形成的经济权利义务关系。经济法律关系的变更是指已经产生的经济法律关系中部分或全部要素发生改变。经济法律关系的终止是指经济法律关系的主体之间已有的经济权利义务关系的消灭。

（二）经济法律关系的产生、变更与终止的条件

1. 经济法律规范的调整

如果某一经济关系没有相应经济法律规范的调整，就不可能产生经济法律关系，当然也就不会有经济法律关系的变更和终止。

2. 经济法律事实的存在和出现

经济法律事实是指为经济法律规范所调整的，能够引起经济法律关系的产生、变更和终止的客观情况。经济法律事实依其发生与当事人的意志是否有关，可分为事件和行为。

（1）事件。事件是指不以当事人的主观意志为转移的法律事实。事件包括自然现象和社会现象两种。自然现象又称绝对事件，如自然灾害；社会现象又称相对事件，如战争、动乱等。相对事件虽然由人的行为引起，但在法律关系中，它是不以当事人的主观意志为转移的，当事人对其也是不可预见、无法抗拒的。

（2）行为。行为是指以当事人的主观意志为转移的法律事实，它是引起法律关系的产生、变更与终止的最普遍的法律事实。按其性质，行为又可分为经济合法行为与经济违法行为两种。经济合法行为是指符合法律规定并能依当事人的意志发生预期的法律后果的行为，如当事人经协商一致后签订合同的行为。合法的经济行为具有法律效力，受法律保护。经济违法行为是指不符合法律规定的行为，如销售假冒伪劣产品的行为。经济违法行为本身虽不合法，不受法律保护，但它所引起的法律后果是依法受到保护的，只是这种后果通常是与当事人的意志相悖的。

案例分析

2020年11月25日，甲公司与乙公司签订了一份合同。合同约定由甲公司在2021年1月1日前向乙公司交付1000箱啤酒，每箱24元，总货款为24000元。合同其他条款均有约定，合同依法成立。

问题：甲公司与乙公司是否形成了法律关系？如果是，则引起该法律关系产生的法律事实是什么？如果形成了法律关系，请分析其构成。

分析：形成了法律关系。引起该法律关系产生的法律事实是两公司签订合同的行为。该合同法律关系主体为甲公司与乙公司。其内容为：乙公司有权要求甲公司按合同规定实施交付啤酒的行为，同时实施支付合同规定的货款的行为；甲公司有权要求乙公司按合同规定实施支付货款的行为，同时实施交付合同规定的啤酒的行为。其客体为啤酒、货款。

四、经济法律关系的保护

经济法对经济法律关系的保护表现为对违法行为人依法追究经济法律责任，即经济法主体

违反经济法律规范或未履行经济义务时必须承担的法律后果。经济法律责任包括民事责任、行政责任和刑事责任。

民事责任是指经济法主体因违反经济法律法规而应依法承担的民事法律后果。承担民事责任的形式主要包括停止侵害，排除妨碍，消除危险，返还财产，恢复原状，修理、重作、更换，继续履行，赔偿损失，支付违约金，消除影响、恢复名誉以及赔礼道歉等。法律规定惩罚性赔偿的，依照其规定。承担民事责任的方式，可以单独适用，也可以合并适用。

行政责任是指对违反经济法的单位和个人依法追究的行政处罚和行政处分。追究行政责任须由国家行政机关或国家授权的有关单位执行。行政处罚是指行政机关依法对违法单位和个人给予的行政制裁，根据《中华人民共和国行政处罚法》第八条规定，行政处罚的主要形式有警告，罚款，没收违法所得、没收非法财物，责令停产停业，暂扣或者吊销许可证、暂扣或者吊销执照，行政拘留等。行政处分是指行政机关对违法个人所给予的一种纪律处分，主要方式有警告、记过、记大过、降职、撤职、留用察看和开除等。

刑事责任是国家司法机关对违反经济法律、情节严重、构成犯罪的主体给予的刑事制裁，分为主刑和附加刑两大类。主刑有管制、拘役、有期徒刑、无期徒刑和死刑，附加刑有罚金、没收财产、剥夺政治权利和驱逐出境。主刑只能独立适用，附加刑既可以独立适用，也可以作为主刑的附加刑适用。对犯罪的外国人，可以独立适用或者附加适用驱逐出境。企事业单位、机关、团体实施危害社会的行为，法律规定为单位犯罪的，应当负刑事责任，对单位判处罚金，并对直接负责的主管人员和其他直接责任人员判处刑罚。

单元三　相关民事法律制度

一、民事主体制度

（一）自然人

1. 自然人的概念

自然人是指按照自然规律产生，具有自然生命，区别于其他动物的人。自然人是典型的民事主体。

2. 自然人的民事权利能力和民事行为能力

（1）自然人的民事权利能力。它是指自然人作为民事主体参与民事活动，依法享有民事权利、承担民事义务的资格。自然人从出生时起到死亡时止，具有民事权利能力，依法享有民事权利，承担民事义务。自然人的民事权利能力一律平等。

自然人的出生时间和死亡时间，以出生证明、死亡证明记载的时间为准；没有出生证明、死亡证明的，以户籍登记或者其他有效身份登记记载的时间为准。有其他证据足以推翻以上记载时间的，以该证据证明的时间为准。

涉及遗产继承、接受赠与等胎儿利益保护的，胎儿视为具有民事权利能力。但是，胎儿娩出时为死体的，其民事权利能力自始不存在。

（2）自然人的民事行为能力。它是指自然人通过自己的行为参与民事活动，依法行使民事权利、承担民事义务的能力。①完全民事行为能力。18周岁以上的自然人为成年人，不满18周岁的自然人为未成年人。成年人为完全民事行为能力人，可以独立实施民事法律行为；16周岁以上的未成年人，以自己的劳动收入为主要生活来源的，视为完全民事行为能力人。②限制民事行为能力。8周岁以上的未成年人为限制民事行为能力人，实施民事法律行为由其法定代理人代理或者经其法定代理人同意、追认，但其可以独立实施纯获利益的民事法律行为或者与其年龄、智力相适应的民事法律行为；不能完全辨认自己行为的成年人为限制民事行为能力人，实施民事法律行为由其法定代理人代理或者经其法定代理人同意、追认，但其可以独立实施纯获利益的民事法律行为或者与其智力、精神健康状况相适应的民事法律行为。③无民事行为能力。不满8周岁的未成年人为无民事行为能力人，由其法定代理人代理实施民事法律行为；不能辨认自己行为的成年人、8周岁以上的未成年人不能辨认自己行为的，为无民事行为能力人，由其法定代理人代理实施民事法律行为。

无民事行为能力人、限制民事行为能力人的监护人是其法定代理人。不能辨认或者不能完全辨认自己行为的成年人，其利害关系人或者有关组织可以向人民法院申请认定该成年人为无民事行为能力人或者限制民事行为能力人。被人民法院认定为无民事行为能力人或者限制民事行为能力人的，经本人、利害关系人或者有关组织申请，人民法院可以根据其智力、精神健康恢复的状况，认定该成年人恢复为限制民事行为能力人或者完全民事行为能力人。上述有关组织包括居民委员会、村民委员会、学校、医疗机构、妇女联合会、残疾人联合会、依法设立的老年人组织和民政部门等。

案例分析

大学生张三(20周岁)向李某购买二手计算机一台，双方约定李某交付计算机后10天内，张三付清计算机款项。现李某交付计算机已过10天，张三未付款。李某要求张三付款，张三辩称自己是学生没有付款能力而拒绝付款。

问题：张三是否能拒绝付款？为什么？

分析：张三不能拒绝付款。具有完全民事行为能力的成年人可以独立实施民事法律行为，本案中张三购买二手计算机时已经年满18周岁，系具备完全民事行为能力的成年人，其学生身份并不会对其所具有的完全民事行为能力产生影响。因此张三拒绝付款的理由不能成立，张三应该按照约定向李某付款。

3．个体工商户和农村承包经营户

（1）个体工商户。自然人从事工商业经营，经依法登记，为个体工商户。个体工商户可以起字号。个体工商户的债务，由个人经营的，以个人财产承担；由家庭经营的，以家庭财产承担；无法区分的，以家庭财产承担。

（2）农村承包经营户。农村集体经济组织的成员，依法取得农村土地承包经营权，从事家庭承包经营的，为农村承包经营户。农村承包经营户的债务，以从事农村土地承包经营的农户财产承担；事实上由农户部分成员经营的，以该部分成员的财产承担。

（二）法人

1．法人的概念

法人是指具有民事权利能力和民事行为能力，依法独立享有民事权利和承担民事义务的组织。法人是相对于自然人而言的重要的民事主体，是社会组织在法律上的人格化。

法人的特征有：①法人是具有独立名义的社会组织体，具有民事权利能力和民事行为能力；②法人具有独立的财产；③法人能够独立行使民事权利，承担民事义务；④法人独立承担责任。

> **小资料**　小李和小王是某高职院校的在校学生，暑期他们去杭州永泰物流有限责任公司实习。对实习公司的性质，小李认为：杭州永泰物流有限责任公司具有法人资格，以营利为目的，是营利法人。小王则认为：杭州永泰物流有限责任公司是财团法人，但不能以营利为目的。
>
> **结论：**小李的观点是正确的。

2．法人的设立

根据我国《民法典》第五十八条、第六十条规定，法人设立应当具备下列条件：

（1）依法成立。依法成立包含两层意思：①法人是合法组织，其设立目的和宗旨必须合法，法人的活动内容必须合法；②法人的设立程序必须合法。

（2）有必要的财产或者经费。法人本质上是一种经济实体，财产是其人格的基础。在民法领域，无财产即无人格。法人拥有必要的财产或经费，是其享有民事权利和承担民事义务的物质基础，也是其承担民事责任的物质保障。独立的财产有两层含义：①法人的财产独立于其他法人和自然人的财产，彼此不相混同；②法人的财产独立于法人成员或其创始人的财产。

（3）有自己的名称、组织机构和住所。法人的名称是法人与其他民事主体相区别的标志，法人对已经登记注册的名称享有专用权。法人的组织机构是管理法人的事务、代表法人从事民事活动的机构总称，法人的意志通过其组织机构产生并具体实现，没有一定的组织机构，法人就不可能作为有意志的主体参与民事活动，不可能独立享有民事权利和承担民事义务。法人以其主要办事机构所在地为住所。依法需要办理法人登记的，应当将主要办事机构所在地登记为住所。

（4）能够独立承担民事责任。法人独立承担民事责任，以其法定的必要的财产或经费为限。独立的民事责任与独立的意志和独立的财产密切联系。法人独立承担财产责任，一方面表明了法人财产的独立性，另一方面也表明了法人成员和创立人的有限责任。

3．法人的终止

根据《民法典》第六十八条规定，有下列原因之一并依法完成清算、注销登记的，法人终止：①法人解散；②法人被宣告破产；③法律规定的其他原因。法人终止，法律、行政法规规定须经有关机关批准的，依照其规定。

根据《民法典》第六十九条规定，有下列情形之一的，法人解散：①法人章程规定的存续期间届满或者法人章程规定的其他解散事由出现；②法人的权力机构决议解散；③因法人合并或者分立需要解散；④法人依法被吊销营业执照、登记证书，被责令关闭或者被撤销；⑤法律规定的其他情形。

4．法人的法定代表人

根据《民法典》第六十一条、六十二条规定，依照法律或者法人章程的规定，代表法人从事民事活动的负责人，为法人的法定代表人。法定代表人以法人名义从事的民事活动，其法律后果由法人承受。法人章程或者法人权力机构对法定代表人代表权的限制，不得对抗善意相对人。法定代表人因执行职务造成他人损害的，由法人承担民事责任。法人承担民事责任后，依照法律或者法人章程的规定，可以向有过错的法定代表人追偿。

〔案例分析〕

许冰和秦汉各出资500万元设立了杭州中泰投资有限公司，许冰担任公司的执行董事。某一天，许冰委托公司员工张浩然去市场监督管理部门办理公司变更手续。

问题：谁是法人？是什么性质的法人？谁是法定代表人？谁是法人代表？哪些人可以担任公司的法定代表人？

分析：杭州中泰投资有限公司是法人，属营利法人。许冰是法定代表人。张浩然是法人代表。董事长、执行董事、经理是公司的法定代表人。

5. 法人的分类

（1）营利法人。根据《民法典》第七十六条规定，以取得利润并分配给股东等出资人为目的成立的法人，为营利法人。营利法人包括有限责任公司、股份有限公司和其他企业法人等。

营利法人是法人中的典型类型，其法律特征有：①人格性。营利法人具有法律上的人格。②团体性。营利法人是个人结合的社团，是社团法人，具有显著的团体性特征。③营利性。营利法人的设立目的是取得利润并分配给其股东，其原则就是股东至上，实现利益最大化。

营利法人经依法登记成立。依法设立的营利法人，由登记机关发给营利法人营业执照，营业执照签发日期为营利法人的成立日期。设立营利法人应当依法制定法人章程。营利法人应当设权力机构，权力机构行使修改法人章程，选举或者更换执行机构、监督机构成员，以及法人章程规定的其他职权。营利法人应当设执行机构。执行机构行使召集权力机构会议，决定法人的经营计划、投资方案，决定法人内部管理机构的设置，以及法人章程规定的其他职权。执行机构为董事会或者执行董事的，董事长、执行董事或者经理按照法人章程的规定担任法定代表人；未设董事会或者执行董事的，法人章程规定的主要负责人为其执行机构和法定代表人。营利法人设监事会或者监事等监督机构的，监督机构依法行使检查法人财务，监督执行机构成员、高级管理人员执行法人职务的行为，以及法人章程规定的其他职权。

（2）非营利法人。为公益目的或者其他非营利目的成立，不向出资人、设立人或者会员分配所取得利润的法人，为非营利法人。非营利法人包括事业单位、社会团体、基金会、社会服务机构等，其法律特征有：①法人性。非营利法人具有法人资格，而不同于非法人组织。②非营利性。非营利法人的设立目的具有非营利性。③独特性。非营利法人财产权结构具有独特性。④双重属性。非营利法人兼具公与私的双重属性。

1）事业单位法人。具备法人条件，为适应经济社会发展需要，提供公益服务设立的事业单位，经依法登记成立，取得事业单位法人资格；依法不需要办理法人登记的，从成立之日起，具有事业单位法人资格。事业单位法人设理事会的，除法律另有规定外，理事会为其决策机构。事业单位法人的法定代表人依照法律、行政法规或者法人章程的规定产生。

2）社会团体法人。具备法人条件，基于会员共同意愿，为公益目的或者会员共同利益等非营利目的设立的社会团体，经依法登记成立，取得社会团体法人资格；依法不需要办理法人登记的，从成立之日起，具有社会团体法人资格。设立社会团体法人应当依法制定法人章程。社会团体法人应当设会员大会或者会员代表大会等权力机构，并设理事会等执行机构。理事长或者会长等负责人按照法人章程的规定担任法定代表人。

3）捐助法人。具备法人条件，为公益目的以捐助财产设立的基金会、社会服务机构等，经依法登记成立，取得捐助法人资格。依法设立的宗教活动场所，具备法人条件的，可以申请法人登记，取得捐助法人资格。法律、行政法规对宗教活动场所有规定的，依照其规定。设立捐助法人应当依法制定法人章程。捐助法人应当设理事会、民主管理组织等决策机构，并设执行机构。理事长等负责人按照法人章程的规定担任法定代表人。捐助法人应当设监事会等监督机构。

（3）特别法人。机关法人、农村集体经济组织法人、城镇农村的合作经济组织法人、基层群众性自治组织法人，为特别法人。

①有独立经费的机关和承担行政职能的法定机构从成立之日起，具有机关法人资格，可以从事为履行职能所需要的民事活动。机关法人被撤销的，法人终止，其民事权利和义务由继任的机关法人享有和承担；没有继任的机关法人的，由作出撤销决定的机关法人享有和承担。②农村集体经济组织依法取得法人资格。法律、行政法规对农村集体经济组织有规定的，依照其规定。③城镇农村的合作经济组织依法取得法人资格。法律、行政法规对城镇农村的合作经济组织有规定的，依照其规定。④居民委员会、村民委员会具有基层群众性自治组织法人资格，可以从事为履行职能所需要的民事活动。未设立村集体经济组织的，村民委员会可以依法代行村集体经济组织的职能。

案例分析

> 某有限责任公司、某工厂所属研究所、某市总工会、某厂厂长、某大学、个人独资企业、合伙企业、某大学法学院、市政府、市妇联、中国律师协会。
>
> **问题：** 上述哪些为法人，为何种法人？
>
> **分析：** 上述某有限责任公司、某市总工会、某大学、市政府、市妇联、中国律师协会为法人。其中，某有限责任公司为营利法人；某市总工会、某大学、市妇联、中国律师协会为非营利法人；市政府为特别法人。
>
> 某厂厂长为自然人，某工厂所属研究所、某大学法学院为法人内部组织机构，个人独资企业、合伙企业为非法人组织。

6. 法人的民事权利能力和民事行为能力

（1）法人的民事权利能力。法人的民事权利能力是指法人作为民事主体参与民事活动，依法享有民事权利、承担民事义务的资格。法人的民事权利能力和自然人的民事权利能力是有区别的，具体表现在以下几个方面：

1）民事权利能力的开始与终止时间不同。自然人的民事权利能力自自然人出生时开始，死亡时终止；法人的民事权利能力则是自法人设立时开始，解散或者破产时终止。

2）民事权利能力的范围不同。法人不能享有自然人所享有的某些以人身为前提的民事权利能力，如法人不能成为婚姻家庭的主体，不能进行收养、接受抚养和继承遗产等法律行为。当然，自然人也不能享有国家机关法人对国家财产进行经营和管理的资格和能力。

3）民事权利能力的限制不同。自然人的民事权利能力具有其广泛性和平等性，自然人之间的民事权利能力一般是没有区别和不同限制的。法人则因业务范围、活动方式的不同，各自的民事权利能力也是有区别的。同时，法人的民事权利能力受其目的、任务及业务范围的限制，法人无权进行违背其宗旨和超越其业务范围的活动。

法人的民事权利能力也及于与法人有关的人身权，如法人的名称、生产标记和商标、荣誉等。法人的这种权利如果被侵犯，就有权依照诉讼程序请求制止这种侵犯，保护其合法权益。当由于这种侵犯而受到了经济上的损失时，法人也有权要求给以补偿。

（2）法人的民事行为能力。法人的民事行为能力是指法人通过自己的行为参与民事活动，依法行使民事权利、承担民事义务的能力。法人的民事行为能力与自然人的民事行为能力也是不同的，具体表现在以下几个方面：

1）法人的民事行为能力与法人的民事权利能力同时产生，而自然人的民事行为能力因其年龄和智力的不同而不同。

2）法人的民事行为能力的范围是与其民事权利能力的范围相一致的，各个法人的民事权利能力和民事行为能力都有其特殊性，法人的行为违反其宗旨和超出其业务范围时，就会产生无效的法律后果，必要时还要承担相应的法律责任；而自然人的民事行为能力在其范围上，没有这种特殊性的差异。

3）法人的民事行为能力是由法人的法定代表人实现的，而自然人的民事行为能力一般是由其自身来实现的。法人的法定代表人在其职权范围内，对外以法人的名义进行民事法律行为，是法人的行为，产生的法律后果由法人承担。

二、代理制度

（一）代理

1. 代理的概念

代理是指代理人在代理权限范围内，以被代理人的名义独立与第三人实施法律行为，由此所产生的法律后果直接由被代理人承担的法律制度。代理涉及三方之间的法律关系，即代理人与被代理人之间的关系、代理人与第三人之间的关系以及被代理人与第三人之间的关系。

2. 代理的法律特征

（1）代理行为必须是具有法律意义的行为。所谓具有法律意义，是指通过代理人实施的行为能够产生一定的法律后果，即引起一定民事法律关系的产生、变更或终止。

（2）代理行为必须以被代理人的名义实施。由于代理行为的法律后果最终由被代理人来承担，所以代理人必须以被代理人的名义实施法律行为。如果代理人以自己的名义实施法律行为，那么这种行为就是代理人自己的行为，而不是代理行为。

> **小资料** 受托人接受委托人的委托后，为了实现委托人的利益而以自己的名义实施的民事活动，是行纪行为，而不是代理行为。例如，信托商店代销商品。

（3）代理人必须在代理权限内独立进行意思表示。代理人在代理权限内，有权进行独立判断，作出意思表示。非独立作出意思表示的行为，如传递信息等，均不属于代理行为。

小资料　代理的这一特征，使其与居间人、传达人、中证人等区别开来：居间人是指为有关当事人的成交活动起媒介作用，促成双方达成协议的人，他并不参加到双方的法律关系之中，无须进行独立的意思表示；传达人是指传达消息的人，他只是把一方当事人的意思传达给另一方当事人，对是否产生某种法律后果不负责任，也无须进行独立的意思表示；中证人是指双方产生、变更或终止某种法律关系的证明人，他只是对某种法律事实起证明作用，既不参加该项法律关系，也不进行独立的意思表示。

（4）代理行为的法律后果直接归于被代理人。代理是被代理人通过代理人实施自己所要进行的法律行为，因此，代理行为法律后果的直接承担者是被代理人，承担的法律后果包括代理行为所设定的权利和义务，也包括代理人在执行代理任务中由于过错所造成的损失。

代理主要适用于民事法律行为，如买卖、租赁、承揽、保险，代理他人行使追认权、撤销权，代理他人进行要约撤回、承诺撤回，代理申请注册商标，代理申报纳税行为，代理诉讼行为等。不适用代理的行为包括：①违法行为；②当事人约定某些事项不得代理，则不得适用代理；③法律要求本人亲自实施的行为，即具有严格人身性质的行为，例如立遗嘱、结婚登记、离婚、收养子女等；④按照行为性质不得代理，即具有严格人事性质的行为，例如专家专题报告、受约演出等。

（二）有权代理

根据《民法典》第一百六十三条规定，代理包括委托代理和法定代理。委托代理人按照被代理人的委托行使代理权，法定代理人依照法律的规定行使代理权。

1. 委托代理

委托代理是指基于被代理人的委托授权而发生代理权的代理。被代理人的委托可以基于授权行为发生，也可以依据合伙关系等发生。代理权由被代理人向代理人直接授予，可以是全权代理，也可以是部分代理，一般以授权委托书的形式表现。被代理人出具的授权委托书，对代理人的代理权限具有决定性意见，授权委托书授权不明的，代理行为的后果仍应由被代理人来承担，代理人负连带责任。

行使委托代理权的基本要求包括：①代理人必须为被代理人的利益实施代理行为；②代理人必须亲自实施代理行为；③代理人必须在代理权限范围内行使代理权；④代理人必须谨慎、勤勉、忠实地行使代理权。

委托代理应注意以下几点：

（1）代理双方须有完全的民事行为能力。

（2）代理的事务须是法律允许代理的。

（3）授权可用口头形式或书面形式。《民法典》第一百六十五条规定，委托代理授权采用书面形式的，授权委托书应当载明代理人的姓名或者名称、代理事项、权限和期限，并由被代理人签名或者盖章。

（4）委托代理关系确立后，代理人一般应亲自处理委托的事务。

代理人知道或者应当知道代理事项违法仍然实施代理行为，或者被代理人知道或者应当知道代理人的代理行为违法而未作反对表示的，被代理人和代理人应当承担连带责任。

2. 法定代理

法定代理是指依照法律的规定而产生代理权的代理。法定代理一般适用于被代理人是无民事行为能力人或限制民事行为能力人，监护人即为其法定代理人。代理人与被代理人之间有一定的社会关系，如父母是未成年子女的法定代理人。

代理人不履行或者不完全履行职责，造成被代理人损害的，应当承担民事责任。代理人和相对人恶意串通，损害被代理人合法权益的，代理人和相对人应当承担连带责任。

（三）无权代理

无权代理是指无代理权而以他人名义实施法律行为。无权代理主要有三种情况：没有代理权的代理、超越代理权限的代理以及代理权终止后的代理。

无权代理发生后，只有经过被代理人的追认，被代理人才承担民事责任；未经追认的行为，由行为人承担民事责任。被代理人知道他人以被代理人名义实施民事行为而不作否认表示的，视为同意。《民法典》第一百七十一条规定，行为人没有代理权、超越代理权或者代理权终止后，仍然实施代理行为，未经被代理人追认的，对被代理人不发生效力。相对人可以催告被代理人自收到通知之日起 30 日内予以追认。被代理人未作表示的，视为拒绝追认。行为人实施的行为被追认前，善意相对人有撤销的权利。撤销应当以通知的方式作出。行为人实施的行为未被追认的，善意相对人有权请求行为人履行债务或者就其受到的损害请求行为人赔偿。但是，赔偿的范围不得超过被代理人追认时相对人所能获得的利益。相对人知道或者应当知道行为人无权代理的，相对人和行为人按照各自的过错承担责任。

（四）表见代理

表见代理是指被代理人的行为足以使第三人相信无权代理人具有代理权，并基于这种信赖而与无权代理人实施法律行为的代理。表见即为表现的意思，表见代理即是表现为有权代理的无权代理。《民法典》第一百七十二条规定，行为人没有代理权、超越代理权或者代理权终止后，仍然实施代理行为，相对人有理由相信行为人有代理权的，代理行为有效。

1. 表见代理构成要件

（1）行为人没有代理权。

（2）客观上存在使相对人相信行为人具有代理权的理由，这种相信表现为：①相对人相信代理人有代理权的事实；②相对人对代理人有代理权建立了信赖。

（3）相对人与无权代理人成立法律行为。

（4）相对人对此为善意且无过失。

小资料 表见代理发生的几种常见原因：

（1）被代理人以书面或口头形式直接或间接地对第三人表示他人为自己的代理人，而事实上并未对该他人进行授权，第三人信赖被代理人的表示而与该他人为法律行为。

（2）被代理人将有证明代理权之存在意义的文件交给他人，第三人信赖此项文件而与该他人为法律行为。而事实上，被代理人对该他人并无授予代理权的意图。例如：持有被代理人的介绍信，或盖有被代理人的合同专用章的空白合同书。

（3）代理关系终止后，被代理人未采取必要措施公示代理关系终止的事实，并收回代理人持有的代理证书，以致造成第三人不知道代理关系终止而仍与前代理人为法律行为。

（4）行为人的外观表象足以使第三人认为其有代理权而与之交易。例如：被代理人知道他人以自己的名义进行活动而不置可否。

2．表见代理法律效力

（1）产生有权代理的效力。

（2）表见代理人对被代理人的损失承担损害赔偿责任。

（3）善意相对人主张撤销时，被代理人不得主张表见代理。

案例分析

　　张某原为甲公司的业务经理，是甲公司的业务代理人，后因工作需要，调整工作岗位，担任公司办公室主任一职。在工作交接时，张某谎称合同章在出差途中被窃，公司因考虑张某是公司老员工，就没有进一步深究和采取其他措施。在担任公司办公室主任后，张某以甲公司的名义与乙公司（乙公司为甲公司较为长期稳定的客户，知道张某是甲公司的业务经理）签订了一份买卖合同，合同由双方盖章。合同履行期限已过，乙公司见甲公司没有履行合同，就找到甲公司，甲公司才知有此合同，但此时合同标的物的市场价格已有较大变动，甲公司认为张某以甲公司的名义与乙公司签订合同是无权代理行为，合同无效，拒绝履行合同。

　　问题：张某的代理行为是否有效？合同的法律后果由谁承担？为什么？

　　分析：张某以甲公司的名义与乙公司签订合同的行为是表见代理。在本案中，行为人张某代理甲公司签订合同的代理权已终止，但合同的相对人乙公司为甲公司较为长期稳定的客户，知道张某是甲公司的业务经理，乙公司在主观上是善意的、无过失的，乙公司有理由相信行为人张某有代理权。因此，张某的代理行为有效，合同的法律后果由甲公司承担。

（五）代理权的终止

1．委托代理终止

根据《民法典》第一百七十三条规定，有下列情形之一的，委托代理终止：

（1）代理期限届满或者代理事务完成。

（2）被代理人取消委托或者代理人辞去委托。

（3）代理人丧失民事行为能力。

（4）代理人或者被代理人死亡。

（5）作为代理人或者被代理人的法人、非法人组织终止。

2．法定代理终止

根据《民法典》第一百七十五条规定，有下列情形之一的，法定代理终止：

（1）被代理人取得或者恢复完全民事行为能力。

（2）代理人丧失民事行为能力。

（3）代理人或者被代理人死亡。

（4）法律规定的其他情形。

三、所有权制度

（一）所有权概述

1. 所有权的概念

所有权，是权利人依法按照自己的意志通过其对所有物进行占有、使用、收益和处分等方式进行独占性支配，并排斥他人非法干涉的永久性物权。《民法典》第二百四十条规定，所有权人对自己的不动产或者动产，依法享有占有、使用、收益和处分的权利。

所有权为最典型的物权，是财产权利的核心内容。所有权是权利人全面支配标的物，并排除他人干涉的权利。所谓"全面支配"，即表现为财产所有权的权利内容具体包括对标的物的占有、使用、收益、处分，其不仅包括对标的物使用价值的支配，还包括对标的物交换价值的支配。因此，财产所有权又被称为完全物权。

2. 所有权的征收

《民法典》第二百四十三条规定，为了公共利益的需要，依照法律规定的权限和程序可以征收集体所有的土地和组织、个人的房屋以及其他不动产。征收集体所有的土地，应当依法及时足额支付土地补偿费、安置补助费以及农村村民住宅、其他地上附着物和青苗等的补偿费用，并安排被征地农民的社会保障费用，保障被征地农民的生活，维护被征地农民的合法权益。征收组织、个人的房屋以及其他不动产，应当依法给予征收补偿，维护被征收人的合法权益；征收个人住宅的，还应当保障被征收人的居住条件。任何组织或者个人不得贪污、挪用、私分、截留、拖欠征收补偿费等费用。

《民法典》第二百四十四条规定，国家对耕地实行特殊保护，严格限制农用地转为建设用地，控制建设用地总量。不得违反法律规定的权限和程序征收集体所有的土地。

3. 所有权的征用

《民法典》第二百四十五条规定，因抢险救灾、疫情防控等紧急需要，依照法律规定的权限和程序可以征用组织、个人的不动产或者动产。被征用的不动产或者动产使用后，应当返还被征用人。组织、个人的不动产或者动产被征用或者征用后毁损、灭失的，应当给予补偿。

（二）所有权法律关系

1. 所有权法律关系的主体

所有权法律关系的权利主体为所有权人，权利主体是特定的；所有权法律关系的义务主体为所有权人以外的任何人，义务主体是不特定的。

2. 所有权法律关系的内容

财产所有权法律关系的内容是指所有权法律关系的主体所享有的权利和承担的义务。所有权人对标的物享有占有、使用、收益和处分的权利（权能），这四项权能，有时其中一项、两项甚至三项暂时与所有权人分离，但这并不意味着所有权人因此丧失所有权。这种分离也是所有权人行使所有权的形式之一。

所谓占有权能，是指所有权人对物实际管领和支配的权能，不是行使所有权的目的，而是所有权人对物进行使用、收益和处分的前提。

所谓使用权能，是指所有权人按照物的性能和用途，对其加以利用，以满足生产和生活需要的权能。使用权能是权利人对标的物的事实上的支配，本质上是对标的物使用价值的利用。

所谓收益权能，是指收取由原物产生出来的新增经济价值的权能，包括天然孳息和法定孳息，例如收取树木结出的果子、收取出租物产生的租金等。

所谓处分权能，是指权利主体对其财产在事实上和法律上进行处置的权能。处分权能是所有权的主要权能，为所有权的核心内容，包括事实上的处分和法律上的处分。事实上的处分指对标的物进行物理上处置的事实行为，如消费某种产品、拆除房屋等；法律上的处分是指使标的物的所有权发生变动的法律行为，如通过买卖合同移转标的物所有权、通过抵押合同设定抵押权等。

财产所有权法律关系的义务主体所承担的是不作为的义务，即不得妨碍或侵害他人的合法财产所有权。财产所有权的权利主体不需要任何人的帮助，就可以行使自己的权利。

3．所有权法律关系的客体

财产所有权法律关系的客体为特定的物，包括不动产和动产。桥梁、房产等建筑设施，耕地、草原、滩涂、矿产等自然资源，道路、通信、电力、天然气等基础设施都是不动产；动产的概念非常宽，汽车、轮船、工厂的机器设备、家具、衣服等都属于动产。

（三）所有权的类型

1．国家所有权

《民法典》第二百四十六条规定，法律规定属于国家所有的财产，属于国家所有即全民所有。国有财产由国务院代表国家行使所有权。法律另有规定的，依照其规定。国家所有财产具体如表 1-1 所示。

表 1-1　国家所有财产一览表

序号	国家所有财产
1	矿藏、水流、海域
2	无居民海岛（国务院代表国家行使无居民海岛所有权）
3	城市的土地，法律规定属于国家所有的农村和城市郊区的土地
4	森林、山岭、草原、荒地、滩涂等自然资源（法律规定属于集体所有的除外）
5	法律规定属于国家所有的野生动植物资源
6	无线电频谱资源
7	法律规定属于国家所有的文物
8	国防资产
9	铁路、公路、电力设施、电信设施和油气管道等基础设施，依照法律规定为国家所有的

《民法典》第二百五十八条、二百五十九条规定，国家所有的财产受法律保护，禁止任何组织或者个人侵占、哄抢、私分、截留、破坏。履行国有财产管理、监督职责的机构及其工作人员，应当依法加强对国有财产的管理、监督，促进国有财产保值增值，防止国有财产损失；滥用职权，玩忽职守，造成国有财产损失的，应当依法承担法律责任。违反国有财产管理规定，在企业改制、合并分立、关联交易等过程中，低价转让、合谋私分、擅自担保或者以其他方式造成国有财产损失的，应当依法承担法律责任。

2．集体所有权

《民法典》第二百六十条规定，集体所有的不动产和动产包括：

（1）法律规定属于集体所有的土地和森林、山岭、草原、荒地、滩涂。

（2）集体所有的建筑物、生产设施、农田水利设施。

（3）集体所有的教育、科学、文化、卫生、体育等设施。

（4）集体所有的其他不动产和动产。

对于集体所有的土地、森林、山岭、草原、荒地、滩涂等，依照下列规定行使所有权：①属于村农民集体所有的，由村集体经济组织或者村民委员会依法代表集体行使所有权；②分别属于村内两个以上农民集体所有的，由村内各该集体经济组织或者村民小组依法代表集体行使所有权；③属于乡镇农民集体所有的，由乡镇集体经济组织代表集体行使所有权。

农民集体所有的不动产和动产，属于本集体成员集体所有。集体所有的财产受法律保护，禁止任何组织或者个人侵占、哄抢、私分、破坏。

3．私人所有权

《民法典》第二百六十六条、第二百六十七条规定，私人对其合法的收入、房屋、生活用品、生产工具、原材料等不动产和动产享有所有权。私人的合法财产受法律保护，禁止任何组织或者个人侵占、哄抢、破坏。

（四）所有权的取得和消灭

所有权的取得是指权利主体通过一定的法律事实取得所有权；所有权的消灭是指通过某种法律行为或事实，使所有权人丧失所有权。

1．所有权的取得

（1）所有权的最初取得（又称原始取得）。它指的是根据法律规定，不以原所有权人的所有权和意志为根据而直接取得所有权，主要包括劳动生产、没收、收归国有和孳息。

（2）所有权的传来取得（又称继受取得）。它指的是根据法律规定，以原所有权人的所有权和意志为根据，通过一定的法律行为而直接取得所有权，如通过买卖、继承、赠予等取得所有权。这是最普遍、最常见的所有权取得方式。

（3）所有权的善意取得。善意取得是指无权处分他人财产的财产占有人不法将其占有的财产转让给第三人，受让人在取得该财产时系出于善意，即依法取得该财产的所有权，原财产所有人不得要求受让人返还财产的物权取得制度。根据《民法典》第三百一十一条规定，无处分权人将不动产或者动产转让给受让人的，所有权人有权追回。除法律另有规定外，符合下列情形的，受让人取得该不动产或者动产的所有权：①受让人受让该不动产或者动产时是善意的；②以合理的价格转让；③转让的不动产或者动产依照法律规定应当登记的已经登记，不需要登记的已经交付给受让人。受让人依法取得不动产或者动产的所有权的，原所有权人有权向无处分权人请求损害赔偿。

2．所有权的消灭

（1）所有权客体的消灭。所有权客体的消灭是所有权的绝对消灭。

（2）所有权的转让。所有权的转让对于转让人来讲是消灭了所有权，而对于受让人来讲则是继受取得了所有权，因此所有权的转让也称相对消灭。

（3）所有权的抛弃。所有权人自愿将所有物抛弃，或放弃依法享有的所有权，原所有权随即消灭。

（4）所有权主体的消灭。这是指法人或者其他社会组织的终止和公民的死亡。法人终止，经过清算之后，法人对原来财产的所有权归于消灭；公民死亡后，其对财产的所有权随即消失，财产转移至继承人所有。

（5）所有权因强制手段而消灭。这是指国家运用强制手段消灭所有人对物的所有权。这种强制消灭可以是无偿的，如作为法律的处罚方法的没收；也可以是有偿的，如国家依法征购、征用集体所有的土地。

不动产所有权的设立、变更、转让和消灭，一般采用登记公示方式；动产所有权的设立、变更、转让和消灭，一般采用占有交付的公示方式。法律另有规定的除外。

（五）所有权的共有

共有是指两个以上的民事主体对同一不动产或动产共同享有所有权。《民法典》第二百九十七条规定，不动产或者动产可以由两个以上组织、个人共有。共有与公有是两个不同的概念：公有属于经济上的所有制范畴，且公有财产的主体是单一的（在我国，只能是国家和集体组织）；而共有属于法律上的所有权范畴，共有财产的主体是多个共有人。共有又可分为按份共有和共同共有。

1. 按份共有

按份共有是指按份共有人对共有的不动产或动产按照其份额享有所有权。按份共有的最重要的法律特征是：共有人对共有物享有份额，各个共有人依据其不同的份额来确定其享有权利和承担义务的范围。在按份共有关系中，共有人享有多少份额，通常应当依照共有发生的原因决定（基于当事人意思而产生的共有，则依当事人的意思决定；基于法律规定而产生的共有，则按法律的规定处理）。按份共有人可以转让其份额，在转让其份额时，其他共有人在同等条件下享有优先购买权。

2. 共同共有

共同共有是指共同共有人对共有的不动产或者动产共同享有所有权。共同共有产生的基础是共同关系（例如，因为夫妻关系的存在，才发生夫妻财产的共同共有关系；因为家庭关系的存在，才发生家庭财产的共同共有关系）。共同共有财产权利不分份额，只要共同关系存在，共同共有人就不分份额地共同享有权利，只有在共同共有关系终止、共有财产分割以后，才能确定各共有人的份额，各共同共有人行使的权利及于整个共有财产，而不仅仅及于共有财产的某个部分。共同共有人对共同财产享有的权利和承担的义务平等。共同共有主要有夫妻共有财产、家庭共有财产、共同继承的遗产等。

处分共有的不动产或者动产以及对共有的不动产或者动产作重大修缮的，应当经占份额2/3 以上的按份共有人或者全体共同共有人同意，但共有人之间另有约定的除外。

四、债权制度

（一）债权概述

1. 债权的概念

债是指按照合同的约定或者依照法律的规定，在当事人之间产生的特定的权利和义务关系。

债权是因合同、侵权行为、无因管理、不当得利以及法律的其他规定，权利人请求特定义务人为或者不为一定行为的权利。享有权利的人是债权人，负有义务的人是债务人。债权人有权要求债务人按照合同的约定或者依照法律的规定履行义务。在债的关系中，多数是双方当事人既享有权利，也负有义务，而且权利和义务是相对应的；也有的只有当事人一方享有权利，而另一方只负有义务。

2. 债权的法律特征

债权具有不同于财产所有权关系的法律特征：

（1）债权法律关系的权利主体（即债权人）是特定的，义务主体（即债务人）也是特定的。

（2）债权法律关系的内容由债权人的权利和债务人的义务组成，多数情况下是债权人请求债务人为一定行为，少数情况下是债权人请求债务人不为一定行为。债权人的权利只能通过债务人的行为来实现。

（3）债权法律关系的客体可以是物，如买卖合同法律关系的客体为合同标的物；也可以是行为，如运输、承揽等合同法律关系的客体是提供劳务的行为。

（二）债权的发生根据

根据《民法典》第一百一十八条规定，民事主体依法享有债权。债权的发生根据主要有合同、侵权行为、无因管理以及不当得利。

1. 合同

合同也称契约，是指民事主体之间设立、变更或终止民事权利义务关系的协议。合同行为是引起债权债务关系发生的最主要根据。《民法典》第一百一十九条规定，依法成立的合同，对当事人具有法律约束力。

2. 侵权行为

侵权行为是指行为人不法侵害他人民事权利的行为。《民法典》第一百二十条规定，民事权益受到侵害的，被侵权人有权请求侵权人承担侵权责任。侵权行为一经发生，就会在加害人和受害人之间产生权利义务关系，即受害人有要求加害人赔偿其财产损失或人身损害所带来的经济损失的权利，加害人则负有赔偿这种损失的义务。因侵权行为而产生的债，传统民法称其为"侵权之债"或"致人损害之债"，简称"损害赔偿"。

3. 无因管理

无因管理是指没有法定的或者约定的义务，为避免他人利益受损失，自觉为他人管理事务或者服务的行为。《民法典》第一百二十一条规定，没有法定或者约定的义务，为避免他人利益受损失而进行管理的人，有权请求受益人偿还由此支出的必要费用。

在无因管理中，管理人应像管理自己的事务那样尽心管理，并及时通知或寻找其事务被管理者，如有下落，应将所管理的事务及时返还；而其事务被管理者则负有赔付管理者在管理过程中所支付的合理费用及直接损失的义务。例如，台风来临，甲见隔壁邻居乙的房屋屋顶不牢（乙不在家），有被台风刮走的可能，于是出于好意帮乙修理了屋顶，这种行为即属于无因管理。

4. 不当得利

不当得利是指没有法律根据，自己获得利益，而使他人受到损失的行为。《民法典》第一百二十二条规定，因他人没有法律根据，取得不当利益，受损失的人有权请求其返还不当利益。由于这种获利没有法律或合同上的根据，并有损于他人的利益，因而不当得利一旦发生，其利益所有人（受害者）有权请求不当得利人返还不应得的利益，不当得利者则负有返还的义务。例如，商店卖东西，多找了钱。

（三）债的种类

1. 单一之债与多数人之债

凡债权人和债务人都为一人的，为单一之债；债权人和债务人一方或双方是两人以上的，为多数人之债。

2. 按份之债与连带之债

多数人之债又可分为按份之债与连带之债。按份之债是指债的多数主体，按其各自的份额享有债权或承担债务的债。在按份之债中，如果债权人是多数，各就自己的份额享有请求清偿的权利，即为按份债权，按份债权人无权就整个债权受偿，也不得未经委托就代表其他债权人受偿；如果债务人是多数，各就自己的份额负有偿还的义务，即为按份债务，按份债务人不负清偿全部债务的义务，不经债务转移也不负有清偿其他债务人债务的义务。连带之债是指债的多数主体中的任何一个主体，都有就整个债权要求全部清偿的权利，或就整个债务负有全部清偿的义务。在连带之债中，如果债权人是多数，任何一个债权人都有请求债务人向他履行全部债务的权利，即为连带债权；如果债务人是多数，任何一个债务人，都负有向债权人履行全部债务的义务，即为连带债务。在连带之债的某个连带债务人偿还了全部债务后，连带债务关系即已消灭，同时在连带债务人之间产生了按份之债，即偿还全部债务的债务人有权向其余的连带债务人请求清偿其各自承担的份额；同样，在某个连带债权人接受了债务的全部清偿后，也就消灭了原来的连带债务关系，在债权人之间产生了新的按份之债，即受偿的债权人成为其他债权人的债务人，向其他债权人负有履行按份之债的义务。

（四）债的消灭

债的消灭是指因一定法律事实的出现而使既存的债权债务关系客观上不复存在，也称债的终止。

导致债消灭的原因主要有清偿、抵消、提存、混同、免除及当事人死亡等。

复习思考题

第一部分 知 识 题

一、单项选择题

1. 下列各项中，属于法律事件的是（　　）。

　　A. 发行债券　　　B. 签订合同　　　C. 台风　　　D. 签发支票

2. 下列行为中，不构成代理的是（　　）。

　　A. 甲受公司委托，代为处理公司的民事诉讼纠纷

B. 乙受公司委托，以该公司名义与他人签订买卖合同

C. 丙受公司委托，代为申请专利

D. 丁受公司委托，代表公司在年会上致辞

3. 小赵微信转账时，不小心转错了对象，与对方协商无果后小赵想通过起诉要回该笔款项，该笔转错的钱在法律上的性质属于（　　　）。

    A. 合同行为   B. 侵权行为

    C. 不当得利   D. 无因管理

4. 根据我国《民法典》规定，12周岁的吴小花为（　　　）。

    A. 无民事行为能力人   B. 可视为完全民事行为能力人

    C. 限制民事行为能力人   D. 完全民事行为能力人

5. 下列各项中，属于特别法人的是（　　　）。

    A. 杭州市上城区财政局   B. 甲有限责任公司

    C. 浙江某职业技术学院   D. 乙合伙企业

二、多项选择题

1. 下列各项中，能够作为经济法律关系客体的有（　　　）。

    A. 商品   B. 商标   C. 公民   D. 组织

2. 私人对其合法的（　　　）等不动产和动产享有所有权。

    A. 工资收入   B. 计算机   C. 农用拖拉机   D. 房屋

3. 下列各项中，属于经济法主体违反经济法可能承担的民事责任形式有（　　　）。

    A. 停止侵害   B. 赔偿损失   C. 排除妨碍   D. 罚款

4. 下列行为中不适用代理的有（　　　）。

    A. 违法行为   B. 结婚、离婚

    C. 遗嘱   D. 合同行为

5. 根据我国《民法典》规定，下列属于非法人组织的有（　　　）。

    A. 甲个人独资企业   B. 乙合伙企业

    C. 丙律师事务所   D. 丁会计师事务所

三、判断题

1. 公民就是自然人，自然人就是公民。   （　　　）

2. 所有公民都具有民事权利能力，但是否具有民事行为能力则要视其年龄和智力状况而定。   （　　　）

3. 无线电频谱资源可以由国家所有也可以由私人所有。   （　　　）

4. 凡债权人为一人的，即是单一之债。   （　　　）

5. 违法行为不受法律保护，因而不能引起经济法律关系的产生、变更或终止。（　　　）

第二部分　技　能　题

四、综合分析题

春风客运公司的一辆大客车因雨天路滑，坠入山崖，造成多人受伤。受伤乘客凭买车票时

一起支付保险费取得的保险单向保险公司索赔，但保险公司拒绝赔偿。

保险公司的拒赔理由为：保险公司和春风客运公司签有协议，由保险公司委托春风客运公司在每位旅客购买车票时为其购买人身意外伤害保险，并在每个月的 5 号前，双方结算，保险公司向春风客运公司支付总保险费 5% 的手续费。然而，春风客运公司已有 3 个月未与保险公司进行结算，保险公司没有拿到这些受伤旅客的保险费，因此拒绝赔偿。

请问：

（1）本案例中包含哪几种法律关系？

（2）每种法律关系有哪些构成要素？

（3）保险公司的拒赔理由能否成立？为什么？

module 2

模块二

公司法律制度

学习目标

能力目标

◎ 能从法律的角度研究公司的设立、组织管理及其规范运行。

◎ 能辨别公司法人与其他市场主体的法律地位的不同。

◎ 能判别一人有限责任公司与个人独资企业的投资者在承担法律责任上的区别。

知识目标

◎ 了解公司的种类、法律地位、股东承担责任的方式。

◎ 掌握公司债券发行的法律规定。

◎ 掌握公司的财务会计制度。

◎ 掌握有限责任公司的设立、组织机构以及一人有限责任公司的特别规定。

◎ 掌握股份有限公司的设立、组织机构、股份的发行与转让。

公司是市场经济中最重要的主体，是营利法人，也是典型的企业法人。公司法是调整公司关系的法律规范，是民商法体系中十分重要的法律部门。本模块从公司概念入手，介绍了公司董事、监事、高级管理人员的资格和义务，公司债券，公司财务会计制度，公司合并、分立以及公司解散、清算等基本法律制度；一人有限责任公司的特殊规定；以及有限责任公司、股份有限公司的概念、设立、组织机构、股权转让、股份发行与转让等公司法律问题。

引导案例

小股东可以担任公司董事吗

袁某、徐某、李某三人成立了一家有限责任公司，出资比例分别为90%、8%、2%。根据工商登记资料，袁某为公司的法定代表人、执行董事兼总经理，徐某为公司监事，李某为公司董事。

公司因经营不善而破产倒闭，现公司破产管理人起诉袁某、徐某、李某作为公司的高管，未尽勤勉义务，导致公司重大资产流失，应当承担赔偿责任。

徐某、李某辩称：两人均为小股东，对公司并没有控制权，并未参与公司的实际经营。虽然工商登记显示为监事、董事，但只是一个形式上的登记，实际上并没有真正担任公司管理职务，更未参与公司的日常管理。

一审法院审理认为，从工商登记信息看，三被告分别为公司的法定代表人、监事、董事，均属于公司高管。徐某、李某均抗辩称其为公司小股东，并不参与公司经营，并非公司高管。但二人并未提供足以推翻工商登记信息的证据，故对该抗辩，法院不予采纳。

根据我国《公司法》第一百四十七条、第一百四十九条之规定，袁某、徐某、李某作为公司的高管，未尽勤勉义务，导致公司重大资产流失，应当承担赔偿责任。

因此，小股东通过公司章程约定也可以担任公司高管，企业工商登记信息对外具有公示效力，小股东并不能以股权所占比例小而否定自身的高管职务，若未尽勤勉义务，也应承担相应责任。

单元一 公司法概述

一、公司的概念、特征与分类

（一）公司的概念

公司是指依法设立的以营利为目的的企业法人，有独立的法人财产，享有法人财产权。公司以其全部财产对公司的债务承担责任。公司是社会经济活动最主要的主体，也是最重要的企业形式。根据我国《公司法》的规定，公司是指依法在我国境内设立的有限责任公司和股份有限公司。有限责任公司的股东以其认缴的出资额为限对公司承担责任；股份有限公司的股东以其认购的股份为限对公司承担责任。

（二）公司的特征

1. 公司以营利为目的

公司是以营利为目的的独立经济组织。公司由投资者出资组成，投资者的投资目的是获得投资的收益和回报，而要实现这一目的，必然要求公司最大限度地追求经营利润。

2. 公司是企业法人

（1）公司拥有独立的财产。我国《公司法》第三条规定："公司是企业法人，有独立的法人财产，享有法人财产权。"公司财产虽然主要是由股东出资构成，但一经出资给公司，所有权即归公司享有。

（2）公司独立承担民事责任。公司以其自身拥有的全部资产对其债务负责。公司的独立责任是其独立人格的标志，是公司具有法人地位的集中表现。

3. 公司依法成立

公司的设立受《公司法》的直接调整，依法定条件和程序成立，具有明确的法定性。

（三）公司的分类

1. 以公司的股东责任为标准，可将其分为有限责任公司和股份有限公司

我国《公司法》第二条明确规定公司的类型只包括两种：依法在中国境内设立的有限责任公司和股份有限公司。

2. 以公司的内部管辖关系为标准，可将其分为总公司和分公司

总公司也称本公司，是指依法设立并管辖公司全部组织的具有企业法人资格的总机构。分公司是指被总公司所管辖的公司分支机构，不具有企业法人资格，仅为总公司的附属机构，其民事责任由总公司承担。分公司虽然不具有企业法人资格，但仍具有经营资格。

3. 以一个公司对另一个公司的控制与支配关系为标准，可将其分为母公司和子公司

母公司又称为控股公司，是指通过掌握其他公司一定比例的股份，从而实际控制或支配其他公司的生产经营活动的公司。子公司是指全部股份或一定比例的股份被另一公司实际控制的公司。子公司具有企业法人资格，有自己的公司名称、章程和财产，独立地以自己的名义从事经营，依法独立承担民事责任。

4. 以公司的国籍为标准，可将其分为本国公司和外国公司

本国公司是指依照我国《公司法》在中国境内设立的公司。外国公司是指依照外国法律在中国境外设立的公司。

二、公司法的概念

公司法是调整公司的设立、活动、解散及其对内对外关系的法律规范的总称。公司法不仅包括具有法典性质的统一《公司法》，也包括涉及公司法律关系的所有其他法律、法规、法令、规章、司法解释等，它们都是公司法的存在形式。

我国《公司法》于1993年12月29日第八届全国人民代表大会常务委员会第五次会议通过，1999年12月25日第九届全国人民代表大会常务委员会第十三次会议第一次修正，2004年8月28日第十届全国人民代表大会常务委员会第十一次会议第二次修正，2005年10月27日第十届全国人民代表大会常务委员会第十八次会议修订，2013年12月28日第十二届全国人民代表大会常务委员会第六次会议第三次修正，2018年10月26日第十三届全国人民代表大会常务委员会第六次会议第四次修正。

公司注册资本制度改革与发展

2013年我国《公司法》第三次修正时对公司注册资本制度进行了一次重大的改革，其中的亮点包括取消公司最低注册资本分别应达3万元、10万元、500万元的限制，不再限制股东的首次出资比例以及货币出资比例，取消股东2年内缴足出资、投资公司5年内缴足出资、一人公司股东应一次足额缴纳出资的规定，允许股东自主约定认缴出资额、出资方式、出资期限等。同时，简化登记事项和登记文件，公司登记时，不再需要提交验资报告。

这次《公司法》修正确立了完全的注册资本认缴制，与注册资本实缴制不同的是，认缴制下，股东享有出资期限利益，股东在公司章程约定的出资期限内缴纳出资即可，有利于投资创业，便利公司设立，推动公司发展，使"零首付"和"白手起家"成为现实。

三、公司董事、监事、高级管理人员的资格和义务

公司董事、监事是公司董事会、监事会的组成人员；高级管理人员包括公司的经理、副经理、财务负责人，以及上市公司董事会秘书和公司章程规定的其他人员。

（一）公司董事、监事、高级管理人员的任职资格

任职资格即任职条件，包括积极条件和消极条件。我国《公司法》第一百四十六条规定了公司董事、监事、高级管理人员任职资格的五种消极条件。有下列情形之一的，不得担任公司的董事、监事、高级管理人员：①无民事行为能力或者限制民事行为能力；②因贪污、贿赂、侵占财产、挪用财产或者破坏社会主义市场经济秩序，被判处刑罚，执行期满未逾5年，或者因犯罪被剥夺政治权利，执行期满未逾5年；③担任破产清算的公司、企业的董事或者厂长、经理，对该公司、企业的破产负有个人责任的，自该公司、企业破产清算完结之日起未逾3年；④担任因违法被吊销营业执照、责令关闭的公司、企业的法定代表人，并负有个人责任的，自该公司、企业被吊销营业执照之日起未逾3年；⑤个人所负数额较大的债务到期未清偿。

公司违反前款规定选举、委派董事、监事或者聘任高级管理人员的，该选举、委派或者聘任无效。董事、监事、高级管理人员在任职期间出现上述所列情形的，公司应当解除其职务。

（二）公司董事、监事、高级管理人员的忠实、勤勉义务

我国《公司法》第一百四十七条、第一百四十八条规定了公司董事、监事、高级管理人员的忠实、勤勉义务：董事、监事、高级管理人员应当遵守法律、行政法规和公司章程，对公司负有忠实义务和勤勉义务。董事、监事、高级管理人员不得利用职权收受贿赂或者其他非法收入，不得侵占公司的财产。

董事、高级管理人员不得有下列行为：①挪用公司资金；②将公司资金以其个人名义或者以其他个人名义开立账户存储；③违反公司章程的规定，未经股东会、股东大会或者董事会同

意，将公司资金借贷给他人或者以公司财产为他人提供担保；④违反公司章程的规定或者未经股东会、股东大会同意，与本公司订立合同或者进行交易；⑤未经股东会或者股东大会同意，利用职务便利为自己或者他人谋取属于公司的商业机会，自营或者为他人经营与所任职公司同类的业务；⑥接受他人与公司交易的佣金归为己有；⑦擅自披露公司秘密；⑧违反对公司忠实义务的其他行为。董事、高级管理人员违反上述规定所得的收入应当归公司所有。

（三）公司董事、监事、高级管理人员的赔偿责任

《公司法》第一百四十九条规定了公司董事、监事和高级管理人员的赔偿责任：董事、监事、高级管理人员执行公司职务时违反法律、行政法规或者公司章程的规定，给公司造成损失的，应当承担赔偿责任。

四、公司债券

（一）公司债券概述

公司债券是指公司依照法定程序发行、约定在一定期限还本付息的有价证券。公司债券具有如下特征：①发行主体必须是符合条件的各类公司；②以借贷方式向公众筹集资金，利率固定、风险较小、易于吸引资金；③公司债券是一种要式证券；④公司债券是有价证券。

公司债券可以为记名债券，也可以为无记名债券。发行记名公司债券的，应当在公司债券存根簿上载明下列事项：①债券持有人的姓名或者名称及住所；②债券持有人取得债券的日期及债券的编号；③债券总额，债券的票面金额、利率、还本付息的期限和方式；④债券的发行日期。发行无记名公司债券的，应当在公司债券存根簿上载明债券总额、利率、偿还期限和方式、发行日期及债券的编号。

上市公司经股东大会决议可以发行可转换为股票的公司债券，并在公司债券募集办法中规定具体的转换办法。发行可转换为股票的公司债券，应当在债券上标明可转换公司债券字样，并在公司债券存根簿上载明可转换公司债券的数额。

（二）公司债券的发行条件

公司发行公司债券应当符合《证券法》规定的发行条件。公开发行公司债券，应当符合下列条件：①具备健全且运行良好的组织机构；②最近3年平均可分配利润足以支付公司债券1年的利息；③国务院规定的其他条件。

公开发行公司债券筹集的资金，必须按照公司债券募集办法所列资金用途使用；改变资金用途，必须经债券持有人会议作出决议。公开发行公司债券筹集的资金，不得用于弥补亏损和非生产性支出。

申请公开发行公司债券，应当向国务院授权的部门或者国务院证券监督管理机构报送下列文件：①公司营业执照；②公司章程；③公司债券募集办法；④国务院授权的部门或者国务院证券监督管理机构规定的其他文件。

依照《证券法》规定聘请保荐人的，还应当报送保荐人出具的发行保荐书。

有下列情形之一的，不得再次公开发行公司债券：①对已公开发行的公司债券或者其他债务有违约或者延迟支付本息的事实，仍处于继续状态；②违反本法规定，改变公开发行公司债

券所募资金的用途。

（三）公司债券的转让

公司债券可以转让，转让价格由转让人与受让人约定。公司债券在证券交易所上市交易的，按照证券交易所的交易规则转让。债券转让价格主要受到银行存款利率与债券供求关系的影响，因此应当由债券买卖双方，即转让人与受让人商议确定。

关于公司债券的转让方式，记名公司债券由债券持有人以背书方式或者法律、行政法规规定的其他方式转让；转让后由公司将受让人的姓名或者名称及住所记载于公司债券存根簿。无记名公司债券的转让由债券持有人将该债券交付给受让人后即发生转让的效力。对于记名债券的转让，须以背书方式转让。

五、公司财务会计制度

（一）公司财务会计报告

公司应当依照法律、行政法规和国务院财政部门的规定建立本公司的财务会计制度。公司应当在每一会计年度终了时编制财务会计报告，并依法经会计师事务所审计。财务会计报告应当依照法律、行政法规和国务院财政部门的规定制作。有限责任公司应当依照公司章程规定的期限将财务会计报告送交各股东。股份有限公司的财务会计报告应当在召开股东大会年会的 20 日前置备于本公司，供股东查阅；公开发行股票的股份有限公司必须公告其财务会计报告。

财务会计报表至少应该包括下列组成部分：资产负债表、利润表、现金流量表、所有者权益（或股东权益）变动表和附注。其中，资产负债表是反映公司在某一特定时期的财务状况的财务报表；利润表是反映公司在一定会计期间的经营成果的财务报表；现金流量表是反映公司在一定会计期间的现金和现金等价物流入和流出的财务报表；所有者权益变动表是反映公司构成所有者权益的各组成部分当期的增减变动情况的财务报表；附注是对财务报表中列示项目所作的进一步说明以及对未能在这些财务报表中列示项目的说明等。

（二）公司利润分配

公司分配当年税后利润时，应当提取利润的 10% 列入公司法定公积金。公司法定公积金累计额为公司注册资本的 50% 以上的，可以不再提取。公司的法定公积金不足以弥补以前年度亏损的，在依照规定提取法定公积金之前，应当先用当年利润弥补亏损。公司从税后利润中提取法定公积金后，经股东会或者股东大会决议，还可以从税后利润中提取任意公积金。

公司弥补亏损和提取公积金后所余税后利润，有限责任公司股东按照实缴的出资比例分取红利，但全体股东约定不按照出资比例分取红利的除外；股份有限公司按照股东持有的股份比例分配，但股份有限公司章程规定不按持股比例分配的除外。股东会、股东大会或者董事会违反法律规定，在公司弥补亏损和提取法定公积金之前向股东分配利润的，股东必须将违反规定分配的利润退还公司。公司持有的本公司股份不得分配利润。

（三）公司公积金的使用

公积金包括法定公积金、任意公积金和资本公积金。其中，资本公积金是指直接从公司资本或资产或其他原因所生之利益而形成的金额。股份有限公司以超过股票票面金额的发行价格发行股份所得的溢价款以及国务院财政部门规定列入资本公积金的其他收入，应当列为公司资本公积金。

公司的公积金用于弥补公司的亏损、扩大公司生产经营或者转为增加公司资本。但是，资本公积金不得用于弥补公司的亏损，只能用于扩大公司生产经营或者转增为公司资本。法定公积金转为资本时，所留存的该项公积金不得少于转增前公司注册资本的25%。

六、公司合并、分立

（一）公司合并

公司合并可以采取吸收合并或者新设合并。吸收合并指一个公司吸收其他公司，被吸收的公司解散，即兼并；新设合并指两个以上公司合并设立一个新的公司，合并各方解散。

公司合并应当由合并各方签订合并协议，并编制资产负债表及财产清单。公司应当自作出合并决议之日起10日内通知债权人，并于30日内在报纸上公告。债权人自接到通知书之日起30日内，未接到通知书的自公告之日起45日内，可以要求公司清偿债务或者提供相应的担保。公司合并时，合并各方的债权、债务应当由合并后存续的公司或者新设的公司承继。

（二）公司分立

公司分立，其财产作相应的分割，应当编制资产负债表及财产清单。公司应当自作出分立决议之日起10日内通知债权人，并于30日内在报纸上公告。公司分立前的债务由分立后的公司承担连带责任，但公司在分立前与债权人就债务清偿达成的书面协议另有约定的除外。

公司财产按分立协议分割，公司债务也应由分立后的各个公司分别承担。如果在分立协议中约定了债务分担的，该债务承担须经债权人同意，否则无效。如果未能与债权人就清偿债务或者提供担保达成协议的，或者债务分配协议规定不明或者根本没有规定的，债务由分立后的公司承担连带责任。

七、公司解散、清算

（一）公司解散

公司解散和清算的最终结果是导致公司法人资格消灭，即公司终止。公司解散使得公司法人资格被消灭，其特征表现为：①永久性地消灭公司法人资格和经营主体资格；②债权人或有关机关在作出公司解散决定后，公司并不立即终止，其法人资格仍存在，直到依法清算完毕并注销后才消灭其主体资格；③必须经过法定清算程序。

公司解散的情形主要包括：①自愿解散；②合并或分立解散；③吊销营业执照；④责令关闭；⑤被撤销；⑥司法解散。《公司法》第一百八十条规定了公司解散的法定情形：①公司章程规定的营业期限届满或者公司章程规定的其他解散事由出现；②股东会或者股东大会决议解散；③因公司合并或者分立需要解散；④依法被吊销营业执照、责令关闭或者被撤销；⑤人民法院依照《公司法》第一百八十二条的规定予以解散（第一百八十二条：公司经营管理发生严重困难，继续存续会使股东利益受到重大损失，通过其他途径不能解决的，持有公司全部股东表决权10%以上的股东，可以请求人民法院解散公司）。

（二）公司清算

1. 清算组的成立与组成

公司依照《公司法》规定而解散的，除因公司合并或者分立需要解散的情形外，应当在解散事由出现之日起 15 日内成立清算组，开始清算。有限责任公司的清算组由股东组成，股份有限公司的清算组由董事会或者股东大会确定的人员组成。逾期不成立清算组进行清算的，债权人可以申请人民法院指定有关人员组成清算组进行清算。人民法院应当受理该申请，并及时组织清算组进行清算。

2. 清算组的职权、义务与责任

公司清算期间，公司法人依然存在，公司股东会、监事会仍存在，但董事会及执行机构的高管已失去了职权，而由清算组接管。清算组在清算期间行使下列职权：①清理公司财产，分别编制资产负债表和财产清单；②通知、公告债权人；③处理与清算有关的公司未了结的业务；④清缴所欠税款以及清算过程中产生的税款；⑤清理债权、债务；⑥处理公司清偿债务后的剩余财产；⑦代表公司参与民事诉讼活动。

清算组成员应当忠于职守，依法履行清算义务。清算组成员不得利用职权收受贿赂或者其他非法收入，不得侵占公司财产。清算组成员因故意或者重大过失给公司或者债权人造成损失的，应当承担赔偿责任。

3. 债权人申报债权

债权申报是自公司进入清算阶段后，依照法定程序主张并证明其债权，以便通过清算程序实现债权的法律行为。清算组应当自成立之日起 10 日内通知债权人，并于 60 日内在报纸上公告。债权人应当自接到通知书之日起 30 日内，未接到通知书的自公告之日起 45 日内，向清算组申报其债权。债权人申报债权，应当说明债权的有关事项，并提供证明材料。清算组应当对债权进行登记。在申报债权期间，清算组不得对债权人进行清偿。

4. 清算财产分配

清算组在清理公司财产、编制资产负债表和财产清单后，应当制定清算方案，并报股东会、股东大会或者人民法院确认。公司财产在分别支付清算费用、职工工资、社会保险费用和法定补偿金，缴纳所欠税款，清偿公司债务后的剩余财产，有限责任公司按照股东的出资比例分配，股份有限公司按照股东持有的股份比例分配。清算期间，公司存续，但不得开展与清算无关的经营活动。公司财产在未依照上述规定清偿前，不得分配给股东。

清算组在清理公司财产、编制资产负债表和财产清单后，发现公司财产不足清偿债务的，应当依法向人民法院申请宣告破产。公司经人民法院裁定宣告破产后，清算组应当将清算事务移交给人民法院。不足清偿债务是指公司净资产减去支付的清算费用、职工工资和社会保险费用、税款后，余额小于公司债务的情况。公司的债权人也享有宣告破产的申请权。人民法院接到破产申请后，应依法审查，裁定宣告进入破产还债程序。

5. 公司注销登记

公司清算结束后，清算组应当制作清算报告，报股东会、股东大会或者人民法院确认，并报送公司登记机关，申请注销公司登记，公告公司终止。公司清算组应当自公司清算结束之日起 30 日内向原公司登记机关申请注销登记。有分公司的公司申请注销登记，还应当提交分公司的注销登记证明。经公司登记机关注销登记，公司终止。

单元二　有限责任公司

一、有限责任公司的概念与特征

（一）有限责任公司的概念

有限责任公司简称有限公司，是指由法律规定的一定人数的股东所组成，股东以其出资额为限对公司承担责任，公司以其全部资产对公司债务承担责任的企业法人。

（二）有限责任公司的特征

1. 股东人数有法定限制

股东是指按其所认缴出资额向有限责任公司缴纳出资的人。有限责任公司的股东可以是自然人，也可以是法人。我国《公司法》规定，有限责任公司由 50 个以下股东出资设立。

2. 股东对公司债务承担有限责任

有限责任公司的股东只以其认购的出资额为限对公司负责，对超出其出资额范围的公司债务不承担责任，公司的债权人也不得直接向股东主张债权或请求清偿。

3. 公司兼具人合性与资合性

一方面，有限责任公司具有人合性的特点，股东相互了解信任；另一方面，有限责任公司又具有资合性的特点，股东对公司债务承担有限责任。

二、有限责任公司的设立

根据《公司法》规定，设立公司，应当依法向公司登记机关申请设立登记。符合规定的设立条件的，由公司登记机关分别登记为有限责任公司或者股份有限公司；不符合《公司法》规定的设立条件的，不得登记为有限责任公司或者股份有限公司。法律、行政法规规定设立公司必须报经批准的，应当在公司登记前依法办理批准手续。

（一）设立条件

设立有限责任公司，应当具备下列条件：①股东符合法定人数；②有符合公司章程规定的全体股东认缴的出资额；③股东共同制定公司章程；④有公司名称，建立符合有限责任公司要求的组织机构；⑤有公司住所。

1. 股东符合法定人数

《公司法》第二十四条规定，有限责任公司由 50 个以下股东出资设立。由该规定可以看出，我国对有限责任公司的股东人数的上限作了严格限定，即不超过 50 人。但对于有限责任公司股东人数的下限，不再有 2 人以上的要求。

2．有符合公司章程规定的全体股东认缴的出资额

股东出资，只需股东在公司章程明确约定认缴的出资额，即实行注册资本认缴登记制。但银行业金融机构、证券公司、期货公司、基金管理公司、保险公司、保险专业代理机构和保险经纪人、直销企业、对外劳务合作企业、融资性担保公司、募集设立的股份有限公司，以及劳务派遣企业、典当行、保险资产管理公司、小额贷款公司等27类行业目前暂不实行注册资本认缴登记制，仍有注册资本实缴、注册资本最低限额的规定。

3．股东共同制定公司章程

设立有限责任公司必须具备公司章程。有限责任公司的公司章程是记载公司组织规范及其行动准则的书面文件，体现着全体股东的共同意志，并对全体股东、公司的组织机构和经营管理人员均有约束力。公司章程是公司的行为准则，也是确定股东权利义务的依据。

有限责任公司章程应当载明下列事项：①公司名称和住所；②公司经营范围；③公司注册资本；④股东的姓名或者名称；⑤股东的出资方式、出资额和出资时间；⑥公司的机构及其产生办法、职权、议事规则；⑦公司法定代表人；⑧股东会会议认为需要规定的其他事项。股东应当在公司章程上签名、盖章。

公司章程条款如果与《公司法》或其他法律、法规的强制性规定相冲突，该章程条款无效，登记机构也有权拒绝登记。但如果公司章程的条款不违反法律、法规的强制性规定，在法律适用上，章程条款具有优先于公司法规定的效力。

4．有公司名称，建立符合有限责任公司要求的组织机构

依法设立的有限责任公司，必须在公司名称中标明"有限责任公司"或者"有限公司"字样，公司名称应符合《企业名称登记管理实施办法》规定。依我国《公司法》的规定，有限责任公司的内部组织机构一般分为股东会、董事会和监事会等。

5．有公司住所

《公司法》第十条规定："公司以其主要办事机构所在地为住所。"设立分公司的，分公司也应有营业场所，并需要在营业场所所在地的登记机关办理登记。但分公司不是法人，且我国法律不承认公司可以有多个住所，故分公司的营业场所不具有住所的地位和效力。

（二）设立程序

相对于股份有限公司的设立，有限责任公司的设立程序相对简单。依我国《公司法》及相关法律规定，有限责任公司的设立应经过下列程序：

1．股东发起

有限责任公司只能由股东发起设立。具体而言，股东首先要对设立有限责任公司进行可行性分析和预测，确定设立公司的意向。在股东有数人时，应签订股东发起人协议或作出发起人会议决议。该协议或决议是明确公司设立过程中股东发起人各自权利义务的书面文件。

2．订立公司章程

公司章程主要是规范公司成立后各方行为的，须严格按照法律、法规的规定订立。依我国《公司法》的规定，公司章程须经全体股东同意并签名盖章，报登记主管机关备案后，才能正式生效。

3. 申请名称预先核准

设立有限责任公司，应当由全体股东指定的代表或者共同委托的代理人向公司登记机关申请名称预先核准，由公司登记机关发给企业名称预先核准通知书。预先核准的公司名称保留期为 6 个月。预先核准的公司名称在保留期内，不得用于从事经营活动，不得转让。

4. 股东认缴出资

股东可以用货币出资，也可以用实物、知识产权、土地使用权等可以用货币估价并可以依法转让的非货币财产作价出资；但法律、行政法规规定不得作为出资的财产除外。不得作为出资的财产主要是指劳务、信用、自然人姓名、商誉、特许经营权或者设定担保的财产等。对作为出资的非货币财产应当评估作价，核实财产，不得高估或者低估作价。

股东应当按期足额缴纳公司章程中规定的各自所认缴的出资额。股东以货币出资的，应当将货币出资足额存入有限责任公司在银行开设的账户；以非货币财产出资的，应当依法办理其财产权的转移手续。有限责任公司成立后，应当向股东签发出资证明书。股东不按照规定缴纳出资的，除应当向公司足额缴纳外，还应当向已按期足额缴纳出资的股东承担违约责任。有限责任公司成立后，发现作为设立公司出资的非货币财产的实际价额显著低于公司章程所定价额的，应当由交付该出资的股东补足其差额；公司设立时的其他股东承担连带责任。公司成立后，股东不得抽逃出资。

5. 申请设立登记

股东认足公司章程规定的出资后，由全体股东指定的代表或者共同委托的代理人向公司登记机关报送公司登记申请书、公司章程等文件，申请设立登记。2013 年《公司法》修正取消了在公司登记时需要提交验资报告的规定，即股东认缴出资后，不再需要验资机构验资并出具证明。减少了登记事项所需要的材料，极大简化了登记程序。

申请设立有限责任公司，应当向公司登记机关提交下列文件：①公司法定代表人签署的设立登记申请书；②全体股东指定代表或者共同委托代理人的证明；③公司章程；④股东首次出资是非货币财产的，应当在公司设立登记时提交已办理其财产权转移手续的证明文件；⑤股东的主体资格证明或者自然人身份证明；⑥载明公司董事、监事、经理的姓名、住所的文件以及有关委派、选举或者聘用的证明；⑦公司法定代表人任职文件和身份证明；⑧企业名称预先核准通知书；⑨公司住所证明；⑩公司登记机关规定要求提交的其他文件。

6. 签发营业执照

营业执照的签发日期为有限责任公司的成立日期。公司营业执照应当载明公司的名称、住所、注册资本、经营范围、法定代表人姓名等事项。自成立之日起公司取得法人资格，可以公司名义对外从事经营活动。凭登记机关颁发的企业法人营业执照，公司可以刻制印章、开立银行账户、申请纳税登记。

（三）股东知情权

股东有权查阅、复制公司章程、股东会会议记录、董事会会议决议、监事会会议决议和财务会计报告。

股东可以要求查阅公司会计账簿。股东要求查阅公司会计账簿的，应当向公司提出书面请求，说明目的。公司有合理根据认为股东查阅会计账簿有不正当目的，可能损害公司合法利益的，可以拒绝提供查阅，并应当自股东提出书面请求之日起15日内书面答复股东并说明理由。公司拒绝提供查阅的，股东可以请求人民法院要求公司提供查阅。

案例分析

有限责任公司的设立

甲、乙、丙、丁四人决定共同投资设立公司，四人协议约定如下：拟设立有限责任公司，公司名称为大地实业公司；公司注册资本100万元，其中甲以机器设备出资50万元，乙、丙各以货币出资10万元，丁以专利技术出资折价30万元；委托甲办理设立公司的申请登记手续。

甲到当地市场监管部门申请公司设立登记。经补正、修改相关材料后，3月5日，当地市场监管部门向甲颁发了3月1日签发的公司营业执照。甲认为，按照法律规定，公司成立应当公告，因此于同年3月15发出公司成立的公告。

问题：

（1）本案中关于公司名称、出资方式的约定是否符合法律规定？说明理由。

（2）在申请公司设立过程中，四人委托甲办理设立公司的申请登记手续，是否符合法律规定？说明原因。

（3）大地公司成立的日期应当是哪一天？

（4）甲认为，按照法律规定大地公司成立应当公告，甲的观点是否正确，为什么？

分析：

（1）公司名称不符合法律规定。按照我国《公司法》规定，有限责任公司必须在公司名称中标明"有限责任公司"字样。本案中的出资方式符合法律规定。

（2）符合。股东认足公司章程规定的出资后，由全体股东指定的代表或者共同委托的代理人向公司登记机关申请设立登记。

（3）大地公司成立的日期为公司营业执照签发日期，即3月1日。

（4）甲的观点不正确，因为我国《公司法》没有要求有限责任公司成立后应当公告。

三、有限责任公司组织机构

（一）股东会

有限责任公司股东会由全体股东组成。股东会是公司的权力机构，依照公司法规定行使职权。股东会是股东共同意志的机构即意思形成机构，也是公司的最高权力机构，因此往往法律上会赋予其较大的职权，也能够较好地实现自治。但股东会同样要在法定范围内以及公司章程内行使职权。

1. 股东会职权

股东会行使下列职权：①决定公司的经营方针和投资计划；②选举和更换非由职工代表担任的董事、监事，决定有关董事、监事的报酬事项；③审议批准董事会的报告；④审议批准监事会或者监事的报告；⑤审议批准公司的年度财务预算方案、决算方案；⑥审议批准公司的利润分配方案和弥补亏损方案；⑦对公司增加或者减少注册资本作出决议；⑧对发行公司债券作出决议；⑨对公司合并、分立、解散、清算或者变更公司形式作出决议；⑩修改公司章程；⑪公司章程规定的其他职权。

上述前 10 项为法定职权，第 11 项为授权公司章程规定的职权。以上法定职权不得以公司章程或会议决议的形式变更。

2．股东会会议的召集和主持

首次股东会会议由出资最多的股东召集和主持。出资后出资人召开的首次股东会会议，是公司成立后的第一次股东会会议。对有限责任公司而言，此时董事会、监事会尚未选举出来，因此，首次股东会会议法律规定由出资最多的股东召集和主持。

股东会会议分为定期会议和临时会议。定期会议也称普通会议，是指根据法律和公司章程的规定在一定时间内必须召开的股东会议；临时会议也称特别会议，是指定期会议以外的必要时候，由于发生法定事由或者根据法定人员、机构的提议而召开的股东会议。我国《公司法》规定："代表 1/10 以上表决权的股东，1/3 以上的董事，监事会或者不设监事会的公司的监事提议召开临时会议的，应当召开临时会议。"临时会议通过的决议效力等同于定期会议。

有限责任公司设立董事会的，股东会会议由董事会召集，董事长主持；董事长不能履行职务或者不履行职务的，由副董事长主持；副董事长不能履行职务或者不履行职务的，由半数以上董事共同推举一名董事主持。有限责任公司不设董事会的，股东会会议由执行董事召集和主持。

董事会或者执行董事不能履行或者不履行召集股东会会议职责的，由监事会或者不设监事会的公司的监事召集和主持；监事会或者监事不召集和主持的，代表 1/10 以上表决权的股东可以自行召集和主持。

召开股东会会议，应当于会议召开 15 日前通知全体股东；但是，公司章程另有规定或者全体股东另有约定的除外。股东会应当对所议事项的决定作成会议记录，出席会议的股东应当在会议记录上签名。

3．股东会决议

股东会会议由股东按照出资比例行使表决权；但是，公司章程另有规定的除外。股东会的议事方式和表决程序，除《公司法》有规定的外，由公司章程规定。股东会会议作出修改公司章程、增加或者减少注册资本的决议，以及公司合并、分立、解散或者变更公司形式的决议，必须经代表 2/3 以上表决权的股东通过。概括来讲，即普通决议事项由公司章程规定，重大法定事项采用特别决议。

根据《公司法》规定，公司股东会或者股东大会、董事会的决议内容违反法律、行政法规的无效。股东会或者股东大会、董事会的会议召集程序、表决方式违反法律、行政法规或者公司章程，或者决议内容违反公司章程的，股东可以自决议作出之日起 60 日内，请求人民法院撤销。

（二）董事会

董事会是指依法选举产生，代表公司并行使经营决策权的公司常设机关。董事会是公司对外代表机关，董事会的活动具有对外效力，董事长、执行董事或者经理是公司的法定代表人。董事会执行股东会决议，负责公司的经营决策，它有自己独立的职权，在法律和章程规定的范围内对公司的经营管理行使决策权。

1. 董事会的组成

有限责任公司设董事会，其成员为 3～13 人。股东人数较少或者规模较小的有限责任公司，可以设一名执行董事，不设董事会，执行董事为公司的法人代表，执行董事的职权由公司章程规定，其职权与董事会相当。

由两个以上的国有企业或者两个以上的其他国有投资主体投资设立的有限责任公司，其董事会成员中应当有公司职工代表；其他有限责任公司董事会成员中可以有公司职工代表。董事会中的职工代表由公司职工通过职工代表大会、职工大会或者其他形式民主选举产生。

董事会设董事长一人，可以设副董事长。董事长、副董事长的产生办法由公司章程规定。董事任期由公司章程规定，但每届任期不得超过 3 年。董事任期届满，连选可以连任。董事任期届满未及时改选，或者董事在任期内辞职导致董事会成员低于法定人数的，在改选出的董事就任前，原董事仍应当依照法律、行政法规和公司章程的规定，履行董事职务。

2. 董事会职权

董事会对股东会负责，行使下列职权：①召集股东会会议，并向股东会报告工作；②执行股东会的决议；③决定公司的经营计划和投资方案；④制订公司的年度财务预算方案、决算方案；⑤制订公司的利润分配方案和弥补亏损方案；⑥制订公司增加或者减少注册资本以及发行公司债券的方案；⑦制订公司合并、分立、解散或者变更公司形式的方案；⑧决定公司内部管理机构的设置；⑨决定聘任或者解聘公司经理及其报酬事项，并根据经理的提名决定聘任或者解聘公司副经理、财务负责人及其报酬事项；⑩制定公司的基本管理制度；⑪公司章程规定的其他职权。

以上前 10 项属于董事会的法定职权，不得以公司章程或决议的形式进行变更；第 11 项赋予公司章程规定董事会的其他职权。

3. 董事会会议的召集和主持

董事会会议由董事长召集和主持；董事长不能履行职务或者不履行职务的，由副董事长召集和主持；副董事长不能履行职务或者不履行职务的，由半数以上董事共同推举一名董事召集和主持。

4. 董事会决议

董事会的议事方式和表决程序，除《公司法》有规定的外，由公司章程规定。董事会应当对所议事项的决定作成会议记录，出席会议的董事应当在会议记录上签名。董事会决议的表决，实行一人一票。由于董事会决策公司事务得由全体董事按一人一票的表决权设定，因而公司的董事会其组成人数应当是单数。

（三）经理

有限责任公司可以设经理，由董事会决定聘任或者解聘。经理列席董事会会议。经理对董事会负责，行使下列职权：①主持公司的生产经营管理工作，组织实施董事会决议；②组织实施公司年度经营计划和投资方案；③拟定公司内部管理机构设置方案；④拟定公司的基本管理制度；⑤制定公司的具体规章；⑥提请聘任或者解聘公司副经理、财务负责人；⑦决定聘任或者解聘除应由董事会决定聘任或者解聘以外的负责管理人员；⑧董事会授予的其他职权。公司章程对经理职权另有规定的，从其规定。

（四）监事会

监事会是依法产生，对董事和经理的经营管理行为及公司财务进行监督的常设机构。它代表全体股东对公司经营管理进行监督，行使监督职能，是公司的监督机构。

1．监事会的组成

有限责任公司设监事会，其成员不得少于 3 人。股东人数较少或者规模较小的有限责任公司，可以设 1～2 名监事，不设监事会。监事会应当包括股东代表和适当比例的公司职工代表，其中职工代表的比例不得低于 1/3，具体比例由公司章程规定。监事会中的职工代表由公司职工通过职工代表大会、职工大会或者其他形式民主选举产生。

监事会设主席一人，由全体监事过半数选举产生。监事会主席召集和主持监事会会议；监事会主席不能履行职务或者不履行职务的，由半数以上监事共同推举一名监事召集和主持监事会会议。

董事、高级管理人员不得兼任监事。监事的任期每届为 3 年。监事任期届满，连选可以连任。监事任期届满未及时改选，或者监事在任期内辞职导致监事会成员低于法定人数的，在改选出的监事就任前，原监事仍应当依照法律、行政法规和公司章程的规定，履行监事职务。

2．监事会、监事职权

监事会、不设监事会的公司的监事行使下列职权：①检查公司财务；②对董事、高级管理人员执行公司职务的行为进行监督，对违反法律、行政法规、公司章程或者股东会决议的董事、高级管理人员提出罢免的建议；③当董事、高级管理人员的行为损害公司的利益时，要求董事、高级管理人员予以纠正；④提议召开临时股东会会议，在董事会不履行本法规定的召集和主持股东会会议职责时召集和主持股东会会议；⑤向股东会会议提出提案；⑥依照《公司法》第一百五十一条的规定，对董事、高级管理人员提起诉讼；⑦公司章程规定的其他职权。

《公司法》赋予了监事会、监事的质询、建议及调查的职权：监事可以列席董事会会议，并对董事会决议事项提出质询或者建议。监事会、不设监事会的公司的监事发现公司经营情况异常，可以进行调查；必要时，可以聘请会计师事务所等协助其工作，费用由公司承担。

监事会、不设监事会的公司的监事行使职权所必需的费用，由公司承担。

3．监事会会议

监事会每年度至少召开一次会议，监事可以提议召开临时监事会会议。监事会的议事方式和表决程序，除《公司法》有规定的外，由公司章程规定。监事会决议应当经半数以上监事通过。监事会应当对所议事项的决定作成会议记录，出席会议的监事应当在会议记录上签名。

案例分析

有限责任公司股东会

某公司系有限责任公司，注册资本 30 万元。股东方某认缴出资 20 万元，占股 66.67%，为公司法定代表人；股东廖某，认缴出资 10 万元，占股 33.33%。公司章程规定公司设经理，由执行董事聘任或者解聘，经理对执行董事负责。方某任执行董事，廖某任经理。

2019 年 6 月 22 日，方某作为会议召集人向廖某发送关于召开公司 2019 年第一次股东大会的通知，通知于 2019 年 7 月 9 日上午在某地召开 2019 年第一次股东大会，会议审议事项：关于廖某处的公司公章、营业执照、消防证等证件是否归还给法定代表人及股东方某保管的事宜。

2019年7月4日，廖某向方某邮寄关于公司召开2019年第一次股东大会通知的回复并经公证。廖某在回复中称：公司公章及证件现在本人处保管，公司公章及证件需维持现状、继续由本人保管。

2019年7月9日，方某以公司的名义作出了公司股东会决议书，决议事项如下：存放在廖某处的公司公章、财务章、法人代表章、合同章、营业执照、消防证、文化证、卫生证、环评证、特种行业经营证归还至方某处保管。

廖某向法院起诉，请求判决确认公司于2019年7月9日作出的公司股东会决议书无效。

问题：

（1）本案中公司股东会的会议召集程序是否合法？说明原因。

（2）廖某是否有权利向法院起诉确认股东会决议无效。

（3）法院是否会支持廖某的主张？说明原因。

分析：

（1）合法。方某提议召开股东会，提前15日通知了廖某会议的时间、地点，并通知了需决议事项。

（2）有权。廖某系在工商行政管理部门登记的股东，有权提起本案诉讼。

（3）不支持。股东会决议程序合法，内容未违反法律、行政法规，系按照多数决规则作出的决议，应认定有效。廖某以复函的方式对决议事项表示反对，但对股东会决议的效力不产生影响。

四、有限责任公司的股权转让

股权转让是指有限责任公司的股东依照一定的程序把自己的股权让与受让人，由受让人取得股权而成为公司的股东。股权转让实质上是股东权利的转让。股权转让依据受让对象不同，可分为股权内部转让和外部转让：股权的内部转让，即股东之间转让股权无须其他股东同意；股权的外部转让，我国现行《公司法》对此予以严格限制。

《公司法》第七十一条规定，有限责任公司的股东之间可以相互转让其全部或者部分股权。股东向股东以外的人转让股权，应当经其他股东过半数同意。股东应就其股权转让事项书面通知其他股东征求同意，其他股东自接到书面通知之日起满30日未答复的，视为同意转让。其他股东半数以上不同意转让的，不同意的股东应当购买该转让的股权；不购买的，视为同意转让。经股东同意转让的股权，在同等条件下，其他股东有优先购买权。两个以上股东主张行使优先购买权的，协商确定各自的购买比例；协商不成的，按照转让时各自的出资比例行使优先购买权。公司章程对股权转让另有规定的，从其规定。

五、一人有限责任公司

（一）一人有限责任公司的概念

一人有限责任公司简称一人公司，是指只有一个自然人股东或者一个法人股东的有限责任公司。一人有限责任公司既是一人公司，也是有限责任公司，它既有一人公司的特点，也有有限责任公司的特点。因此，《公司法》规定，一人有限责任公司除了适用其特别规定以外，还应当适用有限责任公司的一般规定。

（二）一人有限责任公司的设立

一人有限责任公司在公司登记中应注明自然人独资或者法人独资，并在公司营业执照中载明。一个自然人只能投资设立一个一人有限责任公司。该一人有限责任公司不能投资设立新的一人有限责任公司。

（三）一人有限责任公司的组织机构

与一般有限责任公司相比，《公司法》规定了一人有限责任公司更简易的管理方式。一人有限责任公司章程由股东制定。一人有限责任公司不设股东会。股东作出决定时，应当采用书面形式，并由股东签名后置备于公司。

（四）一人有限责任公司股东的连带责任

一般情况下，一人有限责任公司的股东与其他有限责任公司股东一样，是以其对公司的出资额为限，对公司的债务承担责任。但一人有限责任公司股东在特定情况下对公司债务承担连带责任。《公司法》规定，一人有限责任公司的股东不能证明公司财产独立于股东自己的财产的，应当对公司债务承担连带责任。

单元三　股份有限公司

一、股份有限公司的概念与特征

（一）股份有限公司的概念

股份有限公司简称股份公司，是指公司全部资本分为等额股份，股东以其所认购的股份对公司承担责任，公司以其全部资产对公司债务承担责任的企业法人。

（二）股份有限公司的特征

1. 股东具有广泛性

根据我国《公司法》的要求，股份有限公司的股东人数应当为两人以上，但无最高人数的限制。

2. 股东的出资具有股份性

这一特征是股份有限公司与有限责任公司的区别之一。股份有限公司的全部资本划分为金额相等的股份，股份是构成公司资本的最小单位。

3. 股东责任具有有限性

股份有限公司的股东对公司债务仅以其认购的股份为限承担责任，公司的债权人不得直接向公司股东提出清偿债务的要求。

4．股份发行和转让的公开性、自由性

股份有限公司通常都以发行股票的方式公开募集资本，这种募集方式使得股东人数众多，分散广泛。同时，为提高股份的融资能力和吸引投资者，股份必须具有较高程度的流通性，股票必须能够自由转让和交易。

5．公司经营状况的公开性

由于股份有限公司股份发行的公开性及股份转让的自由性，其经营状况不仅要向股东公开，还必须向社会公开，使社会公众了解公司的经营状况，以最大限度地保护公司股东、债权人及社会公众利益。

6．公司信用基础的资合性

股份有限公司的信用基础在于其公司资本和资产，公司资本和资产不仅是公司进行经营的基本条件，也是公司承担债务的基本担保。

二、股份有限公司的设立

（一）设立条件

设立股份有限公司，应当具备下列条件：①发起人符合法定人数；②有符合公司章程规定的全体发起人认购的股本总额或者募集的实收股本总额；③股份发行、筹办事项符合法律规定；④发起人制定公司章程，采用募集方式设立的经创立大会通过；⑤有公司名称，建立符合股份有限公司要求的组织机构；⑥有公司住所。

发起人是指订立创办公司的协议，提出设立公司的申请，向公司出资或认购股份，并对公司设立承担责任的人，包括自然人与法人。股份有限公司发起人承担公司筹办事务。发起人应当签订发起人协议，明确各自在公司设立过程中的权利和义务。《公司法》第七十八条规定，设立股份有限公司，应当有 2 人以上 200 人以下为发起人，其中须有半数以上的发起人在中国境内有住所。

（二）设立方式

股份有限公司设立方式分为发起设立与募集设立。

发起设立是发起人认购所发行的全部股份。募集设立是发起人认购部分股份，其余采用公开募集（公募）或者定向募集（私募）。采取公开募集方式设立是指公司发行的股份除由发起人认购外，其余股份向社会公开发行。采用定向募集方式设立，是指公司发行的股份除由发起人认购外，其余股份向社会公开发行，但可以向其他法人发行部分股份，经批准也可向本公司内部职工发行部分股份。

（三）设立程序

依我国《公司法》的有关规定，股份有限公司的发起设立程序和募集设立程序相比较，募集设立程序比发起设立要相对复杂，还需经过向社会公开招募股份及其相关的一些步骤。以募集设立方式设立股份有限公司的，发起人认购的股份不得少于公司股份总数的 35%；但是，法律、行政法规另有规定的，从其规定。相对于发起设立，募集设立还需要增加如下程序：

（1）公开募集股份。《公司法》对公开募集股份作了比较严格的要求。首先，要经国务院证券监督管理机构核准；其次，发起人向社会公开募集股份，必须公告招股说明书，并制作认股书；再次，由证券经营机构承销；最后，与银行签订代收股款协议。

（2）缴纳股款。《公司法》规定代收股款的银行应当按照协议代收和保存股款，向缴纳股款的认股人出具收款单据，并负有向有关部门出具收款证明的义务。

（3）验资证明。发起设立股份公司的，2013年修正的《公司法》取消了验资证明的规定。以募集设立股份公司的，发行股份的股款缴足后，必须经依法设立的验资机构验资并出具证明。

（4）创立大会。发起人应当自股款缴足之日起30日内主持召开公司创立大会。创立大会由发起人、认股人组成。发起人应当在创立大会召开15日前将会议日期通知各认股人或者予以公告。创立大会应有代表股份总数过半数的发起人、认股人出席，方可举行。公司创立大会行使与股东大会类似的职权。

（四）股东知情权

股东有权查阅公司章程、股东名册、公司债券存根、股东大会会议记录、董事会会议决议、监事会会议决议、财务会计报告，对公司的经营提出建议或者质询。

三、股份有限公司组织机构

（一）股东大会

1. 股东大会职权

股份有限公司股东大会与有限责任公司股东会的职权基本相同。

2. 股东大会会议的召集和主持

股份有限公司股东大会分为股东年会和临时股东大会。股东年会即股东定期会议，股东大会应当每年召开一次年会。而《公司法》对有限责任公司股东会没有这样的约束。临时股东大会也称特别会议，是指定期会议以外必要的时候，由于发生法定事由或者根据法定人员、机构的提议而召开的股东大会。《公司法》第一百条规定，有下列情形之一的，应当在2个月内召开临时股东大会：①董事人数不足《公司法》规定人数或者公司章程所定人数的2/3时；②公司未弥补的亏损达实收股本总额的1/3时；③单独或者合计持有公司10%以上股份的股东请求时；④董事会认为必要时；⑤监事会提议召开时；⑥公司章程规定的其他情形。

股东大会会议由董事会召集，董事长主持；董事长不能履行职务或者不履行职务的，由副董事长主持；副董事长不能履行职务或者不履行职务的，由半数以上董事共同推举一名董事主持。董事会不能履行或者不履行召集股东大会会议职责的，监事会应当及时召集和主持；监事会不召集和主持的，连续90日以上单独或者合计持有公司10%以上股份的股东可以自行召集和主持。

召开股东大会会议，应当将会议召开的时间、地点和审议的事项于会议召开20日前通知各股东；临时股东大会应当于会议召开15日前通知各股东；发行无记名股票的，应当于会议召开30日前公告会议召开的时间、地点和审议事项。单独或者合计持有公司3%以上股份的股东，可以在股东大会召开10日前提出临时提案并书面提交董事会；董事会应当在收到提案后 2 日内通知其他股东，并将该临时提案提交股东大会审议。临时提案的内容应当属于股东大会职权范围，并有明确议题和具体决议事项。股东大会不得对上述通知中未列明的事项作出决议。无记名股票持有人出席股东大会会议的，应当于会议召开 5 日前至股东大会闭会时将股票交存于公司。股份有限公司股东大会对会议通知有严格要求，并规定了股东提案权，即股东可以向股东大会提出议案的权利，旨在保护中小股东利益。

3．股东大会决议

股东出席股东大会会议，所持每一股份有一表决权。但是，公司持有的本公司股份没有表决权。股东大会作出决议，必须经出席会议的股东所持表决权过半数通过。股东大会作出修改公司章程、增加或者减少注册资本的决议，以及公司合并、分立、解散或者变更公司形式的决议，必须经出席会议的股东所持表决权的 2/3 以上通过。

股东大会应当对所议事项的决定作成会议记录，主持人、出席会议的董事应当在会议记录上签名。会议记录应当与出席股东的签名册及代理出席的委托书一并保存。

（二）董事会

股份有限公司设董事会，其成员为 5 ～ 19 人。董事会成员中可以有公司职工代表。董事会中的职工代表由公司职工通过职工代表大会、职工大会或者其他形式民主选举产生。有关股份有限公司董事的任期、董事会的职权，与有限责任公司相同。

董事会设董事长一人，可以设副董事长。董事长和副董事长由董事会以全体董事的过半数选举产生。董事长召集和主持董事会会议，检查董事会决议的实施情况。副董事长协助董事长工作，董事长不能履行职务或者不履行职务的，由副董事长履行职务；副董事长不能履行职务或者不履行职务的，由半数以上董事共同推举一名董事履行职务。

董事会每年度至少召开两次会议，每次会议应当于会议召开 10 日前通知全体董事和监事。代表 1/10 以上表决权的股东、1/3 以上董事或者监事会，可以提议召开董事会临时会议。董事长应当自接到提议后 10 日内，召集和主持董事会会议。

董事会会议应有过半数的董事出席方可举行。董事会作出决议，必须经全体董事的过半数通过。董事会决议的表决，实行一人一票。

董事会会议，应由董事本人出席；董事因故不能出席，可以书面委托其他董事代为出席，委托书中应载明授权范围。董事会应当对会议所议事项的决定作成会议记录，出席会议的董事应当在会议记录上签名。

董事应当对董事会的决议承担责任。董事会的决议违反法律、行政法规或者公司章程、股东大会决议，致使公司遭受严重损失的，参与决议的董事对公司负赔偿责任。但经证明在表决时曾表明异议并记载于会议记录的，该董事可以免除责任。出席会议的董事必须在会议记录上签字，对决议负责，出现公司损失的要承担赔偿责任，这是各国公司法普遍确认的原则。董事对公司负赔偿责任的免责条件是：①有证据证明曾表明异议；②表决时提出异议；③异议表示记载于会议记录。

（三）经理

股份有限公司设经理，由董事会决定聘任或者解聘。这与有限责任公司"可以"设经理的规定有所区别。公司董事会可以决定由董事会成员兼任经理。有限责任公司经理职权的规定，适用于股份有限公司经理。

（四）监事会

股份有限公司设监事会，其成员不得少于 3 人。监事会应当包括股东代表和适当比例的公司职工代表，其中职工代表的比例不得低于 1/3，具体比例由公司章程规定。监事会中的职工代表由公司职工通过职工代表大会、职工大会或者其他形式民主选举产生。董事、高级管理人员不得兼任监事。

监事会设主席一人，可以设副主席。监事会主席和副主席由全体监事过半数选举产生。监事会主席召集和主持监事会会议；监事会主席不能履行职务或者不履行职务的，由监事会副主席召集和主持监事会会议；监事会副主席不能履行职务或者不履行职务的，由半数以上监事共同推举一名监事召集和主持监事会会议。

股份有限公司监事的任期，与有限责任公司相同。有关监事会的职权，关于有限责任公司监事会职权的规定，适用于股份有限公司监事会。监事会行使职权所必需的费用，由公司承担。监事会每 6 个月至少召开一次会议。监事可以提议召开临时监事会会议。监事会的议事方式和表决程序，除《公司法》有规定的外，由公司章程规定。监事会决议应当经半数以上监事通过。监事会应当对所议事项的决定作成会议记录，出席会议的监事应当在会议记录上签名。

四、股份有限公司的股份发行与转让

（一）股份的概念与特征

股份是指股份有限公司股东持有的、公司资本的基本构成单位，也是划分股东权利义务的基本构成单位。股份是股份有限公司特有的概念。《公司法》第一百二十五条第一款规定，股份有限公司的资本划分为股份，每一股的金额相等。

股份的主要法律特征有：①不可分性，股份是公司资本构成的最小单位，具有不可分性；②等额性，股份是对公司资本的等额划分，具有金额的等额性；③权利平等性，股份是股权的基础，具有权利上的平等性，股东权利义务的大小取决于其拥有股份数额的多少；④可转让性，股份表现为有价证券，具有可自由转让性；⑤责任的有限性，股份有限公司的股东对公司债务仅以其认购的股份为限承担责任，公司的债权人不得直接向公司股东提出清偿债务的要求。

（二）股份与股票

股票是公司签发的证明股东所持股份的凭证。换句话说，股票是股份的表现形式，股票不能离开公司股份而存在。股票是股份有限公司成立后以公司名义发行的，公司成立前不得向股东交付股票。只有在应发行的股份全部认购后，才能将股份换成股票。当然，在公司成立以后发行股份，往往同时以股票表示；而股份的转让也必须通过股票转让。

股票采用纸面形式或者国务院证券监督管理机构规定的其他形式。股票应当载明下列主要事项：①公司名称；②公司成立日期；③股票种类、票面金额及代表的股份数；④股票的编号。股票由法定代表人签名，公司盖章。发起人的股票，应当标明"发起人股票"字样。

（三）股份的分类

1. 依股东承担的风险和享有的权益的大小，分为普通股和特别股

普通股是股份有限公司最基本、最重要的股票种类。普通股的股东一般都享有表决权。普通股的股东在分配股利时，不享有特别利益，只能在支付了公司的债息和优先股股东权益得到满足后才可参加分配。特别股是有某种特别权利或者某种特别义务的股份，包括优先股与后配股两类。优先股在享有权利方面较普通股优先，而后配股则逊于普通股。

2. 依是否在股票票面和股东名册上记载股东姓名，分为记名股和无记名股

记名股是在股票票面和股东名册上记载股东姓名的一种股票；否则，即为无记名股。公司向发起人、法人发行的股票，应当为记名股票，并应当记载该发起人、法人的名称或者姓名，不得另立户名或者以代表人姓名记名。记名股的优点在于有利于公司对股东状况的掌握，便于公司对股份流通情况的了解，可以有效地防止股票投机行为。而无记名股最显著的优点是便于股份的流通。

3. 依股票是否载有一定金额，分为面额股和无面额股

面额股是指在股票票面表示一定金额的股份。我国对股票的面值没有最低限额的规定。《公司法》规定，股票发行价格可以按票面金额，也可以超过票面金额，但不得低于票面金额。无面额股是指股票票面不表示一定金额，只表示其占公司资本总额一定比例的股份。这种股份的价值依据其所占公司的资本总额的一定比例确定。

（四）股份发行

股份的发行实行公开、公平、公正的原则，同种类的每一股份应当具有同等权利。同次发行的同种类股票，每股的发行条件和价格应当相同；任何单位或者个人所认购的股份，每股应当支付相同价额。股票发行价格可以按票面金额，也可以超过票面金额，但不得低于票面金额。股份有限公司以超过股票票面金额的发行价格发行股份所得的溢价款，应当列为公司资本公积金。股份有限公司成立后，即向股东正式交付股票。公司成立前不得向股东交付股票。

公司发行记名股票的，应当置备股东名册，记载下列事项：①股东的姓名或者名称及住所；②各股东所持股份数；③各股东所持股票的编号；④各股东取得股份的日期。发行无记名股票的，公司应当记载其股票数量、编号及发行日期。股东名册是股份有限公司依法必须置备的法定文件。《公司法》规定，记名股票的转让，不仅要持有人背书，而且需要办理过户手续，其转让才具有对抗公司和第三人的法律效力。而且法律推定股东名册上的股东为真正的股东，因此股东名册对保障股东权益具有重大意义。

关于公司公开发行新股的条件，我国《证券法》作了相应规定，公司公开发行新股，应当符合下列条件：①具备健全且运行良好的组织机构；②具有持续盈利能力；③最近3年财务会计报告被出具无保留意见审计报告；④发行人及其控股股东、实际控制人最近3年不存在贪污、贿赂、侵占财产、挪用财产或者破坏社会主义市场经济秩序的刑事犯罪；⑤经国务院批准的国务院证券监督管理机构规定的其他条件。

公司公开发行新股，应当向国务院证券监督管理机构报送募股申请和下列文件：①公司营业执照；②公司章程；③股东大会决议；④招股说明书；⑤财务会计报告；⑥代收股款银行的名称及地址。依照《证券法》规定聘请保荐人的，还应当报送保荐人出具的发行保荐书。依照《证券法》规定实行承销的，还应当报送承销机构名称及有关的协议。

公司发行新股应当遵守一定的程序：①股东大会审议。公司发行新股，股东大会应当对新股种类及数额、新股发行价格、新股发行的起止日期、向原有股东发行新股的种类及数额等事项作出决议。公司发行新股，可以根据公司经营情况和财务状况，确定其作价方案。②经国务院证券监督管理机构核准发行。③公告新股招股说明书和财务会计报告，并制作认股书。④由依法设立的证券公司承销，签订承销协议。⑤同银行签订代收股款协议。⑥公司发行新股募足股款后，必须向公司登记机关办理变更登记，并公告。

（五）股份转让

股份的转让是指股份有限公司的股东依照一定的程序将自己的股份让与受让人、由受让人取得股份成为公司的股东。股东持有的股份可以依法转让，股东转让其股份，应当在依法设立的证券交易场所进行或者按照国务院规定的其他方式进行。

记名股票由股东以背书方式或者法律、行政法规规定的其他方式转让；转让后由公司将受让人的姓名或者名称及住所记载于股东名册。无记名股票的转让，由股东将该股票交付给受让人后即发生转让效力。依该规定，无记名股的转让是由股份所有人将股票交付给受让人，只要交付便发生法律效力，不需要背书，也无须过户。上市公司的股票，依照有关法律、行政法规及证券交易所交易规则上市交易。依我国相关立法规定，对于上市股票，通常将股票交由托管，股票买卖的交割通过证券经纪人进行，转让双方并不谋面，证券和资金从账簿上进行划拨。可见，上市股票的转让也无须背书。

依我国《公司法》的相关规定，股份转让要受到下列限制：

1. 发起人所持股份的转让限制

由于股份有限公司的发起人对公司的成立及公司成立初期的财产稳定和组织管理具有重要的影响，所以，为了保护其他股东和公众的利益，防止发起人利用设立公司进行投机活动和逃避发起人责任，一般要对发起人所持股份的转让予以一定限制。我国《公司法》第一百四十一条第一款规定，发起人持有的本公司股份，自公司成立之日起1年内不得转让。公司公开发行股份前已发行的股份，自公司股票在证券交易场所上市交易之日起1年内不得转让。

2. 公司董事、监事、高级管理人员持有本公司股份的转让限制

我国《公司法》第一百四十一条第二款规定，公司董事、监事、高级管理人员应当向公司申报所持有的本公司的股份及其变动情况，在任职期间每年转让的股份不得超过其所持有的本公司股份总数的25%；所持本公司股份自公司股票上市交易之日起1年内不得转让。上述人员离职后半年内，不得转让其所持有的本公司股份。公司章程可以对公司董事、监事、高级管理人员转让其所持有的本公司股份作出其他限制性规定。

3. 公司收购自身股份的限制

《公司法》第一百四十二条第一款规定，公司不得收购本公司股份。但是，有下列情形之一的除外：①减少公司注册资本；②与持有本公司股份的其他公司合并；③将股份用于员工持股计划或者股权激励；④股东因对股东大会作出的公司合并、分立决议持异议，要求公司收购其股份的；⑤将股份用于转换上市公司发行的可转换为股票的公司债券；⑥上市公司为维护公司价值及股东权益所必需。根据该规定，在我国对公司持有自身股份的态度是原则禁止、例外允许。

4. 股票质押的限制

《公司法》第一百四十二条第五款规定，公司不得接受本公司的股票作为质押权的标的。

案例分析

股东查账权

某股份有限公司召开临时股东大会会议，通过了"关于同意修改公司章程的决定"。修改后公司章程新增规定："股东可以要求查阅财务会计报告，但公司会计账簿、会计凭证（包括原始凭证）不属查阅范围。"

问题：

（1）本案中作出的修改公司章程的决定，需要多少股东表决权比例通过才有效？

（2）本案修改通过的章程内容是否合法？

（3）关于股东查账权，股份有限公司与有限责任公司的股东有何不同？

分析：

（1）股东大会作出修改公司章程、增加或者减少注册资本的决议，以及公司合并、分立、解散或者变更公司形式的决议，必须经出席会议的股东所持表决权的2/3以上通过。

（2）合法。《公司法》只规定了股份有限公司股东有权查阅公司财务会计报告，并无规定可以查阅公司会计账簿、会计凭证。临时股东大会的决议内容并不违法。

（3）有限责任公司股东有权查阅、复制财务会计报告，有权查阅公司会计账簿；股份有限公司股东有权查阅公司财务会计报告，对公司会计账簿等无查阅权。

实 训 项 目

项目一　讨论分析题

1. 实训目的

掌握有限责任公司的设立条件与程序。

在实务中能运用相关知识进行公司的申请设立登记。

2. 实训方式

同学之间分组进行讨论，每组派代表进行阐述，教师对各组的阐述进行点评，总结归纳相关知识点。

3. 实训内容

以有限责任公司为例，讨论分析公司的设立条件与程序、申请设立时应提交的文件以及公司设立过程中的注意事项。

4. 实训报告

将实训所得的体会填写在实训报告上。

项目二　案例分析题

1. 实训目的

在掌握公司设立、公司章程效力的法律规定基础上，培养分析、解决实际问题的能力。

2．实训方式

学生对案例进行思考分析，教师针对问题提问学生，对学生的回答进行点评，总结归纳相关知识点。

3．实训内容

甲、乙、丙拟共同出资设立一家有限责任公司（以下简称公司），并共同制定了公司章程草案。该公司章程草案有关要点如下：

（1）公司注册资本总额为500万元。各方出资数额、出资方式分别为：甲出资150万元，其中货币出资70万元、计算机软件作价出资80万元；乙出资150万元，其中机器设备作价出资100万元、特许经营权出资50万元；丙以货币200万元出资。甲、乙、丙的出资期限都为公司设立后30年。

（2）公司的董事长由甲委派，副董事长由乙委派，经理由丙提名并经董事会聘任，经理作为公司的法定代表人。在公司召开股东会会议时，出资各方行使表决权的比例为：甲按照注册资本30%的比例行使表决权；乙、丙分别按照注册资本35%的比例行使表决权。

（3）公司分配红利时，全体股东同意出资各方依照以下比例进行分配：甲享有红利25%的分配权，乙享有红利40%的分配权，丙享有红利35%的分配权。

要求：根据上述内容，分别回答下列问题并说明理由：

（1）甲以计算机软件和乙以特许经营权出资的方式是否符合《公司法》的有关规定？甲、乙、丙缴纳出资的期限是否符合《公司法》的有关规定？

（2）公司的法定代表人由经理担任是否符合《公司法》的有关规定？公司章程规定的出资各方在公司股东会会议上行使表决权的比例是否符合《公司法》的有关规定？

（3）公司章程规定的出资各方分红比例是否符合《公司法》的有关规定？

4．实训报告

将实训所得体会填写在实训报告上。

复习思考题

第一部分　知　识　题

一、单项选择题

1．下列可以作为有限责任公司的公司名称的是（　　）。

    A．北京大地服装公司

    B．北京315物流有限责任公司

    C．中国国家商贸发展有限责任公司

    D．北京金中贸易有限责任公司

2．根据《公司法》规定，有限责任公司的股东在下列何种情况下不得再抽回其投资（　　）。

    A．缴纳出资后　　　　　　　　　　B．经法定验资机构验资后

C. 提出公司设立登记申请后　　　　　D. 公司登记成立后

3. 下列各项表述中，正确的是（　　　）。

A. 分公司、子公司都具有企业法人资格

B. 分公司、子公司都不具有企业法人资格

C. 分公司不具有企业法人资格，其民事责任由总公司承担

D. 子公司具有企业法人资格，其民事责任由母公司承担

4. 根据《公司法》规定，一人有限责任公司的最低注册资本是（　　　）。

A. 3 万元　　　　　　　　　　　　B. 5 万元

C. 无注册资本要求　　　　　　　　D. 10 万元

5. 股份有限公司以超过股票票面金额的发行价格发行股份所得的溢价款，应当列入公司财产的（　　　）。

A. 利润　　　　　　　　　　　　　B. 资本公积金

C. 盈余公积金　　　　　　　　　　D. 法定公益金

二、多项选择题

1. 有限责任公司股东不能以下列财产出资（　　　）。

A. 货币　　　　　　　　　　　　　B. 计算机软件

C. 劳务　　　　　　　　　　　　　D. 设定担保的财产

2. 有限责任公司的股东会对下列事项作出决议，必须经代表 2/3 以上表决权的股东通过的有（　　　）。

A. 公司增加或者减少注册资本

B. 公司的分立、合并、解散或者变更公司的形式

C. 公司修改章程

D. 对外转让公司的不动产

3. 甲股份有限公司拟成立监事会。按照《公司法》规定，下列人员中不能担任监事的有（　　　）。

A. 公司董事长李某　　　　　　　　B. 公司聘任的副经理刘某

C. 公司聘任的财务负责人王某　　　D. 公司高级管理人陈某

4. 某股份有限公司注册资本为 5 000 万元，董事会有 5 名成员，根据《公司法》的规定，该公司在 2 个月内召开临时股东大会的情形有（　　　）。

A. 董事会人数减至 4 人时　　　　　B. 未弥补亏损达 1 000 万元时

C. 监事会提议召开时　　　　　　　D. 持有该公司 20% 股份的股东请求时

5. 下列关于一人有限责任公司的说法，正确的有（　　　）。

A. 一人有限责任公司是指只有一个自然人股东的有限责任公司

B. 一个自然人只能投资设立一个一人有限责任公司

C. 一人有限责任公司的股东不能证明公司财产独立于股东自己财产的，应当对公司债务承担连带责任

D. 一人有限责任公司的注册资本最低限额为人民币 5 万元

三、判断题

1. 有限责任公司的监事会应当包括股东代表和适当比例的职工代表，其中职工代表的比例不得高于1/3。 （　　）

2. 清算期间，公司存续，但不得开展新的经营活动。 （　　）

3. 公司的法定代表人就是公司的董事长。 （　　）

4. 由于股份有限公司的经理由董事会聘任或解聘，因而董事会的成员不得兼任经理。 （　　）

5. 公司可以设立分公司，分公司具有法人资格。 （　　）

第二部分　技　能　题

四、综合分析题

甲、乙、丙、丁四人拟共同投资设立一家有限责任公司，四人协议约定如下：公司注册资本总额为人民币100万元，其中甲拟出资20万元人民币，乙拟以厂房作价出资20万元，丙拟以知识产权作价出资40万元，丁拟以劳务作价出资为20万元。四人出资期限为公司设立后50年，并委托甲办理公司的申请登记手续。

相关材料经修改、补正后，4月10日，甲到当地市场监管部门领取了标明签发日期为当年4月9日的企业法人营业执照。公司成立后，甲主持首次股东会，并对公司的生产经营作出决议。

公司设立后，甲要求转让出资给王某，甲于6月1日以书面形式向其他三位股东发出书面征求意见的通知。丙表示同意，乙明确表示不同意，也不主张优先购买权，丁一直未回复甲。当年7月5日，甲将股权转让给王某。

根据上述材料，回答下列问题：

（1）甲、乙、丙、丁四人协议中不符合《公司法》规定的地方有哪些？

（2）本案中公司成立的日期应当是哪一天？

（3）公司成立后的首次股东会的召开程序是否合法？为什么？

（4）甲将其股权转让给王某的行为是否有效？为什么？

module 3

模块三
企业法律制度

学习目标

能力目标

◎ 能灵活运用所学知识分析个人独资企业与合伙企业在法律地位、投资者责任承担、事务管理等方面的异同。

◎ 能够综合辨别公司、个人独资企业、合伙企业各自的法律地位、权利与义务。

知识目标

◎ 掌握个人独资企业的设立、投资人与事务管理、权利、解散与清算。

◎ 掌握合伙企业的设立、事务执行、外部关系、解散与清算。

个人独资企业、合伙企业与公司是我国市场经济三大基本企业形态，《个人独资企业法》《合伙企业法》与《公司法》共同构成市场主体法律基本框架。2006 年修订后的《合伙企业法》增加了"有限合伙"这种新的合伙企业形式，并对采用普通合伙形式的专业服务机构（即特殊的普通合伙企业）作出了规定。本模块从个人独资企业、合伙企业的概念入手，介绍个人独资企业的设立、事务管理、权利以及个人独资企业的解散与清算；普通合伙企业与有限合伙企业的设立、事务执行、外部关系、入伙与退伙，特殊的普通合伙企业以及合伙企业的解散与清算等法律问题。

引导案例

特殊普通合伙适用专业机构

许多知名的国际专业服务机构（如普华、安永、毕马威等闻名世界的会计师事务所等）都实行特殊普通合伙形式，即一个合伙人或者数个合伙人在执业活动中因故意或者重大过失造成合伙企业债务的，应当承担无限责任或者无限连带责任，其他合伙人以其在合伙企业中的财产份额为限承担责任。合伙人在执业活动中非因故意或者重大过失造成的合伙企业债务以及合伙企业的其他债务，由全体合伙人承担无限连带责任。也就是说，合伙人的无限连带责任是有条件的，即对本人在执业活动中因故意或重大过失所导致的合伙债务承担无限责任；同时，它又具有公司制组织形式的有限责任的优点，只要合伙人没有过错或重大过失，就只对合伙债务承担有限责任。

我国也在积极推动有限责任会计师事务所转制为普通合伙会计师事务所或者特殊普通合伙会计师事务所，准予转制的，收回原有限责任会计师事务所执业证书，换发合伙制会计师事务所执业证书并予以公告。特殊普通合伙既能很好地控制风险，又能具有合伙企业的制度优势，有利于进一步优化会计师事务所内部治理，提升执业水平。

单元一　个人独资企业法

在我国，继《公司法》《合伙企业法》实施之后，1999 年 8 月 30 日第九届全国人民代表大会常务委员会第十一次会议审议通过了《个人独资企业法》，赋予独资企业与其他企业同等的市场主体地位。该法律的实施标志着我国市场经济三大基本企业形态均已确立，《个人独资企业法》与《公司法》《合伙企业法》共同构成市场主体法律基本框架。

一、个人独资企业的概念与特征

（一）个人独资企业的概念

个人独资企业是指依照《个人独资企业法》在中国境内设立，由一个自然人投资，财产为投资人个人所有，投资人以其个人财产对企业债务承担无限责任的经营实体。个人独资企业既不同于自然人，也不同于法人，是一种介于公司和合伙企业之间的企业形态。个人独资企业的财产为投资人个人所有，由投资人支配并享受其利益，企业本身没有独立的可供支配的财产。所以，个人独资企业不具有法人资格，是自然人企业，其在法律上的主体资格仍然为自然人，即投资人个人是拥有个人独资企业财产权利并承担个人独资企业财产责任的主体。

（二）个人独资企业的特征

1．投资主体具有单一性

个人独资企业仅由一个投资者出资设立，且该单一性投资主体又只能是自然人，不包括法人或其他社会团体组织。换句话说，个人独资企业即是由一个自然人投资的企业。

2．企业财产为投资人个人所有

独资企业的财产由独资企业主所有，即投资人个人所有，企业本身不享有所有权。但企业财产在财务制度上是相对独立于投资者的其他个人财产的，个人独资企业财产具有一定的相对独立性。

3．投资人承担无限责任

个人独资企业的投资人以其个人财产对企业债务承担无限责任。个人独资企业对其债务的承担上，应先以其独立的自身财产承担责任，在其财产不足以清偿债务的，应由投资人以个人其他财产承担无限责任。

4．非法人经营实体

个人独资企业是典型的非法人企业。同时，个人独资企业在设立时必须是一个经营实体，即必须是一个实际存在的从事生产经营的单位。

二、个人独资企业的设立

（一）设立条件

根据《个人独资企业法》规定，设立个人独资企业应当具备下列条件：

1．投资人为一个自然人

个人独资企业的投资人为一个自然人，指的是一个中华人民共和国境内公民。因为依《个人独资企业法》的规定，外商独资企业不适用该法。我国香港、澳门、台湾地区的单个自然人也不可成为我国个人独资企业的投资人。

2．有合法的企业名称

个人独资企业的名称应当符合名称登记管理的有关规定，并与其责任形式及从事的营业相符合。个人独资企业的名称中不得使用"有限""有限责任"或者"公司"字样。

3．有投资人申报的出资

投资人申办个人独资企业，应当向各级企业登记主管机关申报其出资。至于具体申报的出资数量，《个人独资企业法》未作规定。因此理论上以一元钱注册一家个人独资企业也没有问题。对于个人独资企业而言，企业的经营与投资人的责任是连为一体的。正因为如此，《个人独资企业法》没有对投资者注册资本的最低限额作明确规定。

4．有固定的生产经营场所和必要的生产经营条件

固定的生产经营场所和必要的生产经营条件是个人独资企业作为一个经营体所必备的。

5．有必要的从业人员

对于个人独资企业可以聘用的员工数量，《个人独资企业法》没有限定，但只有有必要的

从业人员，个人独资企业才能进行正常经营。

小资料

个人独资企业与个体工商户的区别

个体工商户往往是自然人个人经营，个人承担责任，也可以起字号，与个人独资企业有相类似的地方。但二者也有很多区别，主要表现在以下几个方面：

（1）投资主体不同。个人独资企业只能是一个自然人投资设立；个体工商户可以个人经营，也可以家庭经营。

（2）组织形式不同。个人独资企业虽不具有法人资格，但属于企业组织形式；个体工商户则是以户的名义，不具有企业组织形式。

（3）债务承担不同。个人独资企业投资人以其个人财产对企业债务承担无限责任，但投资人在申请企业设立登记时明确以其家庭共有财产作为个人出资的，应当依法以家庭共有财产对企业债务承担无限责任；个体工商户由个人经营的以个人全部财产承担民事责任，由家庭经营的以家庭全部财产承担民事责任。

（4）法律依据不同。个人独资企业依照《个人独资企业法》登记设立；个体工商户依照《个体工商户条例》规定设立。

（二）设立登记

申请设立个人独资企业，应当由投资人或者其委托的代理人向个人独资企业所在地的登记机关提交设立申请书、投资人身份证明、生产经营场所使用证明等文件。委托代理人申请设立登记时，应当出具投资人的委托书和代理人的合法证明。个人独资企业设立申请书应当载明下列事项：①企业的名称和住所；②投资人的姓名和住所；③投资人的出资额和出资方式；④经营范围。

个人独资企业不得从事法律、行政法规禁止经营的业务；从事法律、行政法规规定须报经有关部门审批的业务，应当在申请设立登记时提交有关部门的批准文件。按我国有关法律、行政法规的规定，有的行业不允许个人投资经营，个人就不能申请开办从事这方面生产经营的个人独资企业，如金融行业、卷烟制造行业等；而有的行业的经营需要经过有关部门审批之后才能经营，如经营音像制品或印章制作等特种行业。只要法律、行政法规有相关规定，在申请设立登记时就应事先提交有关部门的批准文件，既要先获得许可才能申请设立这一行业的个人独资企业。

登记机关应当在收到设立申请文件之日起 15 日内，对符合个人独资企业法规定条件的，予以登记，发给营业执照；对不符合规定条件的，不予登记，并应当给予书面答复，说明理由。个人独资企业的营业执照的签发日期，为个人独资企业的成立日期。在领取个人独资企业营业执照前，投资人不得以个人独资企业的名义从事经营活动。

（三）个人独资企业分支机构的设立

个人独资企业设立分支机构，应当由投资人或者其委托的代理人向分支机构所在地的登记机关申请登记，领取营业执照。分支机构经核准登记后，应将登记情况报该分支机构隶属的个人独资企业的登记机关备案。分支机构的民事责任由设立该分支机构的个人独资企业承担。

三、个人独资企业的投资人与事务管理

（一）个人独资企业投资人的范围及权利

个人独资企业的投资人为一个自然人；同时，《个人独资企业法》规定，法律、行政法规禁止从事营利性活动的人，不得作为投资人申请设立个人独资企业。

个人独资企业投资人对本企业的财产依法享有所有权，其有关权利可以依法进行转让或继承。个人独资企业财产所有权的主体是个人独资企业投资人，也就是说，个人独资企业投资人是本企业财产的所有人，个人独资企业的财产属于其投资人的个人财产，二者在法律上没有界限。

（二）个人独资企业投资人的责任承担

1. 投资人承担责任的财产范围

《个人独资企业法》对个人独资企业的概念进行界定时明确规定，个人独资企业的投资人以其个人财产对企业债务承担无限责任。

同时，《个人独资企业法》又对投资人承担无限责任的财产范围作了特别规定：个人独资企业投资人在申请企业设立登记时明确以其家庭共有财产作为个人出资的，应当依法以家庭共有财产对企业债务承担无限责任。

2. 投资人清偿企业债务的顺序

《个人独资企业法》规定，个人独资企业财产不足以清偿债务的，投资人应当以其个人的其他财产予以清偿。按照本条规定，个人独资企业投资人可以先以投入个人独资企业的那部分财产清偿企业债务，这部分财产不足清偿债务时，再以属于投资人个人所有的其他财产承担债务责任，直到清偿全部债务。

3. 企业解散后投资人的连带责任

为了更好地保护个人独资企业债权人的利益，个人独资企业解散后，只要债权人在企业解散后5年内向投资人提出了偿债请求，原投资人对个人独资企业存续期间的债务仍应承担偿还责任。《个人独资企业法》规定，个人独资企业解散后，原投资人对个人独资企业存续期间的债务仍应承担偿还责任，但债权人在5年内未向债务人提出偿债请求的，该责任消灭。因此，个人独资企业的债权人应当依法及时行使其权利，以保护自己的利益不受损害。

（三）个人独资企业的事务管理

个人独资企业投资人可以自行管理企业事务，也可以委托或者聘用其他具有民事行为能力的人负责企业的事务管理。投资人委托或者聘用他人管理个人独资企业事务，应当与受托人或者被聘用的人签订书面合同，明确委托的具体内容和授予的权利范围。受托人或者被聘用的人员应当履行诚信、勤勉义务，按照与投资人签订的合同负责个人独资企业的事务管理。投资人对受托人或者被聘用的人员职权的限制，不得对抗善意第三人。

《个人独资企业法》规定，投资人委托或者聘用的管理个人独资企业事务的人员不得有下列行为：①利用职务上的便利，索取或者收受贿赂；②利用职务或者工作上的便利侵占企业财产；③挪用企业的资金归个人使用或者借贷给他人；④擅自将企业资金以个人名义或者以他人名义开立账户储存；⑤擅自以企业财产提供担保；⑥未经投资人同意，从事与本企业相竞争的业务；⑦未经投资人同意，同本企业订立合同或者进行交易；⑧未经投资人同意，擅自将企业商标或

者其他知识产权转让给他人使用;⑨泄露本企业的商业秘密;⑩法律、行政法规禁止的其他行为。

四、个人独资企业的权利

1. 财产受法律保护

《个人独资企业法》在法律上明确个人独资企业财产归个人所有;同时,规定了个人独资企业聘用的人员不得利用职务或者工作上的便利侵占企业财产,挪用企业资金,泄露本企业的商业秘密等。国家依法保护个人独资企业的财产和其他合法权益。

2. 依法申请贷款和取得土地使用权及其他权利

《个人独资企业法》规定,个人独资企业可以依法申请贷款、取得土地使用权,并享有法律、行政法规规定的其他权利。任何单位和个人不得违反法律、行政法规的规定,以任何方式强制个人独资企业提供财力、物力、人力;对于违法强制提供财力、物力、人力的行为,个人独资企业有权拒绝。也就是说,个人独资企业享有拒绝摊派的权利。

五、个人独资企业的解散与清算

(一)个人独资企业的解散

《个人独资企业法》规定,个人独资企业有下列情形之一时,应当解散:①投资人决定解散;②投资人死亡或者被宣告死亡,无继承人或者继承人决定放弃继承;③被依法吊销营业执照;④法律、行政法规规定的其他情形。例如,个人独资企业成立后无正当理由超过6个月未开业的,或者开业后自行停业连续6个月以上的,即被吊销营业执照。在这种情形下,个人独资企业就应当依照规定解散。

(二)个人独资企业的清算

《个人独资企业法》规定,个人独资企业解散,由投资人自行清算或者由债权人申请人民法院指定清算人进行清算。投资人自行清算的,应当在清算前15日内书面通知债权人,无法通知的,应当予以公告。债权人应当在接到通知之日起30日内,未接到通知的应当在公告之日起60日内,向投资人申报其债权。

该条款对个人独资企业的清算规定了两种方式:一是投资人自行清算,二是由债权人申请人民法院指定清算人进行清算。由于个人独资企业的规模一般都比较小,所以只规定了投资人一人或者法院指定的清算人进行清算而不是不像《公司法》那样规定成立清算组进行清算。一般来讲,清算人是指一人或数人,而清算组一般是三人以上。

清算期间,个人独资企业不得开展与清算目的无关的经营活动。在按法律规定清偿债务前,投资人不得转移、隐匿财产。个人独资企业清算结束后,投资人或者人民法院指定的清算人应当编制清算报告,并于15日内到登记机关办理注销登记。登记机关核准个人独资企业注销登记之日为个人独资企业终止之日，从此个人独资企业丧失了民事主体资格，不得再以该企业名义从事任何生产经营活动。登记机关办理个人独资企业注销登记之后，应当发布企业注销登记公告，依法确认个人独资企业消灭这一法律事实所具有的法律效力。

（三）个人独资企业的财产清偿顺序

《个人独资企业法》规定，个人独资企业解散的，财产应当按照下列顺序清偿：①所欠职工工资和社会保险费用；②所欠税款；③其他债务。法律对个人独资企业清偿债务的顺序规定，是为了保证职工工资和社会保险费用以及国家税款能够得到及时偿还，以保护职工和国家利益不受损害，是对职工和国家利益的重点保护。

案例分析

个人独资企业事务管理及清算

甲出资10万元设立某个人独资企业。甲聘请乙管理企业事务，同时规定，凡乙对外签订标的金额在2万元以上的合同，须经甲同意。之后乙未经甲同意，以企业的名义与善意第三人丙签订买卖合同，购买价值3万元的货物。

后因经营不善企业亏损，甲决定解散该企业。经查，该企业资产及债权债务情况如下：①企业欠缴税款5 000元，欠乙工资5 000元，欠社会保险费用5 000元，欠丁9万元；②企业的银行存款余额1万元，实物折价5万元；③甲个人其他可执行的财产价值5万元。

问题：

（1）乙以企业的名义向丙购入价值3万元货物的行为是否有效？请说明理由。

（2）试述企业的财产清偿顺序。

（3）丁的债权能获得清偿吗？

分析：

（1）有效。根据《个人独资企业法》的规定，投资人对被聘用的人员职权的限制，不得对抗善意第三人。尽管乙向丙购买货物的行为超越职权，但丙为善意第三人，因此，该行为有效。

（2）根据《个人独资企业法》的规定，企业的财产清偿顺序为：①职工工资和社会保险费用；②税款；③其他债务。

（3）可以。首先，用企业的银行存款和实物折价共6万元清偿所欠乙的工资、社会保险费用、税款后，剩余45 000元用于清偿所欠丁的债务；其次，企业剩余财产全部用于清偿后，仍欠丁45 000元，可用甲个人财产5万元清偿。

单元二　合伙企业法

2006年《中华人民共和国合伙企业法》由第十届全国人民代表大会常务委员会第二十三次会议修订通过，修订后的《合伙企业法》增加了"有限合伙"的合伙企业形式，并对采用普通合伙形式的专业服务机构的特殊责任形式，即特殊的普通合伙企业也作出了规定。《合伙企业法》对普通合伙企业与有限合伙企业设立的条件、财产及事务的执行、入伙与退伙、解散与清算、法律责任等问题作了规定。

一、合伙企业的概念与特征

（一）合伙企业的概念

《合伙企业法》规定，合伙企业是指自然人、法人和其他组织依照法律在中国境内设立的普通合伙企业和有限合伙企业。我国的合伙企业类型包括普通合伙企业（含特殊的普通合伙企业）和有限合伙企业。

普通合伙企业是指由普通合伙人组成，合伙人对合伙企业债务承担无限连带责任的合伙企业。普通合伙企业里，所有合伙人对合伙债务均负无限连带责任，法律另有规定的除外。普通合伙企业名称中应当标明"普通合伙"字样。

特殊的普通合伙企业中合伙人在执业活动中因故意或者重大过失造成合伙企业债务的，应承担无限责任或无限连带责任，其他合伙人承担有限责任。特殊的普通合伙企业名称中应当标明"特殊普通合伙"字样。以专业知识和专门技能为客户提供有偿服务的专业服务机构，如会计师事务所，可以设立为特殊的普通合伙企业。

有限合伙企业是指由普通合伙人和有限合伙人组成，普通合伙人对合伙企业债务承担无限连带责任，有限合伙人以其认缴的出资额为限对合伙企业债务承担责任的合伙企业。有限合伙企业至少由一名普通合伙人和一名负有限责任的合伙人组成，普通合伙人负责合伙的事务执行，并对合伙债务负无限连带责任；有限合伙人则不参与合伙的事务执行，对合伙债务仅以其出资额为限负有限责任。有限合伙企业名称中应当标明"有限合伙"字样。

（二）合伙企业的特征

我国《合伙企业法》分别用专章规定了普通合伙企业和有限合伙企业。这两类企业共同的法律特征主要有：

1. 允许所有的市场主体成为合伙人

2006年修订后的《合伙企业法》删除了原《合伙企业法》对合伙人范围的限制，允许自然人、法人和其他组织等所有的市场主体参与设立合伙企业。

2. 以合伙人订立合伙协议为基础

合伙企业是合伙人之间的自愿联合，其存在的前提是合伙人就出资、利润分享等事项达成一致协议。

3. 以共同出资为前提

合伙人出资既是合伙人对合伙企业应履行的义务，也是取得合伙企业资格的重要条件。

4. 合伙人共同经营、共享收益、共担风险

合伙企业是一种将出资、经营、收益与风险融为一体的营利性组织。

小资料
关于有限合伙企业

（1）有限合伙企业合伙人的责任形式。有限合伙企业的合伙人由普通合伙人和有限合伙人组成，普通合伙人对合伙企业债务承担无限连带责任，有限合伙人以其认缴的出资额为限承担责任。

（2）有限合伙企业合伙人的人数。有限合伙企业由两个以上50个以下合伙人设立，但是法律另有规定的除外。

（3）对有限合伙企业的公示要求。有限合伙企业的名称中应当标明"有限合伙"字样；有限合伙企业登记事项中应当载明有限合伙人的姓名或者名称及认缴的出资数额。

（4）有限合伙人的权利限制。有限合伙人不得以劳务对合伙企业出资；有限合伙人不执行合伙事务，不得对外代表有限合伙企业。

（5）有限合伙人有限责任保护的免除。第三人有理由相信有限合伙人为普通合伙人并与其交易的，该有限合伙人对该笔交易承担与普通合伙人同样的责任，即对该笔债务承担无限连带责任。

关于特殊的普通合伙企业

（1）特殊的普通合伙企业的适用范围。以专业知识和专门技能为客户提供有偿服务的专业服务机构，可以设立为特殊的普通合伙企业，适用关于特殊的普通合伙企业的责任规定。

此外，《合伙企业法》只规范注册为企业的专业服务机构，而很多专业服务机构（如律师事务所）并未注册为企业，不适用《合伙企业法》的规定，但在责任形式上也可以采用《合伙企业法》规定的特殊的普通合伙的责任形式。因此，修订后的《合伙企业法》在附则中专门规定，非企业专业服务机构依据有关法律采取合伙制的，其合伙人承担责任的形式可以适用关于特殊的普通合伙企业合伙人承担责任的规定。

（2）对特殊的普通合伙企业的公示要求。特殊的普通合伙企业名称中应当标明"特殊普通合伙"字样。

（3）特殊的普通合伙企业合伙人的责任形式。特殊的普通合伙企业，一个合伙人或者数个合伙人在执业活动中因故意或者重大过失造成合伙企业债务的，应当承担无限责任或者无限连带责任，其他合伙人以其在合伙企业中财产份额为限承担责任。合伙人在执业活动中非因故意或者重大过失造成的合伙企业债务以及合伙企业的其他债务，由全体合伙人承担无限连带责任。

（4）对特殊的普通合伙企业债权人的保护。特殊的普通合伙企业应当建立执业风险基金，办理职业保险；执业风险基金用于偿付合伙人执业活动造成的债务；执业风险基金应当单独立户管理；执业风险基金的具体管理办法由国务院规定。

（5）特殊的普通合伙企业实质上仍然是普通合伙企业，因此《合伙企业法》规定，对于特殊的普通合伙企业，法律未作规定的，适用法律关于普通合伙企业的规定。

二、普通合伙企业

（一）普通合伙企业的设立

《合伙企业法》规定，设立合伙企业，应当具备下列条件：①有两个以上合伙人。合伙人为自然人的，应当具有完全民事行为能力。②有书面合伙协议。③有合伙人认缴或者实际缴付的出资。④有合伙企业的名称和生产经营场所。⑤法律、行政法规规定的其他条件。

1. 合伙人的资格、人数

《合伙企业法》对设立普通合伙企业的合伙人的人数、资格都作了限制：①合伙人的人数须有两个以上。这是法律对设立合伙企业人数的下限要求。我国《合伙企业法》对于普通合伙企业人数的上限没有作出限定，但由于普通合伙企业典型的人合性，注重合伙人之间的相互信任关系，所以普通合伙企业的人数一般不会太多。②合伙人的资格应不违反法律的限制性规定。依我国《合伙企业法》的规定，合伙人可以是自然人，也可以是法人或者其他组织。自然人作为普通合伙人的，应当具有完全民事行为能力；国有独资公司、国有企业、上市公司以及公益性的事业单位、社会团体不得成为普通合伙人。

2. 书面合伙协议

设立合伙企业，须有书面合伙协议。这是设立普通合伙企业的意思表示要件。合伙协议是全体合伙人为了设立合伙企业而协商一致达成的协议，经全体合伙人签名、盖章后生效，合伙人按照合伙协议享有权利和履行义务。除合伙协议另有约定外，修改或者补充合伙协议，应当经全体合伙人一致同意。

设立普通合伙企业的合伙协议应当载明下列事项：①合伙企业的名称和主要经营场所的地点；②合伙目的和合伙经营范围；③合伙人的姓名或者名称、住所；④合伙人的出资方式、数额和缴付期限；⑤利润分配、亏损分担方式；⑥合伙事务的执行；⑦入伙与退伙；⑧争议解决办法；⑨合伙企业的解散与清算；⑩违约责任。如果合伙协议缺乏上述事项的，可能影响合伙企业的设立。此外，合伙协议中还可以载明合伙经营期限等内容。

3. 有合伙人认缴或者实际缴付的出资

2006年修订后的《合伙企业法》对出资的缴付方式作了较为灵活性的规定，合伙人可以实际一次性缴付出资，也可以"认缴"的形式分期出资。合伙人应当按照合伙协议约定的出资方式、数额和缴付期限，履行出资义务。

合伙人可以用货币、实物、知识产权、土地使用权或者其他财产权利出资，也可以用劳务出资。其中：合伙人以实物、知识产权、土地使用权或者其他财产权利出资，需要评估作价的，可以由全体合伙人协商确定，也可以由全体合伙人委托法定评估机构评估；合伙人以劳务出资的，其评估办法由全体合伙人协商确定，并在合伙协议中载明；合伙人以非货币财产出资，依照法律、行政法规的规定，需要办理财产权转移手续的，应当依法办理。

4. 有合伙企业的名称和生产经营场所

拥有自己的名称，合伙企业才能以自己的名义参与民事法律关系，享有民事权利，承担民事义务，并参与诉讼，成为诉讼当事人。普通合伙企业应当在其名称中标明"普通合伙"字样。生产经营场所是合伙企业从事生产经营活动的所在地。合伙企业作为一种营利性的经济组织，有自己的生产经营场所是其能够正常开展业务的必要条件，也是便于执法机关依法对其进行监督管理的必然要求。

5. 法律、行政法规规定的其他条件

如果法律、行政法规对普通合伙企业的设立有特殊要求的，设立普通合伙企业还应符合相关规定。

申请设立合伙企业，应当向企业登记机关提交登记申请书、合伙协议书、合伙人身份证明等文件。合伙企业的经营范围中有属于法律、行政法规规定在登记前须经批准的项目的，该项经营业务应当依法经过批准，并在登记时提交批准文件。申请人提交的登记申请材料齐全、符合法定形式，企业登记机关能够当场登记的，应予当场登记，发给营业执照。不能当场登记的，企业登记机关应当自受理申请之日起 20 日内，作出是否登记的决定。予以登记的，发给营业执照；不予登记的，应当给予书面答复，并说明理由。合伙企业的营业执照签发日期，为合伙企业成立日期。合伙企业领取营业执照前，合伙人不得以合伙企业的名义从事合伙业务。合伙企业设立分支机构，应当向分支机构所在地的企业登记机关申请登记，领取营业执照。

（二）普通合伙企业的事务执行

1. 合伙企业事务的执行权

《合伙企业法》规定，合伙人对执行合伙事务享有同等的权利。按照合伙协议的约定或者经全体合伙人决定，可以委托一个或者数个合伙人对外代表合伙企业，执行合伙事务。作为合伙人的法人、其他组织执行合伙事务的，由其委派的代表执行。

合伙人委托一个或者数个合伙人执行合伙企业事务的，其他合伙人不再执行合伙企业事务。不执行事务的合伙人有权监督执行事务的合伙人执行合伙企业事务的情况。由一个或者数个合伙人执行合伙事务的，执行事务的合伙人应当定期向其他合伙人报告事务执行情况以及合伙企业的经营和财务状况，其执行合伙事务所产生的收益归合伙企业所有，所产生的费用和亏损由合伙企业承担。合伙人为了解合伙企业的经营状况和财务状况，有权查阅合伙企业会计账簿等财务资料。合伙人分别执行合伙事务的，执行事务的合伙人可以对其他合伙人执行的事务提出异议。提出异议时，应当暂停该项事务的执行。受委托执行合伙事务的合伙人不按照合伙协议或者全体合伙人的决定执行事务的，其他合伙人可以决定撤销该委托。

关于合伙人事务执行的限制，《合伙企业法》规定，合伙人不得自营或者同他人合作经营与本合伙企业相竞争的业务。除合伙协议另有约定或者经全体合伙人一致同意外，合伙人不得同本合伙企业进行交易。合伙人不得从事损害本合伙企业利益的活动。

2. 合伙企业事务的表决权

合伙人对合伙企业有关事项作出决议，按照合伙协议约定的表决办法办理。合伙协议未约定或者约定不明确的，实行合伙人一人一票并经全体合伙人过半数通过的表决办法。法律对合伙企业的表决办法另有规定的，从其规定。

合伙企业比较重大的事项，则须经全体合伙人的一致同意。《合伙企业法》规定，除合伙协议另有约定外，合伙企业的下列事项应当经全体合伙人一致同意：①改变合伙企业的名称；②改变合伙企业的经营范围、主要经营场所的地点；③处分合伙企业的不动产；④转让或者处分合伙企业的知识产权和其他财产权利；⑤以合伙企业的名义为他人提供担保；⑥聘任合伙人以外的人担任合伙企业的经营管理人员。如果合伙协议对上述事项另有约定的，则按照合伙协议的约定办理。

3. 合伙企业的利润分配与亏损负担

合伙企业的利润分配、亏损分担，按照合伙协议的约定办理；合伙协议未约定或者约定不明确的，由合伙人协商决定；协商不成的，由合伙人按照实缴出资比例分配、分担；无法确定出资比例的，由合伙人平均分配、分担。合伙协议不得约定将全部利润分配给部分合伙人或者由部分合伙人承担全部亏损。

（三）普通合伙企业的外部关系

合伙企业对其债务，应先以其全部财产进行清偿。合伙企业不能清偿到期债务的，合伙人承担无限连带责任。合伙人由于承担无限连带责任，清偿数额超过规定的亏损分担比例的，有权向其他合伙人追偿。但需注意的是，合伙企业对合伙人执行合伙事务以及对外代表合伙企业权利的限制，不得对抗善意第三人。

合伙人发生与合伙企业无关的债务，相关债权人不得以其债权抵销其对合伙企业的债务；也不得代位行使合伙人在合伙企业中的权利。合伙人的自有财产不足清偿其与合伙企业无关的债务的，该合伙人可以以其从合伙企业中分取的收益用于清偿；债权人也可以依法请求人民法院强制执行该合伙人在合伙企业中的财产份额用于清偿。人民法院强制执行合伙人的财产份额时，应当通知全体合伙人，其他合伙人有优先购买权；其他合伙人未购买，又不同意将该财产份额转让给他人的，依照合伙企业法规定为该合伙人办理退伙结算，或者办理削减该合伙人相应财产份额的结算。

（四）普通合伙企业的入伙与退伙

1. 入伙

入伙是指在合伙企业成立后、解散前的这一段时间内，非合伙人申请加入合伙企业并被合伙企业接纳，从而取得合伙人资格的法律行为。新合伙人入伙，除合伙协议另有约定外，应当经全体合伙人一致同意，并依法订立书面入伙协议。订立入伙协议时，原合伙人应当向新合伙人如实告知原合伙企业的经营状况和财务状况。

《合伙企业法》规定，合伙人死亡或者被依法宣告死亡的，对该合伙人在合伙企业中的财产份额享有合法继承权的继承人，按照合伙协议的约定或者经全体合伙人一致同意，从继承开始之日起，取得该合伙企业的合伙人资格。即合伙人死亡或者被依法宣告死亡的，其合法继承人可以通过继承的方式取得合伙人资格。

关于入伙的效力，《合伙企业法》规定，入伙的新合伙人与原合伙人享有同等权利，承担同等责任；入伙协议另有约定的，从其约定。新合伙人对入伙前合伙企业的债务承担无限连带责任。

2. 退伙

退伙是指在合伙企业存续期间，已取得合伙人资格的合伙人退出合伙企业，丧失合伙人资格，引起合伙企业终止或变更的法律事实。退伙可以基于合伙人的意思表示，也可以基于与合伙人本人意志无关的事件。根据退伙发生的原因不同，可以将退伙分为声明退伙、法定退伙和开除退伙。

（1）声明退伙。声明退伙又称自愿退伙，是指合伙人基于自愿的意思表示而退伙。我国允许合伙人单方面声明退伙，但如果合伙人违反法律规定退伙的，应当赔偿由此给合伙企业造成的损失。根据《合伙企业法》的规定，我国一般将声明退伙分为两类情形处理：

一是对于合伙协议未约定合伙期限的，合伙人在不给合伙企业事务执行造成不利影响的情况下，可以退伙，但应当提前30日通知其他合伙人。

二是对于合伙协议约定合伙期限的，在合伙企业存续期间，有下列情形之一的，合伙人可以退伙：①合伙协议约定的退伙事由出现；②经全体合伙人一致同意；③发生合伙人难以继续参加合伙的事由；④其他合伙人严重违反合伙协议约定的义务。

（2）法定退伙。法定退伙又称当然退伙，是指基于法律的直接规定而丧失合伙人资格。退伙事由实际发生之日为退伙生效日。

《合伙企业法》规定，合伙人有下列情形之一的，当然退伙：①作为合伙人的自然人死亡或者被依法宣告死亡；②个人丧失偿债能力；③作为合伙人的法人或者其他组织依法被吊销营业执照、责令关闭、撤销，或者被宣告破产；④法律规定或者合伙协议约定合伙人必须具有相关资格而丧失该资格；⑤合伙人在合伙企业中的全部财产份额被人民法院强制执行。

合伙人被依法认定为无民事行为能力人或者限制民事行为能力人的，经其他合伙人一致同意，可以依法转为有限合伙人，普通合伙企业依法转为有限合伙企业；其他合伙人未能一致同意的，该无民事行为能力或者限制民事行为能力的合伙人退伙。

（3）开除退伙。开除退伙又称除名退伙，是指当某一合伙人违反有关法律规定或合伙协议的规定时，被其他合伙人从合伙企业中除名。《合伙企业法》规定，合伙人有下列情形之一的，经其他合伙人一致同意，可以决议将其除名：①未履行出资义务；②因故意或者重大过失给合伙企业造成损失；③执行合伙事务时有不正当行为；④发生合伙协议约定的事由。对合伙人的除名决议应当书面通知被除名人。被除名人接到除名通知之日，除名生效，被除名人退伙。被除名人对除名决议有异议的，可以自接到除名通知之日起30日内，向人民法院起诉。

关于退伙的效力，《合伙企业法》规定，合伙人退伙，其他合伙人应当与该退伙人按照退伙时的合伙企业财产状况进行结算，退还退伙人的财产份额。退伙人对给合伙企业造成的损失负有赔偿责任的，相应扣减其应当赔偿的数额。退伙时有未了结的合伙企业事务的，待该事务了结后进行结算。退伙人在合伙企业中财产份额的退还办法，由合伙协议约定或者由全体合伙人决定，可以退还货币，也可以退还实物。退伙人对基于其退伙前发生的合伙企业债务，承担无限连带责任。

案例分析

连续亏损合伙企业的合伙人可以退伙吗

许某、戴某、郑某三方签订了一份书面合伙协议，约定合伙经营的项目为许郑戴火锅店，许某以现金50万元出资（占总股份55%），戴某以现金21万元出资（占总股份23%），郑某以现金20万元出资（占总股份22%）；合伙形式为普通合伙，约定合伙经营期限为5年；许某为合伙负责人，有权对外开展业务、订立合同等。协议还约定，当出现下列情况之一时，合伙人有权退伙：①需有正当理由且经全体合伙人同意方可退伙；②连续亏损6个月任意一方都可提出退伙；③法律规定的其他情形。退伙后以退伙时的财产状况进行结算，不论何种方式出资，均以金钱结算。

火锅店开业后，三方于每月15日对账。现戴某、郑某主张火锅店自开业至今已连续亏损6个月，要求退伙，按火锅店现价值为30万元进行退伙结算；许某则辩称火锅店其中1个月盈利7 098元，除该月份，其余月份均亏损，火锅店现价值为40万元。双方协商未果起诉至法院。至法庭辩论终结前，许某仍在经营火锅店。

法院经审理查明，许某辩称火锅店该月盈利7 098元，并未扣除该月房屋租金10 500元，扣除该经营成本后，火锅店在该月并无盈利，火锅店已连续亏损6个月。

问题：

（1）合伙人能否以协议约定的方式退伙？请说明理由。

（2）法院能支持戴某、郑某的退伙主张吗？请说明理由。

（3）戴某、郑某退伙后，若退伙前火锅店对外有负债，戴某、郑某是否承担责任？

（4）退伙后，火锅店的财产如何处理？

> **分析：**
> （1）可以。根据《合伙企业法》规定，合伙协议约定的退伙事由出现的，合伙人可以退伙。
> （2）支持。三方签订的《合伙协议》系真实意思表示，内容不违反法律、行政法规的强制性规定，合同自成立时生效。《合伙协议》约定，火锅店连续亏损6个月任意一方都可提出退伙。因此戴某、郑某依约有权要求退伙。
> （3）根据《合伙企业法》的规定，普通退伙人对其退伙前已发生的债务与其他合伙人承担连带责任，故戴某、郑某对其退伙前发生的债务应负连带清偿责任。
> （4）关于退伙后火锅店的财产价值，戴某、郑某主张为30万元，许某主张为40万元，戴某、郑某同意按30万元计算其退伙折价款，系戴某、郑某对其权利的自由处分。法院判决按30万元并根据戴某、郑某的出资比例计算其退伙折价款。

（五）特殊的普通合伙企业

我国有大量的会计师、资产评估师事务所等专业服务机构，它们以其掌握的专业知识和信息为客户提供有偿服务。国外类似的机构多采用有限责任合伙制度。但是，鉴于我国相关立法对这一类机构的设立、事务执行等没有作出规定，而依一般的合伙责任形式要求每一个合伙人都对合伙债务承担无限连带责任又会限制这类机构的发展。于是，2006年修订后的《合伙企业法》专门增加规定了特殊的普通合伙企业，旨在使有关专业服务机构的合伙人避免承担过度风险，有利于其发展壮大和异地发展业务。

《合伙企业法》规定，以专业知识和专门技能为客户提供有偿服务的专业服务机构，可以设立为特殊的普通合伙企业。这里所谓的"专业服务机构"，应当是注册为企业的专业服务机构，而很多专业服务机构（如律师事务所）并未注册为企业，不适用《合伙企业法》的规定，但在责任形式上也可以采用特殊的普通合伙的责任形式。《合伙企业法》第一百零七条规定，非企业专业服务机构依据有关法律采取合伙制的，其合伙人承担责任的形式可以适用关于特殊的普通合伙企业合伙人承担责任的规定。

特殊的普通合伙企业相对于普通合伙企业，其主要区别在于承担责任的原则不同。《合伙企业法》规定，一个合伙人或者数个合伙人在执业活动中因故意或者重大过失造成合伙企业债务的，应当承担无限责任或者无限连带责任，其他合伙人以其在合伙企业中的财产份额为限承担责任。合伙人在执业活动中非因故意或者重大过失造成的合伙企业债务以及合伙企业的其他债务，由全体合伙人承担无限连带责任。

三、有限合伙企业

（一）有限合伙企业的设立

与普通有限合伙企业的设立相比，有限合伙企业的设立有如下不同之处：

1. 合伙人的组成与人数限制不同

有限合伙企业的合伙人由普通合伙人和有限合伙人组成，至少应当有一个普通合伙人；而普通合伙企业的合伙人由普通合伙人组成。除法律另有规定外，有限合伙企业由两个以上50个以下合伙人设立；而普通合伙企业中合伙人的人数上限法律没有规定。

2. 合伙协议要件不同

依《合伙企业法》规定，设立有限合伙企业的合伙协议除了具备设立普通合伙企业的合伙协议应当载明的事项外，还应当载明下列事项：①普通合伙人和有限合伙人的姓名或者名称、住所；②执行事务合伙人应具备的条件和选择程序；③执行事务合伙人权限与违约处理办法；④执行事务合伙人的除名条件和更换程序；⑤有限合伙人入伙、退伙的条件、程序以及相关责任；⑥有限合伙人和普通合伙人相互转变程序。

3. 合伙人出资不同

《合伙企业法》规定，有限合伙人可以用货币、实物、知识产权、土地使用权或者其他财产权利作价出资。有限合伙人不得以劳务出资；但对于普通合伙人，法律规定可以劳务出资。

（二）有限合伙企业的事务执行

有限合伙企业由普通合伙人执行合伙事务；有限合伙人不执行合伙事务，不得对外代表有限合伙企业。

依《合伙企业法》规定，有限合伙人的下列行为不视为执行合伙事务：①参与决定普通合伙人入伙、退伙；②对企业的经营管理提出建议；③参与选择承办有限合伙企业审计业务的会计师事务所；④获取经审计的有限合伙企业财务会计报告；⑤对涉及自身利益的情况，查阅有限合伙企业财务会计账簿等财务资料；⑥在有限合伙企业中的利益受到侵害时，向有责任的合伙人主张权利或者提起诉讼；⑦执行事务合伙人怠于行使权利时，督促其行使权利或者为本企业的利益以自己的名义提起诉讼；⑧依法为本企业提供担保。

（三）有限合伙人的权利

《合伙企业法》对有限合伙企业中有限合伙人的权利作了一些不同于普通合伙企业的规定，主要有：①如果合伙协议有约定，有限合伙企业可以将全部利润分配给部分合伙人；②除合伙协议另有约定外，有限合伙人可以同本有限合伙企业进行交易，可以自营或者同他人合作经营与本有限合伙企业相竞争的业务；③除合伙协议另有约定外，有限合伙人可以将在有限合伙企业中的财产份额转让或者出质，而不必经全体合伙人一致同意；④有限合伙人提前30日通知其他合伙人，可以按照合伙协议的约定向合伙人以外的人转让其在有限合伙企业中的财产份额。

（四）有限合伙人的对外责任

《合伙企业法》对有限合伙企业中合伙人的责任承担方式作了与普通合伙企业不同的规定。从某种意义上说，普通合伙企业和有限合伙企业最显著的区别即体现在这一方面：有限合伙企业中的普通合伙人仍然承担无限连带责任，但有限合伙人原则上以其认缴的出资额为限对合伙企业的债务承担责任。

有限合伙人在某些特殊情况下也要承担无限连带责任。《合伙企业法》规定，第三人有理由相信有限合伙人为普通合伙人并与其交易的，该有限合伙人对该笔交易承担与普通合伙人同样的责任，即对该笔债务承担无限连带责任。

关于有限合伙人的无权代理问题，《合伙企业法》规定，有限合伙人未经授权以有限合伙企业名义与他人进行交易，给有限合伙企业或者其他合伙人造成损失的，该有限合伙人应当承担赔偿责任。

（五）有限合伙企业的入伙与退伙

1. 入伙

《合伙企业法》对有限合伙企业和普通合伙企业中入伙的效力规定不尽相同。新入伙的普通合伙企业的合伙人以及有限合伙企业中的普通合伙人对合伙企业债务均承担无限连带责任；但在有限合伙企业中，新入伙的有限合伙人对入伙前有限合伙企业的债务，以其认缴的出资额为限承担责任。

2. 退伙

依据《合伙企业法》的相关规定，有限合伙企业与普通合伙企业中的退伙相比，有下列特殊之处：

（1）有限合伙人以出资为限对合伙企业债务承担责任，所以有限合伙人不存在丧失偿债能力的问题，也并不会因此而发生当然退伙。

（2）作为有限合伙人的自然人在有限合伙企业存续期间丧失民事行为能力的，其他合伙人不得因此要求其退伙。

（3）作为有限合伙人的自然人死亡、被依法宣告死亡或者作为有限合伙人的法人及其他组织终止时，其继承人或者权利承受人可以依法取得该有限合伙人在有限合伙企业中的资格。即作为有限合伙人的自然人死亡、被依法宣告死亡或者作为有限合伙人的法人及其他组织终止，并不导致当然退伙。

（4）有限合伙人退伙后，对基于其退伙前的原因发生的有限合伙企业债务，以其退伙时从有限合伙企业中取回的财产承担责任。

由此可见，有限合伙人退伙的效力与普通合伙企业退伙的效力不同。

案例分析

有限合伙企业

甲、乙、丙三个自然人决定设立有限合伙企业，合伙协议约定：甲以货币出资10万元，乙以劳务作价出资5万元，丙以其自主知识产权作价出资6万元；其中甲、乙为有限合伙人，丙为普通合伙人；各合伙人按出资比例分配盈利、分担亏损；合伙企业的日常经营管理由甲全权负责，对外代表合伙企业。后甲因故死亡，这时其他合伙人一致同意将甲作当然退伙处理。

问题：

（1）该有限合伙协议约定，有哪些不合法之处？

（2）有限合伙人甲因故死亡，作当然退伙的处理是否正确？

（3）假设乙作为有限合伙人退伙后，该合伙企业因乙退伙前的过失行为而发生债务，乙是否仍应对此承担责任？

分析：

（1）若乙为有限合伙人，不能以劳务出资；甲作为有限合伙人不得执行合伙事务，不得对外代表有限合伙企业。

（2）正确。根据《合伙企业法》的规定，作为有限合伙人的自然人在有限合伙企业存续期间死亡的，当然退伙。但其继承人或者权利承受人可以依法取得该有限合伙人在有限合伙企业中的资格。

（3）乙应当承担责任，但是以其退伙时从有限合伙企业中取回的财产为限。根据《合伙企业法》的规定，有限合伙人退伙后，对基于其退伙前的原因发生的有限合伙企业债务，以其退伙时从有限合伙企业中取回的财产承担责任。

四、合伙企业的解散与清算

（一）合伙企业的解散

合伙企业解散是指由于法律规定的原因或者当事人约定的原因而使合伙人之间的合伙协议终止、合伙企业的事业终结，全体合伙人的合伙关系归于消灭。

《合伙企业法》规定，合伙企业发生下列情形之一的，应当解散：①合伙期限届满，合伙人决定不再经营；②合伙协议约定的解散事由出现；③全体合伙人决定解散；④合伙人已不具备法定人数满 30 天；⑤合伙协议约定的合伙目的已经实现或者无法实现；⑥合伙企业被依法吊销营业执照、责令关闭或者被撤销；⑦法律、行政法规规定的其他原因。

（二）合伙企业的清算

合伙企业清算是指依法清理合伙企业尚未了结的事务，最终结束合伙企业现存的各种法律关系，使合伙企业归于消灭。依《合伙企业法》规定，合伙企业解散，应当由清算人进行清算。清算人由全体合伙人担任；经全体合伙人过半数同意，可以自合伙企业解散事由出现后 15 日内指定一个或者数个合伙人，或者委托第三人，担任清算人。自合伙企业解散事由出现之日起 15 日内未确定清算人的，合伙人或者其他利害关系人可以申请人民法院指定清算人。清算期间，合伙企业存续，但不得开展与清算无关的经营活动。

清算人在清算期间执行下列事务：①清理合伙企业财产，分别编制资产负债表和财产清单；②处理与清算有关的合伙企业未了结事务；③清缴所欠税款；④清理债权、债务；⑤处理合伙企业清偿债务后的剩余财产；⑥代表合伙企业参加诉讼或者仲裁活动。

清算人自被确定之日起 10 日内将合伙企业解散事项通知债权人，并于 60 日内在报纸上公告。债权人应当自接到通知书之日起 30 日内，未接到通知书的自公告之日起 45 日内，向清算人申报债权。债权人申报债权，应当说明债权的有关事项，并提供证明材料。清算人应当对债权进行登记。

合伙企业财产在支付清算费用和职工工资、社会保险费用、法定补偿金以及缴纳所欠税款、清偿债务后的剩余财产，依照《合伙企业法》关于合伙企业的利润分配、亏损分担的规定进行分配。清算结束，清算人应当编制清算报告，经全体合伙人签名、盖章后，在 15 日内向企业登记机关报送清算报告，申请办理合伙企业注销登记。合伙企业注销后，原普通合伙人对合伙企业存续期间的债务仍应承担无限连带责任。

复习思考题

第一部分　知　识　题

一、单项选择题

1. 个人独资企业投资人甲聘用乙管理企业事务，同时对乙的职权予以限制，即凡乙对外签订标的额超过 1 万元以上的合同，须经甲同意。某日，乙未经甲同意与善意第三人丙签订了一份标的额为 2 万元的买卖合同。下列关于该合同效力的表述中，正确的是（　　　）。

　　A. 该合同有效，但如果给甲造成损害，由乙承担民事赔偿责任

　　B. 该合同无效，如果给甲造成损害，由乙承担民事赔偿责任

C. 该合同为可撤销合同，可请求人民法院予以撤销

D. 该合同无效，经甲追认后有效

2. 下列情形中不属于个人独资企业应当解散的原因的是（　　）。

A. 达到了破产界限，具备了破产原因

B. 投资人决定解散

C. 投资人死亡或者被宣告死亡，无继承人或者继承人放弃继承

D. 被依法吊销营业执照

3. 下列不得作为个人独资企业的投资人的是（　　）。

A. 个体户钱某　　　　　　　　　B. 退休工人王某

C. 国家公务员李某　　　　　　　D. 农村村民赵某

4. 甲、乙、丙三人共同投资设立一合伙企业，合伙企业设立后不久，甲便欲转让自己在合伙企业中的全部财产份额。关于甲的转让行为，下列表述正确的是（　　）。

A. 乙想取得甲的全部财产份额，但乙必须取得丙的同意

B. 甲想将全部财产份额转让给自己的弟弟，但这种转让必须取得乙、丙的同意

C. 未经乙、丙同意，丁取得了甲的全部财产份额后也可成为合伙人

D. 经乙、丙同意，甲转让了自己的全部财产份额后对退伙前合伙企业的债务不承担连带责任

5. 甲、乙、丙三人合伙经营水产品批发业务，由于经营不善，不到一年时间，三人欠某水产公司货款20万元。后来，乙经甲和丙同意决定退伙。水产公司多次上门催讨，因甲资金紧张，丙还清了对水产公司的20万元欠款。关于乙对合伙债务的责任，下列说法正确的是（　　）。

A. 如果三方约定乙对合伙债务不再承担责任，则乙可以对原合伙的债务不再承担责任

B. 如果乙退伙时支付了一定数额的金钱让甲、丙承担债务，则对合伙债务不再承担连带责任

C. 乙退伙后对原合伙的债务承担补充责任

D. 乙退伙后对其退伙之前的债务仍然承担连带清偿责任

二、多项选择题

1. 依照《个人独资企业法》的规定，下列各项中，可以作为投资人出资方式的有（　　）。

A. 土地使用权　　　　　　　　　B. 其他财产权利

C. 劳务　　　　　　　　　　　　D. 家庭共有财产

2. 个人独资企业有下列情形之一时，应当解散（　　）。

A. 投资人决定解散　　　　　　　B. 投资人死亡或者被宣告死亡

C. 被依法吊销营业执照　　　　　D. 营业执照上规定的经营期限到期的

3. 在下列各项中，有关个人独资企业特征的表述不正确的有（　　）。

A. 个人独资企业的投资人对企业债务承担无限连带责任

B. 个人独资企业是非法人企业，无独立承担民事责任的能力

C. 个人独资企业是非法人企业，无独立的民事主体资格

D. 个人独资企业的投资人可以是中国公民，也可以是外国公民

4. 根据《合伙企业法》规定，下列人员中，应对合伙企业债务承担连带责任的有（ 　　 ）。
   A. 普通合伙企业的全体合伙人
   B. 普通合伙企业债务发生后办理入伙的合伙人
   C. 普通合伙企业债务发生后办理退伙的退伙人
   D. 被聘为普通合伙企业的经营管理人员

5. 下列关于有限合伙企业的特征，表述正确的是（ 　　 ）。
   A. 在有限合伙企业中，有限合伙人不执行合伙事务，而由普通合伙人从事具体的经营管理
   B. 有限合伙人可以用货币、实物、知识产权、土地使用权、劳务或者其他财产权利作价出资
   C. 一般的有限合伙企业由两个以上50个以下合伙人设立
   D. 有限合伙人以其各自的出资额为限承担有限责任，普通合伙人之间承担无限连带责任

三、判断题

1. 个人独资企业不具有法人资格，也无独立承担民事责任的能力，所以个人独资企业不是独立的民事主体。 （ 　　 ）

2. 在领取个人独资企业营业执照之前，经批准投资人可以个人独资企业名义从事经营活动。 （ 　　 ）

3. 我国现行法律不允许法人成为合伙企业的合伙人。 （ 　　 ）

4. 普通合伙企业，入伙的新合伙人对入伙前合伙企业的债务承担无限连带责任。 （ 　　 ）

5. 合伙企业的生产经营所得和其他所得，按照国家有关税收规定，由合伙企业分别缴纳所得税。 （ 　　 ）

第二部分 技 能 题

四、综合分析题

甲、乙、丙三人合伙开办了普通合伙企业，甲出资6万元，乙出资4万元，丙以劳务出资；合伙协议订立得比较简单，未约定利润分配和亏损分担比例，只约定三人共同管理企业。企业设立后，甲想把自己的一部分财产份额转让给丁，乙同意但丙不同意，因多数合伙人同意丁入伙成为新的合伙人，丙便提出退伙，甲、乙表示同意丙退伙，丁入伙。丁入伙前，该合伙企业欠A公司货款5万元一直未还。

之后由于经营不善，企业又负债9万元无法清偿，该合伙企业宣告解散、清算。

根据案情，请分析下列问题：

（1）丁是否应对其入伙前的企业欠A公司5万元债务承担责任？为什么？

（2）丙退伙后该合伙企业的债务与其是否有关？为什么？

（3）在合伙企业清算后，A公司以及该合伙企业的其他债权人认为乙个人资金雄厚，要求其做全部的清偿，这些债权人的要求是否可以得到支持？为什么？

（4）乙满足了合伙企业债权人的要求后，乙应如何向其他合伙人进行追偿，能获得多少追偿数额？

module 4

模块四

合同法律制度

--- 学习目标 ---

能力目标

◎ 明确合同订立的方式，能够根据法律的要求合法、规范地订立合同。

◎ 能够按照法律的规定或者合同的约定全面、适当地履行合同。

◎ 正确使用合同履行的抗辩权和保全措施，以在特定的情况下维护自身利益。

◎ 在遇到对方违约时，及时追究其违约责任进而维护自身利益，同时避免自身违约。

知识目标

◎ 掌握合同订立的方式、合同的形式、合同的主要条款、缔约过失责任。

◎ 掌握合同的效力规定。

◎ 掌握合同履行抗辩权的行使、合同的保全措施。

◎ 了解合同的变更与转让。

◎ 了解合同权利义务的终止。

◎ 掌握违约责任的承担形式。

合同制度是市场经济的基本法律制度。1999年3月15日第九届全国人民代表大会第二次会议通过《中华人民共和国合同法》（以下简称《合同法》）。2020年5月28日十三届全国人民代表大会第三次会议表决通过了《中华人民共和国民法典》（以下简称《民法典》），《民法典》第三编"合同"在《合同法》的基础上，贯彻全面深化改革的精神，使市场在资源配置中起决定性作用，坚持维护契约、平等交换、公平竞争原则，促进商品和要素自由流动，完善合同制度。《民法典》自2021年1月1日起施行，《合同法》同时废止，因合同产生的民事关系和部分其他债的法律关系（准合同关系）由《民法典》合同编调整。本模块主要介绍合同的订立、效力、履行、保全、转让、终止、违约责任等一般性规则。

引导案例

刘某诉安徽某生物科技公司合同纠纷案

【案情梗概】

韩某为安徽某生物科技公司业务经理。2019年3月11日，韩某代表该公司（甲方）与刘某（乙方）签订"种植基地合作协议"，约定刘某向该公司预订种苗12万株，刘某培育成苗后该公司再以3元/株收购，每年收购一次。如甲方未按合同价格收购，甲方赔偿乙方3元/株。合同期限1年，自2019年3月11日起至2020年3月20日止。合同第七条约定：甲乙双方任何一方，由于自然灾害、重大病虫害等不可抗力的原因，不能履行或不能完全履行合同时，应及时通知对方，经核实后，免除承担违约责任，并允许变更或解除合同。合同签订后，刘某又追加1.3万株苗。2020年2月初，刘某多次催问收购事宜，该公司以尚未复工为由未予明确回复；直至3月2日、3月4日，刘某微信向该公司发送"催款及收购树苗函"，要求其支付预付款4万元并及时收购树苗，但其未予回复。及至刘某起诉后，该公司与刘某协商未果。2020年2月25日，安徽省新冠肺炎疫情防控应急响应级别由一级响应调整为二级响应；3月15日，安徽省新冠肺炎疫情防控应急响应级别由省级二级响应调整为省级三级响应，解除封闭式管理。

【争议焦点】

该公司在本案中的违约行为能否适用情势变更或不可抗力？如不能适用，违约金的数额为多少合适？

【裁判结果】

该公司未按约定履行回购苗木的合同义务，且不存在法定和约定的免责情形，该公司主张其因不可抗力和情势变更不应承担违约责任不能成立。法院根据案涉协议中有关违约金的约定和本案实际情况，综合疫情影响程度、树苗种植的季节性等因素评判，酌定该公司支付刘某违约金20万元。

【案件评析】

不可抗力，是指不能预见、不能避免并不能克服的客观情况。合同成立后，合同的基础条件发生了当事人在订立合同时无法预见的、不属于商业风险的重大变化，继续履行合同对于当事人一方明显不公平的，受不利影响的当事人可以与对方重新协商；在合理期限内协商不成的，当事人可以请求人民法院或者仲裁机构变更或者解除合同。

情势变更原则适用的前提条件为该客观变化不属于不可抗力。具体到本案，新冠疫情属于不能预见、不能避免且不能克服的客观情况，如因新冠疫情防控措施导致合同履行不能的，则属于不可抗力。本案中，该公司主张不可抗力和情势变更，与上述法律和司法解释的规定相悖；且该公司在本案中并未举证证明继续履行合同存在对其明显不公平等法定情形，故法院对该公司主张以情势变更为由而免除违约责任的理由不予支持。

当事人一方因不可抗力不能履行合同的，根据不可抗力的影响，部分或者全部免除责任，但是法律另有规定的除外。因不可抗力不能履行合同的，应当及时通知对方，以减轻可能给对方造成的损失，并应当在合理期限内提供证明。当事人迟延履行后发生不可抗力的，不免除其违约责任。《最高人民法院关于依法妥善审理涉新冠肺炎疫情民事案件若干问题的指导意见（一）》第二条规定："依法准确适用不可抗力规则。人民法院审理涉疫情民事案件，要准确适用不可抗力的具体规定，严格把握适用条件。对于受疫情或者疫情防控措施直接影响而产生的民事纠纷，符合不可抗力法定要件的，适用《民法总则》第一百八十条、《合同法》第一百一十七条和第一百一十八条等规定妥善处理；其他法律、行政法规另有规定的，依照其规定。当事人主张适用不可抗力部分或者全部免责的，应当就不可抗力直接导致民事义务部分或者全部不能履行的事实承担举证责任。"案涉合作协议亦约定主张不可抗力的一方当事人应及时通知对方并经核实后方可免除违约责任。故本案中，该公司作为主张不可抗力的一方当事人，依据上述法律、司法解释的规定和双方当事人合同的约定，其应对新冠疫情防控措施直接导致其不能履行回购义务的事实承担举证责任，否则应承担举证不能的法律后果。

根据案涉合作协议的约定，该公司所应承担的回购义务即为支付预付款和苗木的移植及运输，上述行为所处行业并非新冠疫情冲击较为严重的餐饮、娱乐等室内人员较为集中的行业。在受到疫情影响后，该公司应积极主动与刘某就案涉合同是否继续履行和如何履行进行沟通，并在疫情防控措施解除后积极主动地履行自己的合同义务。根据一审查明事实可知，刘某自2020年2月起即多次询问该公司有关案涉苗木回收事宜，虽时间仍处于新冠疫情管控期间，但该公司一直未就合同后续履行与否给予刘某正面答复。自2020年2月下旬至3月中旬，随着安徽省疫情防控应急响应级别不断调低并解除封闭式管理后，该公司仍未就支付预付款和案涉苗木的移植及运输等合同后续履行问题向刘辉进行明确答复。上述履行行为中，支付预付款不因新冠疫情防控措施而造成履行困难或不能。案涉苗木的移植和运输在安徽省疫情防控措施逐步放宽并解除的情形下亦不存在履行困难或不能。该公司主张当地防控措施造成其履行困难或不能，但其既未在刘某提起本案诉讼前向刘某提供相应证据以供核实，在本案诉讼中亦未尽该举证义务。故该公司主张适用不可抗力免除自己的违约责任，缺乏证据支持和合同依据，且于法有悖，法院不予支持。

本案中，就苗木的回购，该公司与刘某之间建立了类似于买卖合同法律关系。《最高人民法院依法妥善审理涉新冠肺炎疫情民事案件若干问题的指导意见（二）》第二条第一款规定："2. 买卖合同能够继续履行，但疫情或者疫情防控措施导致人工、原材料、物流等履约成本显著增加，或者导致产品大幅降价，继续履行合同对一方当事人明显不公平，受不利影响的当事人请求调整价款的，人民法院应当结合案件的实际情况，根据公平原则调整价款。疫情或者疫情防控措施导致出卖人不能按照约定的期限交货，或者导致买受人不能按照约定的期限付款，当事人请求变更履行期限的，人民法院应当结合案件的实际情况，根据公平原则变更履行期限。"本案中，该公司虽主张因新冠疫情防控措施导致其履行成本增加且存在需延长回购期限的情形，但其在与刘某的沟通中并未提出该项主张及其相应证据，亦未在本案中举证证明其履约成本和履行时间在新冠疫情防控措施逐步防控并解除后仍受到较大不利影响。故该公司以此主张免责，缺乏证据支持，法院不予采信。

（资料来源：中国裁判文书网　案号：（2020）皖02民终1847号）

单元一 合同的一般规定

一、合同的概念与特征

（一）合同的概念

合同是民事主体之间设立、变更、终止民事法律关系的协议。

婚姻、收养、监护等有关身份关系的协议也是民事合同，由于其内容的性质不同，适用有关该身份关系的法律规定；没有规定的，可以根据其性质参照适用《民法典》合同编关于合同的规定。

（二）合同的特征

合同的本质是民事主体就民事权利义务关系的变动达成合意而形成的协议，其特征有：

（1）合同是一种法律行为。

（2）合同是旨在设立、变更、终止民事法律关系的法律行为。

（3）合同是当事人之间意思表示一致的产物。

二、合同的约束力和解释

依法成立的合同，受法律保护。依法成立的合同，仅对当事人具有法律约束力，对合同以外的人不发生法律约束力，但是法律另有规定的除外。

当事人对合同条款的理解有争议的，应当按照合同中所使用的词句，结合相关条款、行为的性质和目的、交易习惯以及诚实信用原则，确定该条款的真实意思。

合同文本采用两种以上文字订立并约定具有同等效力的，对各文本使用的词句推定具有相同含义。各文本使用的词句不一致的，应当根据合同的相关条款、性质、目的以及诚信原则等予以解释。

单元二 合同的订立

一、合同订立的概念

合同的订立是指两个或两个以上的当事人依法对合同的主要条款经过协商一致，达成合意的法律行为。合同当事人可以是自然人、法人或者非法人组织，但都应当具有与订立合同相应的民事权利能力和民事行为能力，在订立合同时，应当注意当事人的缔约能力或者主体资格问题。当事人可以依法委托代理人订立合同。

二、合同订立的形式

合同订立的形式是当事人确定权利义务内容的表现形式，是合同内容的载体。当事人订立合同，可以采用书面形式、口头形式或者其他形式。

（一）书面形式

书面形式是指以文字等有形的表现方式订立合同，是合同书、信件、电报、电传、传真等可以有形地表现所载内容的形式。以电子数据交换、电子邮件等方式能够有形地表现所载内容，并可以随时调取查用的数据电文，视为书面形式。

书面形式的最大优点是有据可查，明确清晰，发生纠纷时举证容易。因此，对于比较重大、不能即时结清的合同，一般采用书面形式。法律、行政法规规定采用书面形式的，应当采用书面形式。当事人约定采用书面形式的，应当采用书面形式。

（二）口头形式

口头形式是指以语言为意思表示订立合同，往往用于集市的现货交易或者金额不大的其他场合。即时结清的情况下亦采用口头形式。口头形式最大的优点是简单快捷，交易成本低。

（三）其他形式

其他形式是指当事人未采用书面形式或者口头形式，未明确表示订立合同的合意，但根据当事人的行为或者特定情形可以推定合同成立。

三、合同的内容

（一）一般条款

合同的内容是指合同当事人在合同关系中所享有的权利和义务，在合同形式上表现为合同条款。合同的内容由当事人约定，一般包括以下条款：①当事人的姓名或者名称和住所；②标的；③数量；④质量；⑤价款或者报酬；⑥履行期限、地点和方式；⑦违约责任；⑧解决争议的方法。

以上内容是合同一般包括的条款，当事人可以参照各类合同的示范文本订立合同。上述条款是法律为当事人订立合同提供的指导和提示，并非所有条款都是合同的必要条款，不具备某些条款的合同并非不能成立。

当事人对合同是否成立存在争议时，人民法院能够确定当事人名称或者姓名、标的和数量的，一般应当认定合同成立。但法律另有规定或者当事人另有约定的除外。

（二）格式条款

1. 格式条款的订立要求和说明义务

格式条款是指当事人为了重复使用而预先拟定的，并在订立合同时未与对方协商的条款。格式条款一般由居于垄断地位的一方所拟定，对方当事人处于从属地位。格式条款可以用不同的但必须是明确的书面形式表达出来。

格式条款的优势是便捷、易行、高效，缺点是无协商余地，双方地位不平等。故对提供格式条款的一方当事人规定了以下法定义务：①遵循公平原则确定当事人权利义务的义务；②采取合理的方式提示对方注意免除或者减轻其责任等与对方有重大利害关系条款的义务；③按照对方的要求对该条款予以说明的义务。

提供格式条款的一方未履行上述第②项和第③项规定的提示和说明义务，致使对方没有注意或者理解与其有重大利害关系的条款的，对方可以主张该条款不成为合同的内容，即不对当事人发生约束力。

2．格式条款无效的情形

具有下列情形之一的格式条款无效：

（1）符合民事法律行为无效一般规定的。

（2）合同中的免责条款造成对方人身损害的；因故意或者重大过失造成对方财产损害的。

（3）提供格式条款一方不合理地免除或者减轻己方责任、加重对方责任、限制对方主要权利的。

（4）提供格式条款一方排除对方主要权利的。

3．格式条款的解释方法

对格式条款的理解发生争议的，应当按照通常理解予以解释。对格式条款有两种以上解释的，应当作出不利于提供格式条款一方的解释。格式条款和非格式条款不一致的，应当采用非格式条款。

案例链接

孙某诉上海某美容有限公司服务合同纠纷案

【案情梗概】

原告孙某与被告上海某美容有限公司签订服务协议，约定：服务期限6个月，选择价值10万元的尊贵疗程，所有项目疗程单价85折从卡内扣。孙某如未按计划及进程表接受服务，经善意提醒仍未改善且超过服务期限的，视为放弃服务；如因自身原因不能按制订的方案履行，则不能要求退还任何已支付的费用；如因自身原因连续3个月不能参加相关项目，则该公司有权终止服务，孙某不得要求退赔任何费用。该公司向孙某发布声明书，声明孙某必须遵从顾问指示和安排，如因个人原因不能配合致疗程失败或进度缓慢，该公司不负任何责任，也不退还余款并保留追究违约责任的权利。孙某在声明书上签字确认。之后孙某分两次向该公司支付了10万元的服务费，并多次接受相应的瘦身疗程服务，后孙某因体重未能减轻，停止接受瘦身疗程。孙某以对该公司的服务失去信心且服务期限业已过期，该公司收取服务费未提供有效服务为由，向法院提起诉讼，要求解除涉案服务协议，该公司返还孙某9万元。

【裁判结果】

上海市第二中级人民法院二审认为，孙某提起诉讼时已过服务协议约定的终止期限，服务协议已失效，孙某无须再主张解除该协议。孙某单方面放弃服务，应承担由此产生的后果。因孙某不接受预付款金额的全额服务，故对已接受的服务项目不能享受优惠折扣，已接受的服务对应的总价款为 31 800 元，在 10 万元预付款中予以扣除。服务协议及声明书中虽写明孙某放弃或不按照安排接受服务，则不退回任何费用，但这些约定系由该公司提供的格式化条款，未遵循公平的原则来确定双方之间的权利和义务，明显加重了孙某的责任，排除了其权利，故该约定无效。法院综合考量协议的履行程度、提供服务的情况、孙某单方面放弃服务的过错程度等因素，依照公平原则和诚实信用原则，确定孙某需向该公司支付 2 万元的违约金。在 10 万元预付款中扣除服务费用 31 800 元、违约金 2 万元后，该公司还需返还孙宝静 48 200 元。

据此，二审法院依法判决该公司一次性返还孙某 48 200 元，驳回孙某的其他诉讼请求。

【裁判摘要】

（1）在消费者预先支付全部费用、经营者分期分次提供商品或服务的预付式消费模式中，如果经营者提供的格式条款载明"若消费者单方终止消费，则经营者对已经收费但尚未提供商品或服务部分的价款不予退还"的，该类格式条款违反我国《合同法》《消费者权益保护法》的相关规定，应属无效。

（2）在预付式消费中，如果消费者单方终止消费，经营者并无违约或过错行为的，应结合消费者过错程度、经营者已经提供的商品或服务量占约定总量的比例、约定的计价方式等因素综合确定消费者的违约责任。

（资料来源：中国裁判文书网　案号：（2012）沪二中民一（民）终字第 879 号）

四、合同订立的方式

合同的订立指当事人为意思表示并达成合意，包括当事人从接触、协商达成合意的动态过程和静态协议两个方面。合同订立与合同成立不同，合同订立更多强调整个过程，合同成立更多的是指一种法律结果，是一种状态。当事人订立合同，可以采取要约、承诺等方式。

（一）要约

1. 要约的概念及构成要件

要约又称发盘、出盘、发价、出价、报价等，是希望和他人订立合同的意思表示。

要约发生法律效力，应当符合下列构成要件：①内容具体确定；②表明经受要约人承诺，要约人即受该意思表示约束。

要约邀请也称要约引诱、邀请要约，是希望他人向自己发出要约的意思表示。

要约与要约邀请的区别：①要约是旨在订立合同的意思表示，行为人在法律上须承担责任；要约邀请是一种缔约的预备行为，是事实行为，只能唤起他人的要约，不能导致他人承诺。②要约中，表达了当事人愿意承受要约约束的意旨，要约人将自己置于一旦相对人承诺，合同即成立的地位，决定权在相对人；而要约邀请中，要约邀请人对于相对人的意思表示，也即要约邀请人唤起相对人发出要约后，针对相对人的要约，要约邀请人行使的是承诺权，其有决定承诺与否的自由，要约邀请人不受拘束。③要约内容必须具备合同成立的必备条款；而要约邀请不必具备这些必备条款。④要约内容是具体、确定的；而要约邀请的内容是不具体、不确定的。

小资料

要约与要约邀请在实践中的具体区分

①根据《民法典》关于要约和要约邀请的具体规定。拍卖公告、招标公告、招股说明书、债券募集办法、基金招募说明书、商业广告和宣传、寄送的价目表等为要约邀请；商业广告和宣传的内容符合要约条件的，构成要约。②是否具备合同的必备条款。如果一份订单只有货物的名称、规格，没有数量，不能认定为要约。③依据交易习惯。出租车打开空车标识，根据行业惯例可视为向不特定人发出要约，乘客上车，构成承诺。如果当事人在以往的交易中形成交易习惯，那么，仅有货物数量的传真也可视为要约，因为可以从以往习惯判断合同缺少的其他因素。对于交易习惯，由提出主张的一方当事人承担举证责任。④行为人是否以缔约为目的。以缔约为目的，是在合同中明确表明受要约拘束的旨意。如在时装店展示标明价格的服装，可视为要约；或虽标明"样品"，但有"正在出售"字样和价格的，可以视为要约；如果标明"样品"，但没有标价和"正在出售"字样，可以视为要约邀请。

2. 要约的生效时间

以对话方式发出的要约，在受要约人知道其内容时生效。

非对话方式的要约，受要约人收到要约时生效。以非对话方式发出的采用数据电文形式的要约，受要约人指定特定系统接收数据电文的，该数据电文进入该特定系统时生效；未指定特定系统的，受要约人知道或者应当知道该数据电文进入其系统时生效。当事人对采用数据电文形式的要约生效时间另有约定的，按照其约定。

3. 要约的撤回和撤销

要约可以撤回。要约的撤回是指在要约人发出要约之后，要约生效之前，取消其效力的行为。撤回要约的通知应当在要约到达受要约人前或者与要约同时到达受要约人。

要约的撤销是指要约人在要约生效之后，受要约人作出承诺之前，取消其要约的意思表示。与要约的撤回不同，要约的撤销发生在要约生效之后，受要约人可能已经作出了承诺和履行的准备，允许要约人撤销要约，可能会损害受要约人的利益和交易安全。所以，要约可以撤销，但是有下列情形之一的除外：①要约人以确定承诺期限或者其他形式明示要约不可撤销；②受要约人有理由认为要约是不可撤销的，并已经为履行合同做了合理准备工作。

撤销要约的意思表示以对话方式作出的，该意思表示的内容应当在受要约人作出承诺之前为受要约人所知道；撤销要约的意思表示以非对话方式作出的，应当在受要约人作出承诺之前到达受要约人。

4. 要约的失效

要约的失效又称要约的消灭，是指要约丧失效力，对要约人和受要约人不再生产约束力。有下列情形之一的，要约失效：①要约被拒绝；②要约被依法撤销；③承诺期限届满，受要约人未作出承诺；④受要约人对要约的内容作出实质性变更。

（二）承诺

1. 承诺的概念及构成要件

承诺又称接盘，是指受要约人同意要约的意思表示。承诺以接受要约的全部条件为内容，其目的在于与要约人订立合同。

承诺应当符合下列条件：①承诺须由受要约人或者其代理人向要约人作出；②承诺是受要约人同意要约的意思表示；③承诺必须在规定的期限内到达要约人；④承诺的方式必须符合要约的要求。

承诺的内容应当与要约的内容一致。受要约人对要约的内容作出实质性变更的，为新要约。有关合同标的、数量、质量、价款或者报酬、履行期限、履行地点和方式、违约责任和解决争议方法等的变更，是对要约内容的实质性变更。承诺对要约的内容作出非实质性变更的，除要约人及时表示反对或者要约表明承诺不得对要约的内容作出任何变更外，该承诺有效，合同的内容以承诺的内容为准。

2. 承诺的方式

承诺应当以通知的方式作出；但是，根据交易习惯或者要约表明可以通过行为作出承诺的除外。以缄默或者不行为回应要约的，承诺不成立，而不是承诺无效。

3. 承诺的期限

承诺应当在要约确定的期限内到达要约人。要约没有确定承诺期限的，承诺应当依照下列规定到达：①要约以对话方式作出的，应当即时作出承诺；②要约以非对话方式作出的，承诺应当在合理期限内到达。合理期限应当根据交易性质、交易习惯和要约采用的传递方式进行综合考虑予以确定，一般为依通常情形可期待承诺到达时期。

要约以信件或者电报作出的，承诺期限自信件载明的日期或者电报交发之日开始计算。信件未载明日期的，自投寄该信件的邮戳日期开始计算。要约以电话、传真、电子邮件等快速通信方式作出的，承诺期限自要约到达受要约人时开始计算。

4. 承诺的撤回

承诺的撤回是指在发出承诺之后，承诺生效之前，宣告收回发出的承诺，取消其效力的行为。承诺可以撤回，但撤回承诺的通知应当在承诺通知到达要约人之前或者与承诺通知同时到达要约人。

5. 承诺的逾期和迟到

逾期承诺又称延迟承诺或者超期承诺，是指受要约人超过承诺期限发出承诺，或者在承诺期限内发出承诺，按照通常情形不能及时到达要约人的承诺。逾期承诺不发生承诺的法律效力，为新要约，要约人及时通知受要约人该承诺有效的则发生承诺的效力，合同成立。

承诺的迟到是指受要约人在承诺期限内发出承诺，按照通常情形能够及时到达要约人，但因其他原因致使承诺到达要约人时超过承诺期限。非因受要约人原因造成承诺迟到的，原则上该承诺发生承诺的法律效力，但要约人及时通知受要约人因承诺超过期限不接受该承诺的，不发生承诺的效力。

五、合同的成立

（一）合同成立的时间

承诺生效时合同成立，但是法律另有规定或者当事人另有约定的除外。

（1）当事人采用合同书形式订立合同的，自当事人均签名、盖章或者按指印时合同成立。在签名、盖章或者按指印之前，当事人一方已经履行主要义务，对方接受时，该合同成立。

法律、行政法规规定或者当事人约定合同应当采用书面形式订立，当事人未采用书面形式但是一方已经履行主要义务，对方接受时，该合同成立。

（2）当事人采用信件、数据电文等形式订立合同要求签订确认书的，签订确认书时合同成立。

当事人一方通过互联网等信息网络发布的商品或者服务信息符合要约条件的，对方选择该商品或者服务并提交订单成功时合同成立，但是当事人另有约定的除外。

案例链接

陈某诉北京某信息技术公司买卖合同纠纷案

【案情梗概】

北京某信息技术公司系 Z 网站的所有者。2013 年 11 月 26 日，陈某使用的电子邮箱收到该网站发来的电子邮件，确认其订购了 A 型电视机，送货地址为陈某的地址，货款已经支付。当月 28 日，该网站给上述电子邮箱发送邮件称：由于缺货，将无法满足您对 A 型电视的订购意向；如果您已经完成付款，相应款项将退回。

Z 网站公布的"使用条款"载明：如果您通过本网站订购商品，本网站上展示的商品和价格等信息仅仅是要约邀请，您的订单将成为购买商品的申请或要约。收到您的订单后，我们将向您发送一电子邮件或短信确认我们已经收到您的订单，其中载明订单的细节，但该确认不代表我们接受您的订单。只有当我们向您发出送货确认的电子邮件或短信，通知您我们将您订购的商品发出时，才构成我们对您的订单的接受，我们和您之间的订购合同才成立。

【裁判摘要】

法院生效判决认为：①该公司在 Z 网站中公布的"使用条件"属于格式条款。对于该格式条款，Z 网站对此应当以显著的方式提请消费者注意。但从 Z 网站注册环节看，该公司并未要求注册用户必须阅读并同意其"使用条件"，而且该公司未尽到对格式条款的提示和说明的义务，该格式条款对陈某无约束力。②当事人订立合同，应该采用要约、承诺方式。该公司将其待售商品的名称、型号、价款等详细信息陈列于 Z 网站之上，且消费者可以直接点击购买并支付价款，其内容明确具体，符合要约的特征。陈某作为消费者通过网站在其允许的状态下自由选购点击加入购物车，并在确定其他送货、付款信息之后确认订单，支付了货款，应当视为进行了承诺。Z 网站的"使用条款"对陈某并无约束力，且双方无其他特殊约定的情况下，该公司与陈某直接的合同已经成立。故支持陈某的诉请。

（案件来源：中国裁判文书网　案号：（2014）三中民终字第 09383 号）

（二）合同成立的地点

（1）承诺生效的地点为合同成立的地点。合同成立地点称为缔约地，对于合同的纠纷管辖、法律适用等具有重要意义。

采用数据电文形式订立合同的，收件人的主营业地为合同成立的地点；没有主营业地的，其住所地为合同成立的地点。当事人另有约定的，按照其约定。

（2）当事人采用合同书形式订立合同的，最后签名、盖章或者按指印的地点为合同成立的地点，但是当事人另有约定的除外。

六、预约合同

预约又称预备合同或合同预约，是指当事人之间约定在将来一定期限内应当订立合同的预先约定。而将来应当订立的合同称为本约，或者本合同。预约是订立合同的意向，本约是订立的合同本身。

当事人约定在将来一定期限内订立合同的认购书、订购书、预订书等，即构成预约合同。预约成立，当事人即负有履行预约所规定的订立本约的义务，只要本约未订立，就是预约没有履行。预约的当事人一方不履行预约约定的订立合同义务的，对方当事人可以请求其承担预约的违约责任。预约违约责任的确定，依照预约的约定或者参照违约责任的法律规定。

七、悬赏广告

悬赏广告是指悬赏人以公开方式声明对完成特定行为的人支付报酬，完成该行为的人可以请求其支付。

八、缔约过失责任

（一）缔约过失责任的概念和特点

缔约过失责任是指当事人违反了先合同义务应依法承担的民事责任。它具有以下特征：①是在缔结合同过程中发生的民事责任；②是以诚实信用原则为基础的民事责任；③是以补偿缔约相对人损害后果为特征的民事责任。

（二）缔约过失责任的主要表现

当事人在订立合同过程中有下列情形之一，造成对方损失的，应当承担赔偿责任：

（1）假借订立合同，恶意进行磋商。

（2）故意隐瞒与订立合同有关的重要事实或者提供虚假情况。

（3）有其他违背诚信原则的行为。

当事人在订立合同过程中知悉的商业秘密或者其他应当保密的信息，无论合同是否成立，不得泄露或者不正当地使用；泄露、不正当地使用该商业秘密或者信息，造成对方损失的，应当承担赔偿责任。

单元三　合同的效力

合同的成立是当事人就合同权利义务达成合意，而合同的效力是法律赋予依法成立的合同对当事人的法律强制力。合同以其效力不同，可分为有效合同、无效合同、可撤销合同和效力待定合同四类。

一、有效合同

有效合同是指依照法律的规定成立并在当事人之间产生法律约束力的合同。

1. 合同的生效时间

依法成立的合同，自成立时生效，但是法律另有规定或者当事人另有约定的除外。依照法律、行政法规的规定，合同应当办理批准等手续的，依照其规定。未办理批准等手续影响合同生效的，不影响合同中履行报批等义务条款以及相关条款的效力。应当办理申请批准等手续的当事人未履行义务的，对方可以请求其承担违反该义务的责任。

2. 合同的生效要件

符合下列要件的合同有效：

（1）合同当事人具备相应的缔约能力。

（2）意思表示真实。

（3）不违反法律、行政法规的强制性规定，不违背公序良俗。

（4）具备法律、行政法规规定合同生效必须具备的形式要件。

二、无效合同

无效合同是指因其严重欠缺有效要件，不为法律所承认和保护，不具有法律效力的合同。无效合同的产生主要有以下几种情况：

1. 无民事行为能力人订立的合同

无民事行为能力人与他人订立的合同无效。

2. 以虚假的意思表示订立的合同

虚假意思表示又称虚伪表示，是指行为人与相对人都知道自己所表示的意思并非真意，即作出与真意不一致的意思表示。行为人与相对人以虚假的意思表示订立的合同无效。

3. 违反法律、行政法规的强制性规定，或违背公序良俗的合同

违反法律、行政法规的强制性规定的合同无效，但是该强制性规定不导致该合同无效的除外；违背公序良俗的合同无效（公序良俗是公共秩序和善良习俗的简称）。

4. 恶意串通，损害他人合法权益的合同

恶意串通是指行为人与相对人相互勾结，为牟取私利而实施的损害他人合法权益的民事法律行为。行为人与相对人恶意串通，损害他人合法权益所订立的合同无效。

此外，合同中的下列免责条款无效：①造成对方人身伤害的；②因故意或者重大过失造成对方财产损失的。

案例分析

甲公司与乙公司签订一份秘密从境外买卖免税香烟并运至境内销售的合同。甲公司依双方约定，按期将香烟运至境内，但乙公司提走货物后，以目前账上无钱为由，要求暂缓支付货款，甲公司同意。3个月后，乙公司仍未支付货款，甲公司多次索要无果，遂向当地人民法院起诉，要求乙公司支付货款并支付违约金。

问题：该合同是否具有法律效力？为什么？

分析：该合同属于无效合同。依据《民法典》第一百五十三条的规定："违反法律、行政法规的强制性规定的民事法律行为无效。但是，该强制性规定不导致该民事法律行为无效的除外。违背公序良俗的民事法律行为无效。"甲公司与乙公司之间的买卖合同属于违反法律、行政法规的强制性规定的合同，所以为无效合同。

三、可撤销合同

可撤销合同是指虽经当事人协商成立，但由于当事人的意思表示并非真意，经向法院或仲裁机构请求可以消灭其效力的合同。所谓撤销，是指经过法定机关和法定程序使合同不再具有法律效力。

（一）可撤销合同的类型

1. 因重大误解订立的合同

重大误解是指合同当事人对合同行为的内容有重大误解，使行为的后果与自己的意思相悖，并造成较大损失。对合同行为的内容有重大误解主要是指对行为的性质，对方当事人，标的物的品种、质量、规格和数量等的错误认识。

基于重大误解订立的合同，行为人有权请求人民法院或者仲裁机构予以撤销。

2. 以欺诈手段，使对方在违背真实意思的情况下订立的合同

一方以欺诈手段，使对方在违背真实意思的情况下订立的合同，受欺诈方有权请求人民法院或者仲裁机构予以撤销。第三人实施欺诈行为，使一方在违背真实意思的情况下订立的合同，对方知道或者应当知道该欺诈行为的，受欺诈方有权请求人民法院或者仲裁机构予以撤销。

所谓欺诈，一般是指行为人故意虚构事实或者隐瞒真相，使对方陷入错误判断。

3. 以胁迫手段，使对方在违背真实意思的情况下订立的合同

一方或者第三人以胁迫手段，使对方在违背真实意思的情况下实施的民事法律行为，受胁迫方有权请求人民法院或者仲裁机构予以撤销。

4. 乘人之危导致的显失公平的合同

一方利用对方处于危困状态、缺乏判断能力等情形，致使合同成立时显失公平的，受损害方有权请求人民法院或者仲裁机构予以撤销。

（二）撤销权的消灭

有下列情形之一的，撤销权消灭：

（1）当事人自知道或者应当知道撤销事由之日起1年内、重大误解的当事人自知道或者应当知道撤销事由之日起90日内没有行使撤销权。

（2）当事人受胁迫，自胁迫行为终止之日起1年内没有行使撤销权。

（3）当事人知道撤销事由后明确表示或者以自己的行为表明放弃撤销权。

当事人自民事法律行为发生之日起5年内没有行使撤销权的，撤销权消灭。

四、效力待定合同

效力待定合同是指合同成立后是否发生效力尚不能确定，有待于其他行为和事实确定的合同。效力待定合同主要是因缔约人行为能力和处分能力的欠缺所导致的，主要包括以下几种情况：

1. 限制民事行为能力人订立的合同

限制民事行为能力人订立的合同，必须经法定代理人追认后方为有效，但纯获利益的合同或者与其年龄、智力、精神健康状况相适应而订立的合同，不必经法定代理人追认。相对人可以催告法定代理人自收到通知之日起30日内予以追认。法定代理人未作表示的，视为拒绝追认。合同被追认前，善意相对人有撤销的权利。撤销应当以通知的方式作出。

2. 无代理权人以被代理人名义订立的合同

行为人没有代理权、超越代理权或者代理权终止后，仍然实施代理行为，未经被代理人追认的，对被代理人不发生效力。相对人可以催告被代理人自收到通知之日起30日内予以追认。被代理人未作表示的，视为拒绝追认。行为人实施的行为被追认前，善意相对人有撤销的权利。撤销应当以通知的方式作出。行为人没有代理权、超越代理权或者代理权终止后，仍然实施代理行为，相对人有理由相信行为人有代理权的，代理行为有效。

无权代理人以被代理人的名义订立合同，被代理人已经开始履行合同义务或者接受相对人履行的，视为对合同的追认。

3. 法人的法定代表人或者非法人组织的负责人超越权限订立的合同

法人的法定代表人或者非法人组织的负责人超越权限订立的合同，除相对人知道或者应当知道其超越权限外，该代表行为有效，订立的合同对法人或者非法人组织发生效力。

对于当事人超越经营范围订立的合同的效力，不得仅以超越经营范围确认合同无效。对一般经营范围限制的超越只是违反了管理性强制性规定，并不会导致合同无效。如果超越经营范围所订立的合同违反了特许经营、禁止经营以及限制经营规定，则其违反的是效力性强制性规定，应当认定该合同无效。

五、无效合同和被撤销合同的法律后果

无效合同或者被撤销合同自始没有法律约束力。合同部分无效，不影响其他部分的效力，其他部分仍然有效。合同不生效、无效、被撤销或者终止的，不影响合同中有关解决争议方法的条款的效力。

合同无效、被撤销或者确定不发生效力后，当事人因该合同取得的财产，应当予以返还；不能返还或者没有必要返还的，应当折价补偿。有过错的一方应当赔偿对方由此所受到的损失；各方都有过错的，应当各自承担相应的责任。法律另有规定的，依照其规定。

单元四　合同的履行

合同的履行，是指债务人根据合同约定和法律规定实施给付行为。合同履行是实现合同订立目的的基本途径。合同的履行是合同关系从产生到消亡过程的中心环节，合同履行制度是整个合同制度中最核心的制度。

一、合同履行的原则

合同履行的原则，是指当事人在履行合同过程中应当遵循的基本准则。

1. 全面履行原则

所谓全面，是完整、完备的意思。首先，合同全面履行原则主要是指合同当事人应当根据

合同的约定履行义务，包括标的数量、质量、规格、价款，以及履行的地点、期限、方式等。其次，全面履行是指对于债务人全部义务的履行，包括先合同义务、主给付义务、从给付义务、附随义务、不真正义务等，都要按法律规定或约定履行。最后，双方合同中的同时履行原则。同时履行是双务合同的当事人在合同无先后履行顺序的情况下所应承担的基本义务。

2. 诚信原则

诚信是市场经济活动中形成的道德规则，具体包括：①协作履行原则，要求当事人基于诚信原则的要求，对对方当事人的履行债务行为给予协助：一是及时通知，二是相互协助，三是予以保密。②经济合理原则，要求当事人在履行合同时追求经济效益，付出最小的成本，取得最佳的合同利益。

3. 绿色原则

履行合同应当避免浪费资源、污染环境和破坏生态，遵守绿色原则。

二、合同条款补充和确定方法

合同生效后，当事人就质量、价款或者报酬、履行地点等内容没有约定或者约定不明确的，可以协议补充；不能达成补充协议的，按照合同相关条款或者交易习惯确定。

当事人就有关合同内容约定不明确，依据上述规定仍不能确定的，适用下列规定：

（1）质量要求不明确的，按照强制性国家标准履行；没有强制性国家标准的，按照推荐性国家标准履行；没有推荐性国家标准的，按照行业标准履行；没有国家标准、行业标准的，按照通常标准或者符合合同目的的特定标准履行。

（2）价款或者报酬不明确的，按照订立合同时履行地的市场价格履行；依法应当执行政府定价或者政府指导价的，依照规定履行。

（3）履行地点不明确，给付货币的，在接受货币一方所在地履行；交付不动产的，在不动产所在地履行；其他标的，在履行义务一方所在地履行。

（4）履行期限不明确的，债务人可以随时履行，债权人也可以随时请求履行，但是应当给对方必要的准备时间。

（5）履行方式不明确的，按照有利于实现合同目的的方式履行。

（6）履行费用的负担不明确的，由履行义务一方负担；因债权人原因增加的履行费用，由债权人负担。

三、电子合同的履行规则

确定网络交易合同的交付时间，分为以下三种情形：

（1）网络买卖合同的商品交付，采用快递物流方式交付标的物的，以收货人的签收时间为交付时间。网络服务合同，由于没有明显的交付标志，因此以生成的电子凭证或者实物凭证中载明的时间为提供服务时间；如果前述凭证没有载明时间或者载明时间与实际提供服务时间不一致的，以实际提供服务的时间为准。

（2）电子合同的标的物为采用在线传输方式交付的，合同标的物进入对方当事人指定的特定系统且能够检索识别的时间为交付时间。

（3）电子合同当事人对交付商品或者提供服务的方式、时间另有约定的，按照其约定。

四、合同履行中的第三人

在通常情况下，合同必须由当事人亲自履行。但根据法律规定及合同的约定，或者在与合同性质不相抵触的情况下，合同可以向第三人履行，也可以由第三人履行。

1. 向第三人履行

当事人约定由债务人向第三人履行债务，债务人未向第三人履行债务或者履行债务不符合约定的，应当向债权人承担违约责任。

法律规定或者当事人约定第三人可以直接请求债务人向其履行债务，第三人未在合理期限内明确拒绝，债务人未向第三人履行债务或者履行债务不符合约定的，第三人可以请求债务人承担违约责任；债务人对债权人的抗辩，可以向第三人主张。

2. 由第三人履行

当事人约定由第三人向债权人履行债务，第三人不履行债务或者履行债务不符合约定的，债务人应当向债权人承担违约责任。

债务人不履行债务，第三人对履行该债务具有合法利益的，第三人有权向债权人代为履行；但是，根据债务性质、按照当事人约定或者依照法律规定只能由债务人履行的除外。

债权人接受第三人履行后，其对债务人的债权转让给第三人，但是债务人和第三人另有约定的除外。

> **案例分析**
>
> 　　甲市木材公司与乙市家具公司签订了一份木材买卖合同。合同约定由木材公司送货，但对运费由谁承担未作约定。合同生效后，双方又约定该批木材由木材公司送给丙市的木器厂。但是木材公司向木器厂提供的木材不符合约定。为此发生纠纷。
>
> 　　**问题：**
>
> 　　（1）木材的运输费用应由谁承担？为什么？
>
> 　　（2）木器厂是否有权要求木材公司承担违约责任？
>
> 　　**分析：**
>
> 　　（1）运输费用可先由双方当事人协商确定，协商不成的应由木材公司承担。根据法律规定，合同生效后，当事人就质量、价款或者报酬、履行地点等内容没有约定或者约定不明确的，可以协议补充；不能达成补充协议的，按照合同相关条款或者交易习惯确定，仍不能确定的，履行费用的负担不明确的，由履行义务一方负担；因债权人原因增加的履行费用，由债权人负担。
>
> 　　（2）木器厂无权要求木材公司承担违约责任。《民法典》第五百二十三条规定："当事人约定由第三人向债权人履行债务，第三人不履行债务或者履行债务不符合约定的，债务人应当向债权人承担违约责任。"

五、合同履行中的抗辩权

合同可分为双务合同和单务合同。一般来说，绝大多数合同都是双务合同，即合同各方当事人既享有权利，又负担义务。而单务合同是指一方只享有权利而不承担义务，另一方只承担义务而不享有权利的合同。合同履行中的抗辩权是指在双务合同中，权利人所享有的对抗对方当事人请求权的权利。抗辩权的作用在于阻止对方请求权的行使。

1. 同时履行抗辩权

同时履行抗辩权是指双务合同的当事人在对方未为对等给付之前，可以拒绝对方的履行要求。

当事人互负债务，没有先后履行顺序的，应当同时履行。一方在对方履行之前，有权拒绝其履行请求；一方在对方履行债务不符合约定时，有权拒绝其相应的履行请求。

2. 先履行抗辩权

先履行抗辩权是指根据法律规定或者当事人约定，双务合同的一方当事人应当先履行合同义务，先履行一方未履行或者未适当履行的，后履行一方有权拒绝为相应履行。

当事人互负债务，有先后履行顺序。应当先履行债务一方未履行的，后履行一方有权拒绝其履行请求；先履行一方履行债务不符合约定的，后履行一方有权拒绝其相应的履行请求。

3. 不安抗辩权

不安抗辩权是指双务合同成立后，应当先履行合同义务的一方当事人有确切证据证明对方不能履行或者有不能履行合同的可能时，在对方没有恢复履行能力或者提供担保之前，所拥有的拒绝先为履行合同义务的权利。

应当先履行债务的当事人，有确切证据证明对方有下列情形之一的，可以中止履行：①经营状况严重恶化；②转移财产、抽逃资金，以逃避债务；③丧失商业信誉；④有丧失或者可能丧失履行债务能力的其他情形。

当事人依据上述规定中止履行的，应当及时通知对方。对方提供适当担保的，应当恢复履行。中止履行后，对方在合理期限内未恢复履行能力且未提供适当担保的，视为以自己的行为表明不履行主要债务，中止履行的一方可以解除合同并可以请求对方承担违约责任。

案例分析

　　甲、乙两公司签订钢材购买合同，合同约定：乙公司向甲公司提供钢材，总价款500万元，甲公司须预支价款200万元。甲公司在支付预付款前，得知乙公司因经营不善，无法交付钢材，并有确切证据证明。于是，甲公司拒绝支付预付款，除非乙公司能提供一定的担保，乙公司拒绝提供担保。为此，双方发生纠纷并诉至法院。

　　问题：甲公司拒绝支付预付款是否合法？法律依据是什么？

　　分析：甲公司拒绝支付预付款是行使不安抗辩权，是合法的。本案中，甲公司作为先为给付的一方当事人，在对方于缔约后财产状况明显恶化，且未提供适当担保，可能危及其债权实现时，可以中止履行合同，保护其自身权益不受损害。

六、情势变更制度

情势变更制度是指合同有效成立后，因不可归责于双方当事人原因发生了不可预见的情势变更，致使合同的基础动摇或者丧失，若继续履行合同会显失公平，因此允许变更或者解除合同的制度。

《民法典》第五百三十三条规定："合同成立后，合同的基础条件发生了当事人在订立合同时无法预见的、不属于商业风险的重大变化，继续履行合同对于当事人一方明显不公平的，受不利影响的当事人可以与对方重新协商；在合理期限内协商不成的，当事人可以请求人民法院或者仲裁机构变更或者解除合同。人民法院或者仲裁机构应当结合案件的实际情况，根据公平原则变更或者解除合同。"

单元五 合同的保全

合同的保全是指法律为防止因债务人的财产不当减少而给债权人的债权带来危害，允许债权人行使代位权或撤销权，以保障其债权实现的一项法律制度。合同的保全措施包括代位权和撤销权两种。

一、代位权

代位权是指债权人依法享有的为保全其债权，以自己的名义行使属于债务人对相对人权利的实体权利。

因债务人怠于行使其债权或者与该债权有关的从权利，影响债权人的到期债权实现的，债权人可以向人民法院请求以自己的名义代位行使债务人对相对人的权利，但是该权利专属于债务人自身的除外。

代为权的行使要件是：①债权人对债务人的债权合法；②债务人怠于行使其债权或者与该债权有关的从权利；③影响债权人到期债权的实现；④债务人的权利不是专属于债务人自身的权利。

（一）代位权的行使范围和相对人的抗辩权

代位权的行使范围以债权人的到期债权为限。债权人行使代位权的必要费用，由债务人负担。

相对人对债务人的抗辩，可以向债权人主张。例如，相对人因债务超过诉讼时效而取得抗辩权，该抗辩权可以直接向债权人行使，可以对抗债权人代位权。

（二）债权到期前债权人代位权的行使

债权人的债权到期前，债务人的债权或者与该债权有关的从权利存在诉讼时效期间即将届满或者未及时申报破产债权等情形，影响债权人的债权实现的，债权人可以代位向债务人的相对人请求其向债务人履行、向破产管理人申报或者实施其他必要的行为。

（三）代位权行使后的法律效果

人民法院认定代位权成立的，由债务人的相对人向债权人履行义务，债权人接受履行后，债权人与债务人、债务人与相对人之间相应的权利义务终止。债务人对相对人的债权或者与该债权有关的从权利被采取保全、执行措施，或者债务人破产的，依照相关法律的规定处理。

案例分析

> 甲公司向乙商业银行借款 10 万元，借款期限为 1 年。借款合同期满后，由于甲公司经营不善，无力偿还借款本息。但是丙公司欠甲公司到期货款 20 万元，甲公司不积极向丙公司主张支付货款。为此，乙商业银行起诉到法院，要求丙公司向自己履行义务，以偿还甲公司的借款。

问题：
（1）法院是否应支持乙商业银行的请求？
（2）若乙商业银行行使代位权花费3000元的必要费用，此费用应由谁承担？

分析：
（1）法院应支持乙商业银行的请求。本案中，甲公司怠于行使对丙公司的债权，损害了债权人乙商业银行的利益，因此，乙商业银行有权行使代位权，通过法院请求丙公司向自己履行义务，以偿还甲公司的借款。
（2）花费的3000元费用应由甲公司承担。根据法律规定，代位权的行使范围以债权人的到期债权为限。债权人行使代位权的必要费用，由债务人负担。

二、撤销权

撤销权是指债权人依法享有的为保全其债权，对债务人无偿或者低价处分作为债务履行资力的现有财产，以及放弃其债权或者债权担保、恶意延长到期债权履行期限的行为，请求法院予以撤销的权利。

（一）无偿处分财产情形下的债权人撤销权

债务人以放弃其债权、放弃债权担保、无偿转让财产等方式无偿处分财产权益，或者恶意延长其到期债权的履行期限，影响债权人的债权实现的，债权人可以请求人民法院撤销债务人的行为。

（二）不合理转移财产情形下的债权人撤销权

债务人以明显不合理的低价转让财产、以明显不合理的高价受让他人财产或者为他人的债务提供担保，影响债权人的债权实现，债务人的相对人知道或者应当知道该情形的，债权人可以请求人民法院撤销债务人的行为。

（三）撤销权的行使范围、行使期限和行使后的法律效果

撤销权的行使范围以债权人的债权为限。债权人行使撤销权的必要费用，由债务人负担。
撤销权自债权人知道或者应当知道撤销事由之日起1年内行使。自债务人的行为发生之日起5年内没有行使撤销权的，该撤销权消灭。
债务人影响债权人的债权实现的行为被撤销的，自始没有法律约束力。

单元六　合同的变更和转让

一、合同的变更

合同依法成立即具有法律效力，当事人各方应当严格履行，任何一方不得随意变更合同，这也是诚信原则的要求。但如果合同成立后客观情况发生了变化，原合同已不能履行或者不应履行，当事人可以依照法定的程序变更合同。

合同变更是指合同成立生效之后，尚未履行或者尚未完全履行前，合同当事人依法对合同内容所进行的修改和补充。合同的变更主要是对合同的标的或其数量、质量、价款或报酬，或是对履行期限、履行地点、履行方式等的变更。

当事人协商一致，可以变更合同。当事人对合同变更的内容约定不明确的，推定为未变更。也即当事人变更合同的意思表示须以明示方式作出，未以明示方式约定合同变更的，禁止适用推定规则推定当事人有变更合同的意愿。

合同变更后，对合同当事人都具有约束力，当事人应当按照变更后的合同履行。合同变更，不影响当事人要求赔偿损失的权利。

二、合同的转让

合同的转让是指合同当事人将其合同权利和义务全部或者部分转让给第三人，也就是合同主体的变更。合同的转让根据转让的对象不同可以分为合同权利的转让、合同义务的转移和合同权利义务的一并转让三种情形。

（一）合同权利的转让

合同权利的转让是指合同债权人将其合同的权利全部或者部分转让给第三人的行为。在合同权利的转让中，转让合同权利的原债权人称为转让人或让与人，接受合同权利的新债权人称为受让人。

债权人可以将债权的全部或者部分转让给第三人，但是有下列情形之一的除外：

（1）根据债权性质不得转让。

（2）按照当事人约定不得转让。

（3）依照法律规定不得转让。

当事人约定非金钱债权不得转让的，不得对抗善意第三人。当事人约定金钱债权不得转让的，不得对抗第三人。

债权人转让债权的，应当通知债务人，未通知债务人的，该转让对债务人不发生效力。债权转让的通知不得撤销，但是经受让人同意的除外。

债权人转让债权的，受让人取得与债权有关的从权利，但是该从权利专属于债权人自身的除外。受让人取得从权利不因该从权利未办理转移登记手续或者未转移占有而受到影响。

因债权转让增加的履行费用，由让与人负担。

（二）合同义务的转移

合同义务的转移是指债务人将其合同的义务全部或者部分转移给第三人的行为。在债务全部转移的情况下，债务人脱离原来的合同关系而由第三人取代原债务人，原债务人不再承担原合同中的责任。在债务部分转移的情况下，原债务人并没有脱离债的关系，而在第三人加入债的关系后，与债务人共同向同一债权人承担责任。

债务人将债务的全部或者部分转移给第三人的，应当经债权人同意。债务人或者第三人可以催告债权人在合理期限内予以同意，债权人未作表示的，视为不同意。

第三人与债务人约定加入债务并通知债权人，或者第三人向债权人表示愿意加入债务，债权人未在合理期限内明确拒绝的，债权人可以请求第三人在其愿意承担的债务范围内和债务人承担连带债务。

债务人转移债务的，新债务人应当承担与主债务有关的从债务，但是该从债务专属于原债务人自身的除外。

（三）合同权利义务的一并转让

合同权利义务的一并转让是指当事人一方经对方同意，将自己在合同中的权利和义务一并转让给第三人。合同权利义务的一并转让，可基于当事人之间的合意而发生，即合同承受；也可基于法律的规定而产生，如企业的合并、分立。

合同的权利和义务一并转让的，适用债权转让、债务转移的有关规定。

单元七　合同的权利义务终止

一、债权债务终止

债权债务终止又称债的终止或者债的消灭，是指债的当事人之间的债的关系在客观上已经不复存在，债权与债务归于消灭。

根据《民法典》规定，有下列情形之一的，债权债务终止：

1. 债务已经履行

履行是指债务人依照法律规定或合同约定所实施的完成义务的行为，并使债的目的得到实现。履行是最常态的合同权利义务终止情形，也是债消灭的主要原因。

2. 债务相互抵销

抵销是指当事人双方互负给付债务，各以其债权充当其债务之清偿，从而使其债务与对方的债务在对等数额内相互消灭。抵销分为法定抵销和约定抵销。

（1）法定抵销。

法定抵销是指由法律规定抵销的构成条件，当条件具备时，依当事人一方的意思表示即可发生抵销债务的效力。当事人互负债务，该债务的标的物种类、品质相同的，任何一方可以将自己的债务与对方的到期债务抵销；但是，根据债务性质、按照当事人约定或者依照法律规定不得抵销的除外。

当事人主张抵销的，应当通知对方。通知自到达对方时生效。抵销不得附条件或期限。

（2）约定抵销。

约定抵销也称合意抵销、意定抵销，是指互负债务的当事人经协商一致后发生的抵销。当事人互负债务，标的物种类、品质不相同的，经协商一致，也可以抵销。

3. 债务人依法将标的物提存

提存是指由于债权人的原因而无法向其交付标的物时，债务人可以将标的物交给提存机关，从而使合同的权利义务终止。有下列情形之一，难以履行债务的，债务人可以将标的物提存：

（1）债权人无正当理由拒绝受领。

（2）债权人下落不明。

（3）债权人死亡未确定继承人、遗产管理人，或者丧失民事行为能力未确定监护人。

（4）法律规定的其他情形。

标的物不适于提存或者提存费用过高的，债务人依法可以拍卖或者变卖标的物，提存所得的价款。

债务人将标的物或者将标的物依法拍卖、变卖所得价款交付提存部门时，提存成立。提存成立的，视为债务人在其提存范围内已经交付标的物。

标的物提存后，债务人应当及时通知债权人或者债权人的继承人、遗产管理人、监护人、财产代管人。

标的物提存后，毁损、灭失的风险由债权人承担。提存期间，标的物的孳息归债权人所有。提存费用由债权人负担。债权人可以随时领取提存物。但是，债权人对债务人负有到期债务的，在债权人未履行债务或者提供担保之前，提存部门根据债务人的要求应当拒绝其领取提存物。债权人领取提存物的权利，自提存之日起 5 年内不行使而消灭，提存物扣除提存费用后归国家所有。但是，债权人未履行对债务人的到期债务，或者债权人向提存部门书面表示放弃领取提存物权利的，债务人负担提存费用后有权取回提存物。

4. 债权人免除债务

债权人免除债务人部分或者全部债务的，债权债务部分或者全部终止，但是债务人在合理期限内拒绝的除外。债权人作出免除的意思表示后，债务人可以拒绝。债务人拒绝债务免除的意思表示，应当在合理期限作出，超出合理期限的，视为免除已经生效，消灭该债权债务关系。

5. 债权债务归于一人

合同的债权债务同归于一人而使合同关系消灭的事实，又称为混同。根据《民法典》规定，债权和债务同归于一人的，债权债务终止，但是损害第三人利益的除外。

6. 法律规定或者当事人约定终止的其他情形

债权债务终止后，当事人应当遵循诚信等原则，根据交易习惯履行通知、协助、保密、旧物回收等义务。

债权债务终止时，债权的从权利同时消灭，但是法律另有规定或者当事人另有约定的除外。合同的权利义务关系终止，不影响合同中结算和清理条款的效力。

二、合同的解除

除了上述六种债权债务终止的情形外，根据法律规定，合同解除的，该合同的权利义务关系终止。

合同的解除是指合同有效成立以后，尚未履行或者尚未完全履行完毕之前，因当事人一方的表示或者双方的协议而使合同的权利义务关系归于消灭。

（一）合同解除的形式

1. 约定解除

在合同有效成立后、尚未履行完毕之前，当事人协商一致，可以解除合同。

当事人事先约定一方可以解除合同的事由，当该事由发生时，解除权人可以解除合同。

2. 法定解除

法定解除是指依照法律规定的解除条件而解除合同。有下列情形之一的，当事人可以解除合同：①因不可抗力致使不能实现合同目的；②在履行期限届满之前，当事人一方明确表示或者以自己的行为表明不履行主要债务；③当事人一方迟延履行主要债务，经催告后在合理期限内仍未履行；④当事人一方迟延履行债务或者有其他违约行为致使不能实现合同目的；⑤法律规定的其他情形。

以持续履行的债务为内容的不定期合同，当事人可以随时解除合同，但是应当在合理期限之前通知对方。

（二）解除权的行使期限和行使规则

法律规定或者当事人约定解除权行使期限，期限届满当事人不行使的，该权利消灭。

法律没有规定或者当事人没有约定解除权行使期限，自解除权人知道或者应当知道解除事由之日起 1 年内不行使，或者经对方催告后在合理期限内不行使的，该权利消灭。

当事人一方依法主张解除合同的，应当通知对方。合同自通知到达对方时解除；通知载明债务人在一定期限内不履行债务则合同自动解除，债务人在该期限内未履行债务的，合同自通知载明的期限届满时解除。对方对解除合同有异议的，任何一方当事人均可以请求人民法院或者仲裁机构确认解除行为的效力。

当事人一方未通知对方，直接以提起诉讼或者申请仲裁的方式依法主张解除合同，人民法院或者仲裁机构确认该主张的，合同自起诉状副本或者仲裁申请书副本送达对方时解除。

（三）合同解除的法律后果

合同解除后，尚未履行的，终止履行；已经履行的，根据履行情况和合同性质，当事人可以请求恢复原状或者采取其他补救措施，并有权请求赔偿损失。

合同因违约解除的，解除权人可以请求违约方承担违约责任，但当事人另有约定的除外。

主合同解除后，担保人对债务人应当承担的民事责任仍应当承担担保责任，但是担保合同另有约定的除外。

单元八 违约责任

一、违约责任的概念

违约责任是指合同当事人不履行合同义务或者履行合同义务不符合约定时应承担的民事责任。

违约责任是一种民事责任，因当事人违反合同义务而产生，主要表现为财产责任。违约责任制度是合同具有法律约束力的集中体现，它对于保障合同履行、确保市场经济秩序的正常运行具有重要的作用。

二、违约行为的形态

违约行为包括预期违约和实际违约。

（一）预期违约

预期违约又称为先期违约，是指在履行期限届满前，一方无正当理由而明确表示其在履行期到来后将不履行合同，或者以其行为表明在履行期到来以后将不可能履行合同。当事人一方明确表示或者以自己的行为表明不履行合同义务的，对方可以在履行期限届满前请求其承担违约责任。预期违约又包括明示毁约和默示毁约。

（二）实际违约

实际违约是指合同当事人不履行或者履行不符合约定。实际违约的形态多种多样，如不履行、迟延履行、不适当履行、受领迟延等。

三、违约责任的承担形式

（一）继续履行

继续履行又称强制履行，指违约方不履行合同时，由国家强制违约方继续履行合同债务，使守约方尽可能地取得约定的标的的违约责任方式。

1. 金钱债务

当事人一方未支付价款、报酬、租金、利息，或者不履行其他金钱债务的，对方可以请求其支付。

2. 非金钱债务

当事人一方不履行非金钱债务或者履行非金钱债务不符合约定的，对方可以请求履行，但是有下列情形之一的除外：

（1）法律上或者事实上不能履行。

（2）债务的标的不适于强制履行或者履行费用过高。

（3）债权人在合理期限内未请求履行。

有上述规定的除外情形之一，致使不能实现合同目的的，人民法院或者仲裁机构可以根据当事人的请求终止合同权利义务关系，但是不影响违约责任的承担。

当事人一方不履行债务或者履行债务不符合约定，根据债务的性质不得强制履行的，对方可以请求其负担由第三人替代履行的费用。

（二）采取补救措施

履行不符合约定的，应当按照当事人的约定承担违约责任。对于非金钱债务，如果债务人履行不符合约定，应当承担的违约责任主要是采取补救措施。如果在合同中对因履行不符合约定承担违约责任没有约定或者约定不明确的，应当采取如下办法进行确定：①合同当事人就质量、价款或者报酬、履行地点等内容的违约责任没有约定或者约定不明确的，可以协议补充，不能达成补充协议的，按照合同的有关条款、合同的性质、目的或者交易习惯确定采取补救措施。②受损害方根据标的的性质以及损失的大小，合理选择应当采取的补救措施。

根据上述办法仍不能确定的，受损害方根据标的的性质以及损失的大小，可以合理选择请求对方承担：①修理、重作、更换；②减少价款或者报酬；③退货。

（三）赔偿损失

赔偿损失，是指一方当事人因违约给对方造成损失的，依法或依约应承担的赔偿责任。赔偿损失可以和补救措施并存，即当事人一方不履行合同义务或者履行合同义务不符合约定的，在履行义务或者采取补救措施后，对方还有其他损失的，应当赔偿损失。

违约损害赔偿责任方式有两种，即补偿性损害赔偿和惩罚性损害赔偿。一般的合同违约责任适用补偿性损害赔偿，不得适用惩罚性损害赔偿。惩罚性损害赔偿只有在商品欺诈和服务欺诈中才可以适用，不得随意扩大适用范围。

当事人一方不履行合同义务或者履行合同义务不符合约定，造成对方损失的，损失赔偿额应当相当于因违约所造成的损失，包括合同履行后可以获得的利益；但是，不得超过违约一方订立合同时预见到或者应当预见到的因违约可能造成的损失。也即确定违约补偿性损害赔偿范围的两个原则：①赔偿实际损失规则。损失赔偿额应当相当于因违约所造成的的损失，包括合同履行后可以获得的利益，也就是合同当事人在合同履行中的期待利益。②可预期损失规则。违约损害赔偿的最高限额不得超过违约一方订立合同时预见到或者应当预见到的因违反合同可能造成的损失。

（四）支付违约金

违约金是指合同当事人在合同中约定的，在合同债务人不履行或不适当履行合同义务时，向对方当事人支付的一定数额的金钱。

当事人可以约定一方违约时应当根据违约情况向对方支付一定数额的违约金，也可以约定因违约产生的损失赔偿额的计算方法。

约定的违约金低于造成的损失的，人民法院或者仲裁机构可以根据当事人的请求予以增加；约定的违约金过分高于造成的损失的，人民法院或者仲裁机构可以根据当事人的请求予以适当减少。

当事人就迟延履行约定违约金的，违约方支付违约金后，还应当履行债务。

（五）定金

当事人可以约定一方向对方给付定金作为债权的担保。定金合同自实际交付定金时成立。

定金的数额由当事人约定；但是，不得超过主合同标的额的20%，超过部分不产生定金的效力。实际交付的定金数额多于或者少于约定数额的，视为变更约定的定金数额。债务人履行债务的，定金应当抵作价款或者收回。给付定金的一方不履行债务或者履行债务不符合约定，致使不能实现合同目的的，无权请求返还定金；收受定金的一方不履行债务或者履行债务不符合约定，致使不能实现合同目的的，应当双倍返还定金。

当事人既约定违约金，又约定定金的，一方违约时，对方可以选择适用违约金或者定金条款。定金不足以弥补一方违约造成的损失的，对方可以请求赔偿超过定金数额的损失。

四、违约责任的免除

当事人违约应该承担违约责任，但如果当事人的违约行为存在法定或约定的免责事由，则可以依法不承担相应的违约责任。免责事由包括法定的免责事由和约定的免责事由。

（一）法定的免责事由

法定的免责事由是由法律规定的，主要是指不可抗力。不可抗力是指不能预见、不能避免并不能克服的客观情况。当事人一方因不可抗力不能履行合同的，根据不可抗力的影响，部分或者全部免除责任，但是法律另有规定的除外。为避免不必要的争议，合同当事人应当尽量对不可抗力的范围作出明确约定。

因不可抗力不能履行合同的，应当及时通知对方，以减轻可能给对方造成的损失，并应当在合理期限内提供证明。当事人在合同中对不可抗力事先有明确约定的，应当按照约定履行通知和提供证明的义务。如果当事人怠于通知或者提供相应的证明给对方造成损失的，则应当承担赔偿责任。当事人迟延履行后发生不可抗力的，不免除其违约责任。

（二）约定的免责事由

约定的免责事由是指合同当事人在合同中约定的免责条款。当事人约定的免责条款，只要符合法律的规定，法律承认其效力，对合同当事人具有法律约束力。

当事人一方违约后，对方应当采取适当措施防止损失的扩大；没有采取适当措施致使损失扩大的，不得就扩大的损失请求赔偿。当事人因防止损失扩大而支出的合理费用，由违约方负担。

当事人都违反合同的，应当各自承担相应的责任。当事人一方违约造成对方损失，对方对损失的发生有过错的，可以减少相应的损失赔偿额。当事人一方因第三人的原因造成违约的，应当依法向对方承担违约责任。当事人一方和第三人之间的纠纷，依照法律规定或者按照约定处理。

实 训 项 目

订 立 合 同

1．实训目的

拟定一份民间借贷的借条，内容要尽量全面、规范，以培养学生了解合同订立的程序，掌握签订书面合同的能力。

2．背景材料

周某的朋友毛某因准备创业急需资金，2020年7月1日向周某借款10万元并答应给她适当高于银行同期存款利率的利息，借期为1年，利息可由双方协商后确定，到期一次性还本付息。周某手头正好有笔闲钱苦于没合适的投资渠道，而且出于朋友情面打算借给他。周某要求毛某写份书面的借条。

3．实训方式

每两位同学为一组，一方代表出借方，另一方代表借款方，由借款方来拟定借条，由出借方对其内容进行修改、完善。

4．实训小结

将借条和实训心得填写在实训报告上。

复习思考题

第一部分 知 识 题

一、单项选择题

1．下列不属于要约邀请的是（　　）。

　　A．乙公司通过报刊发布招标公告

    B. 甲公司向数家贸易公司寄送价目表

    C. 丙公司在其运营中的咖啡自动售货机上载明"每杯十元"

    D. 丁公司向社会公众发布招股说明书

2. 甲向乙发去一传真，称愿以每台 5 000 元的价格购买某品牌、规格的空调 10 台，望乙于 10 日内作出答复。乙于第 5 日以传真回复，称愿接受甲的其他条件，但价格应改为每台 5 500 元。乙的传真属于（　　　）。

    A. 要约邀请　　　　　　　　　　　B. 承诺

    C. 新要约　　　　　　　　　　　　D. 对要约的撤销

3. 某企业在其格式劳动合同中约定：员工在雇佣工作期间的伤残、患病、死亡，企业概不负责。如果员工已在该合同上签字，该合同条款（　　　）。

    A. 无效

    B. 是当事人真实意思的表示，对当事人双方有效

    C. 不一定有效

    D. 只对一方当事人有效

4. 甲与乙订立了合同，约定由丙向甲履行债务，现丙履行的行为不符合合同约定，甲有权请求（　　　）。

    A. 丙承担违约责任　　　　　　　　B. 乙承担违约责任

    C. 乙和丙承担违约责任　　　　　　D. 乙或者丙承担违约责任

5. 甲公司与乙公司签订买卖合同，合同约定甲公司先交货后乙公司付款。在交货前夕，甲公司有确切证据证明乙公司因为拖欠员工工资被劳动行政部门作出行政处罚，同时有很多涉诉案件被法院列为失信人员黑名单。甲公司遂暂时不向乙公司发货，要求乙公司提供担保。甲公司的行为是（　　　）。

    A. 违约行为　　　　　　　　　　　B. 行使同时履行抗辩权

    C. 行使不安抗辩权　　　　　　　　D. 行使先履行抗辩权

二、多项选择题

1. 债务人的如下行为，影响债权人的债权实现的，债权人可以请求人民法院撤销（　　　　　）。

    A. 放弃其债权　　　　　　　　　　B. 放弃债权担保

    C. 无偿处分财产权益　　　　　　　D. 恶意延长其到期债权的履行期限

2. 下列属于无效合同的有（　　　　　）。

    A. 无民事行为能力人订立的合同

    B. 违反法律的强制性规定的合同

    C. 恶意串通，损害他人合法权益的合同

    D. 违背公序良俗的合同

3. 当事人采用合同书形式订立合同的，自当事人均（　　　　　）时合同成立。

    A. 盖章　　　　　B. 收到合同书　　　　C. 按指印　　　　D. 签名

4. 可以撤销合同的机构有（　　　　　）。

    A. 人民法院　　　　B. 当事人　　　　C. 仲裁委员会　　　D. 工商管理机关

5. 下列情形中，允许当事人解除合同的有（　　　　　）。

    A. 因不可抗力致使不能实现合同目的

B. 当事人一方迟延履行债务或者有其他违约行为致使不能实现合同目的

C. 当事人一方迟延履行主要债务,经催告后在合理期限内仍未履行

D. 在履行期限届满前,当事人一方明确表示或者以自己的行为表明不履行主要债务

三、判断题

1. 当事人一方依法主张解除合同的,不需要通知对方。　　　　　　　　(　　)

2. 债权人转让债权,未通知债务人的,该转让对债务人不发生效力。　　(　　)

3. 当事人一方明确表示或者以自己的行为表明不履行合同义务的,对方必须等到履行期限届满后才能请求其承担违约责任。　　　　　　　　　　　　　(　　)

4. 法人的法定代表人超越权限订立的合同,该合同无效。　　　　　　　(　　)

5. 悬赏人以公开方式声明对完成特定行为的人支付报酬的,完成该行为的人可以请求其支付。　　　　　　　　　　　　　　　　　　　　　　　　　　　　(　　)

第二部分　技　能　题

四、综合分析题

1. 2020年6月,甲公司向乙、丙、丁肉类加工厂发出函电(函件一),称:"我公司每月需鲜牛肉30吨,如能满足供应,速来函,我方愿派人前往购买。"三家加工厂都向甲复电(函件二),告知价格。其中丁厂在发出函电的同时,派车送货30吨,但甲公司拒绝接受。甲公司最终接受了乙厂的报价,但在给乙厂回函(函件三)中表示,希望乙厂能送货上门。

乙厂表示同意,双方订立了期限为1年的合同,约定在每月15日交货,货款每半年结算一次。在合同履行过程中,出现下列情况:2020年9月,制冷设备发生故障,导致乙厂库存牛肉变质,乙厂不能按约定数量交货;12月,下了一场暴雪,从乙厂通向甲公司的道路停止使用,乙厂不能按照约定时间交货。

2021年起,甲公司的经营状况恶化,至2021年3月,甲公司已累计亏损500万元。2021年4月1日,乙厂向甲公司发出函件,除非甲公司能证明其有能力支付货款,乙厂将暂时停止向甲公司供货。

请问:

(1)丁厂在发出函电的同时,派车送货30吨,甲公司拒绝接受,是否应赔偿丁厂的损失?为什么?

(2)函件二、函件三各自具有什么性质?

(3)乙厂两次不能按约交货所承担的责任相同吗?为什么?

(4)乙厂后来停止向甲公司供货的做法合法吗?说明理由。

(5)如果甲公司没有理睬乙厂的要求,乙厂可以采取什么措施?

2. 2018年原告洪女士花了700多万元从被告王先生处购买了位于杭州市滨江区某一别墅,过户后发现此别墅在2003年曾发生过重大命案,因此她以被告未事先告知这一重大信息为由,将卖家王先生告上法庭,要求撤销该房屋买卖合同。

请问:洪女士要求撤销该合同的诉请能否得到法院的支持?为什么?

module 5

模块五
担保法律制度

学习目标

能力目标

◎ 在实际经济活动中，能选择运用合适的担保方式，保障企业债权的顺利实现。

◎ 具备避免无效担保发生的能力。

知识目标

◎ 了解担保物权的含义、适用范围、担保范围等共同规则。

◎ 掌握抵押担保的具体规则。

◎ 掌握质押担保的具体规则。

◎ 掌握留置担保的具体规则。

◎ 掌握保证合同的法律规定。

◎ 掌握定金规则的规定。

　　担保是指以第三人的信用或者在特定财产上设定的权利来确保特定债权人债权实现的法律制度。

　　1995 年 6 月 30 日第八届全国人民代表大会常务委员会第十四次会议通过的《担保法》，自 1995 年 10 月 1 日起施行。2007 年 3 月 16 日，第十届全国人民代表大会第五次会议通过了《物权法》，自 2007 年 10 月 1 日起施行的《物权法》中有关担保物权的制度是在《担保法》及其司法解释的基础上作了补充、修改和完善。2020 年 5 月 28 日第十三届全国人民代表大会第三次会议通过了《民法典》，《民法典》物权编对担保物权作了规定，在《物权法》规定的基础上，进一步完善了担保物权制度，为优化营商环境提供法治保障。扩大了担保合同的范围，明确融资租赁、保理、所有权保留等非典型担保合同的担保功能，增加规定担保合同包括抵押合同、质押合同和其他具有担保功能的合同。《民法典》合同编通则部分吸收现行担保法有关定金规则的规定，完善违约责任制度。合同编典型合同部分在吸收了担保法中关于保证内容的基础上，增加了保证合同；为适应我国保理行业发展和优化营商环境的需要，增加了保理合同。

　　《民法典》自 2021 年 1 月 1 日起生效，《担保法》《物权法》同时废止。关于担保法律制度的规定将适用《民法典》物权编和合同编的有关规定。本模块从担保物权一般规定入手，介绍抵押权、质权、留置权三种担保物权以及保证合同和定金的法律规定。

引导案例

少做一件事，杭州陈女士借出的 300 万元飞了！

房产证是真的，她借出了 300 万元

　　2016 年 2 月，陈女士的同学龚先生找到她，想要借 300 万元用于生意周转。

　　陈女士感到有些为难。这么大一笔金额，借出去实在不太放心。见陈女士面露犹疑，龚先生拿出两本房产证，说："这是我名下的两套房子，大的一套价值 270 多万元，小的一套价值 220 万元，两套房子总价值近 500 万元。你若不放心，我把这两套房子抵押给你。你借给我 300 万元，半年后，我连本带息还你 320 万元。"

　　陈女士拿起两本房产证看看，没看出什么问题。想到自己刚好有闲钱，放在银行利息也低，借出去半年，能赚回 20 万元利息，陈女士心动了，打算做这笔交易。但谨慎起见，她还是想找人核实一下房产证的真伪。经过查询，陈女士得知，房子的主人的确是龚先生，那两套房子的市价已达 700 多万元。

　　随后，龚先生写了张借款 300 万元付息 20 万元的借条，连同房产证一起交给陈女士，并要求陈女士给他打一个收条，表示收到他的两本房产证。借条、收条都写好后，陈女士和龚先生一起去银行，将 300 万元划到了龚先生的账上。

借款到期了，他却玩起了失踪

　　8 月，龚先生和陈女士约定的还款日期到了，却不见他露面。陈女士便给他打电话，谁知电话已停机。她有些心慌，不过，想到房产证还在她手上，也就不太在意了。到了 10 月份，龚先生还是联系不上，陈女士心里不踏实了，便按照房产证上的地址找上门去。她这一上门，可就懵了——住在这套大房子里的房主，是 7 月份买下这套房子的，并已办好了过户手续，房产证也已经办下来了。

　　满脑子疑问的陈女士，在房管局找到了真相。原来，在 4 月份的时候，龚先生就以原房产证遗失为由，在房管局申办了两个新的房产证，并于 6 月将两套房子都卖给了他人，同时办理了过户手续。

案例点评

陈女士和龚先生虽然有抵押的意向，却没有办理抵押物登记，无法产生抵押权设定的法律效果，陈女士仅持有房产证是不能对这两套房子享有抵押权的。

根据《民法典》规定，当事人以城市房地产作抵押的，应当办理抵押登记，抵押权自登记时设立。抵押期间，抵押人可以转让抵押财产。当事人另有约定的，按照其约定。抵押财产转让的，抵押权不受影响。抵押人转让抵押财产的，应当及时通知抵押权人。抵押权人能够证明抵押财产转让可能损害抵押权的，可以请求抵押人将转让所得的价款向抵押权人提前清偿债务或者提存。转让的价款超过债权数额的部分归抵押人所有，不足部分由债务人清偿。

（资料来源：2016 年 11 月 27 日杭州日报，经整理）

单元一　担保物权的一般规定

一、担保物权及反担保

担保物权人在债务人不履行到期债务或者发生当事人约定的实现担保物权的情形，依法享有就担保财产优先受偿的权利，但是法律另有规定的除外。它主要包括抵押权、质权和留置权。担保物权以确保债权人的债权得到完全清偿为目的，这是担保物权和其他物权的最大区别。债务人既可以以自己的财产，也可以以第三人的财产为债权设立担保物权。

债权人在借贷、买卖等民事活动中，为保障实现其债权，需要担保的，可以依照《民法典》物权编和其他法律的规定设立担保物权。担保物权分为三种：①《民法典》物权编规定的抵押权、质权和留置权；②《民法典》合同编规定的所有权保留；③其他法律规定的优先权等。

第三人为债务人向债权人提供担保的，可以要求债务人提供反担保。反担保适用《民法典》物权编和其他法律的规定。反担保的方式，既可以是债务人自己担保，也可以是其他第三人担保。反担保也是担保，其实质内容与担保完全一样，设立程序上也无不同，抵押反担保和质押反担保适用《民法典》物权编的规定，保证反担保适用《民法典》合同编的规定。

二、担保合同

设立担保物权，应当依照法律的规定订立担保合同。担保合同包括抵押合同、质押合同和其他具有担保功能的合同。

（一）担保合同的从属性

担保合同是主债权债务合同的从合同。主债权债务合同无效的，担保合同无效，但是法律另有规定的除外。

（二）担保合同无效后的法律责任

担保合同被确认无效后，债务人、担保人、债权人有过错的，应当根据其过错各自承担相应的民事责任。

三、担保范围

担保物权的担保范围包括主债权及其利息、违约金、损害赔偿金、保管担保财产和实现担保物权的费用。当事人另有约定的，按照其约定。

四、担保物权的物上代位性

担保期间，担保财产毁损、灭失或者被征收等，担保物权人可以就获得的保险金、赔偿金或者补偿金等优先受偿。被担保债权的履行期限未届满的，也可以提存该保险金、赔偿金或者补偿金等。

五、债务转让对担保物权的效力

第三人提供担保，未经其书面同意，债权人允许债务人转移全部或者部分债务的，担保人不再承担相应的担保责任。

六、混合担保规则

被担保的债权既有物的担保又有人的担保的，债务人不履行到期债务或者发生当事人约定的实现担保物权的情形，债权人应当按照约定实现债权；没有约定或者约定不明确，债务人自己提供物的担保的，债权人应当先就该物的担保实现债权；第三人提供物的担保的，债权人可以就物的担保实现债权，也可以请求保证人承担保证责任。提供担保的第三人承担担保责任后，有权向债务人追偿。

七、担保物权的消灭

有下列情形之一的，担保物权消灭：①主债权消灭；②担保物权实现；③债权人放弃担保物权；④法律规定担保物权消灭的其他情形。

单元二 抵 押 权

一、一般抵押权

（一）抵押权的概念

抵押权是指为担保债务的履行，债务人或者第三人不转移财产的占有，将该财产抵押给债权人的，债务人不履行到期债务或者发生当事人约定的实现抵押权的情形，债权人有权就该财产优先受偿的权利。其中，提供担保财产的债务人或者第三人为抵押人，享有抵押权的债权人为抵押权人，抵押人提供担保的财产为抵押财产。

（二）抵押财产

抵押财产又称为抵押权标的物或者抵押物，是指被设置了抵押权的不动产、动产或者权利，抵押财产须具有可转让性。

1．允许抵押的财产

债务人或者第三人有权处分的下列财产可以抵押：

（1）建筑物和其他土地附着物。

（2）建设用地使用权。

（3）海域使用权。

（4）生产设备、原材料、半成品、产品。

（5）正在建造的建筑物、船舶、航空器。

（6）交通运输工具。

（7）法律、行政法规未禁止抵押的其他财产。

抵押人可以将上述所列财产一并抵押。

2．抵押财产的特别规定

（1）动产浮动抵押权。

浮动抵押权是指企业、个体工商户、农业生产经营者作为抵押人，以其所有的全部财产包括现有的以及将有的生产设备、原材料、半成品、产品为标的而设立的动产抵押权。债务人不履行到期债务或者发生当事人约定的实现抵押权的情形，债权人有权就抵押财产确定时的动产优先受偿。

依法设定浮动抵押的，抵押财产自下列情形之一发生时确定：①债务履行期限届满，债权未实现；②抵押人被宣告破产或者解散；③当事人约定的实现抵押权的情形；④严重影响债权实现的其他情形。

（2）建筑物和相应的建设用地使用权一并抵押。

以建筑物抵押的，该建筑物占用范围内的建设用地使用权一并抵押。以建设用地使用权抵押的，该土地上的建筑物一并抵押。抵押人未依据上述规定一并抵押的，未抵押的财产视为一并抵押。

建设用地使用权抵押后，该土地上新增的建筑物不属于抵押财产。该建设用地使用权实现抵押权时，应当将该土地上新增的建筑物与建设用地使用权一并处分。但是，新增建筑物所得的价款，抵押权人无权优先受偿。

（3）乡镇、村企业的建设用地使用权不得单独抵押。

乡镇、村企业的建设用地使用权不得单独抵押。以乡镇、村企业的厂房等建筑物抵押的，其占用范围内的建设用地使用权一并抵押。

以集体所有土地的使用权依法抵押的，实现抵押权后，未经法定程序，不得改变土地所有权的性质和土地用途。

3．禁止抵押的财产

下列财产不得抵押：

（1）土地所有权。

（2）宅基地、自留地、自留山等集体所有土地的使用权，但是法律规定可以抵押的除外。

（3）学校、幼儿园、医疗机构等为公益目的成立的非营利法人的教育设施、医疗卫生设施和其他公益设施。

（4）所有权、使用权不明或者有争议的财产。

（5）依法被查封、扣押、监管的财产。

（6）法律、行政法规规定不得抵押的其他财产。

（三）抵押合同

设立抵押权，当事人应当采用书面形式订立抵押合同。

抵押合同一般包括下列条款：①被担保债权的种类和数额；②债务人履行债务的期限；③抵押财产的名称、数量等情况；④担保的范围。

（四）流押条款的优先受偿效力

抵押权人在债务履行期限届满前，与抵押人约定债务人不履行到期债务时抵押财产归债权人所有的，只能依法就抵押财产优先受偿。

（五）抵押登记

1. 不动产抵押的登记生效主义

不动产抵押必须进行抵押登记，否则抵押权不成立。以下列财产抵押的，应办理抵押登记，抵押权自登记时设立：①建筑物和其他土地附着物；②建设用地使用权；③海域使用权；④正在建造的建筑物。

2. 动产抵押的登记对抗主义

以动产抵押的，如生产设备、原材料、半成品、产品、正在建造的船舶、航空器、交通运输工具等，采取登记对抗主义，抵押权自抵押合同生效时设立；未经登记，抵押权亦成立，只是不得对抗善意第三人。

以动产抵押的，不得对抗正常经营活动中已经支付合理价款并取得抵押财产的买受人。

抵押权设立前，抵押财产已经出租并转移占有的，原租赁关系不受该抵押权的影响。

（六）抵押期间抵押财产转让

抵押期间，抵押人可以转让抵押财产。当事人另有约定的，按照其约定。抵押财产转让的，抵押权不受影响。

抵押人转让抵押财产的，应当及时通知抵押权人。抵押权人能够证明抵押财产转让可能损害抵押权的，可以请求抵押人将转让所得的价款向抵押权人提前清偿债务或者提存。转让的价款超过债权数额的部分归抵押人所有，不足部分由债务人清偿。

抵押权不得与债权分离而单独转让或者作为其他债权的担保。债权转让的，担保该债权的抵押权一并转让，但是法律另有规定或者当事人另有约定的除外。

（七）抵押权的实现

债务人不履行到期债务或者发生当事人约定的实现抵押权的情形，抵押权人可以与抵押人协议以抵押财产折价或者以拍卖、变卖该抵押财产所得的价款优先受偿。协议损害其他债权人利益的，其他债权人可以请求人民法院撤销该协议。债务人不履行到期债务或者发生当事人约定的实现抵押权的情形，致使抵押财产被人民法院依法扣押的，自扣押之日起，抵押权人有权收取该抵押财产的天然孳息或者法定孳息，但是抵押权人未通知应当清偿法定孳息义务人的除外。前款规定的孳息应当先充抵收取孳息的费用。

抵押权人与抵押人未就抵押权实现方式达成协议的，抵押权人可以请求人民法院拍卖、变卖抵押财产。

抵押财产折价或者变卖的，应当参照市场价格。抵押财产折价或者拍卖、变卖后，其价款超过债权数额的部分归抵押人所有，不足部分由债务人清偿。

抵押权人应当在主债权诉讼时效期间行使抵押权；未行使的，人民法院不予保护。

同一财产向两个以上债权人抵押的，拍卖、变卖抵押财产所得的价款依照下列规定清偿：① 抵押权已经登记的，按照登记的时间先后确定清偿顺序；②抵押权已经登记的先于未登记的受偿；③抵押权未登记的，按照债权比例清偿。其他可以登记的担保物权，清偿顺序参照适用前款规定。

同一财产既设立抵押权又设立质权的，拍卖、变卖该财产所得的价款按照登记、交付的时间先后确定清偿顺序。

二、最高额抵押权

（一）最高额抵押的概念

最高额抵押权是指为担保债务的履行，债务人或者第三人以抵押财产对一定期间内将要连续发生的债权提供担保财产的，债务人不履行到期债务或者发生当事人约定的实现抵押权的情形，抵押权人有权在最高债权额限度内就该担保财产优先受偿的特殊抵押权。

最高额抵押权设立前已经存在的债权，经当事人同意，可以转入最高额抵押担保的债权范围。

最高额抵押担保的债权确定前，部分债权转让的，最高额抵押权不得转让，但是当事人另有约定的除外。最高额抵押担保的债权确定前，抵押权人与抵押人可以通过协议变更债权确定的期间、债权范围以及最高债权额。但是，变更的内容不得对其他抵押权人产生不利影响。

（二）最高额抵押中债权的确定

有下列情形之一的，抵押权人的债权确定：①约定的债权确定期间届满；②没有约定债权确定期间或者约定不明确，抵押权人或者抵押人自最高额抵押权设立之日起满 2 年后请求确定债权；③新的债权不可能发生；④抵押权人知道或者应当知道抵押财产被查封、扣押；⑤债务人、抵押人被宣告破产或者解散；⑥法律规定债权确定的其他情形。

单元三　质　权

一、质权的概念

质权是指为了担保债权的履行，债务人或第三人将其动产或权利移交给债权人占有，当债务人不履行债务时，债权人以该财产折价或者以拍卖、变卖的价款优先受偿的权利。

在质押担保中，债权人所享有的优先受偿权称为质押权或质权，债权人称为质权人，债务人或第三人称为出质人，债务人或者第三人交由债权人占有的特定财产称为质押财产（也称质押物或质物）。按照质押的标的物的性质不同，可以将质权分为动产质权和权利质权。

二、动产质权

（一）动产质权的概念

为担保债务的履行，债务人或者第三人将其动产出质给债权人占有的，债务人不履行到期债务或者发生当事人约定的实现质权的情形，债权人有权就该动产优先受偿。债务人或者第三人为出质人，债权人为质权人，交付的动产为质押财产。

（二）质押合同

设立质权，当事人应当采用书面形式订立质押合同。

质权自出质人交付质押财产时设立。质押合同是要物合同，即实践性合同。在出质人未将质押财产移交于质权人占有前，质权不发生效力。出质人代质权人占有质押财产的，质权不生效。

质押合同一般包括下列条款：①被担保债权的种类和数额；②债务人履行债务的期限；③质押财产的名称、数量等情况；④担保的范围；⑤质押财产交付的时间、方式。

合法拥有的并且依法可以转让的动产都可以作为设定质权的标的。但是，法律、行政法规禁止转让的动产不得出质。

质权人在债务履行期限届满前，与出质人约定债务人不履行到期债务时质押财产归债权人所有的，只能依法就质押财产优先受偿。

> **案例分析**
>
> 赵某家有一祖传祖母绿手镯，价值数万元。因做生意缺少资金，赵某向钱某借款1万元，约好1年后归还，以赵某的手镯作质物。后赵某去向钱某处取钱时，以忘带为由没有把手镯交给钱某，但双方现场订立了质押合同。几天后，赵某又向孙某借款1万元，仍以手镯为质物订立书面合同，并将手镯交给了孙某。1年后，因赵某不能向钱某还钱，钱某要求赵某以手镯作价还债，赵某称手镯现在在孙某手里，为此发生纠纷。
>
> 问题：
>
> （1）赵某和钱某之间的质权是否成立？为什么？
>
> （2）赵某和孙某之间的质权是否成立？为什么？
>
> 分析：
>
> （1）赵某和钱某之间的质权并未成立。出质人和质权人应当以书面形式订立质押合同。质押合同是要物合同，即实践性合同，不仅需要双方意思表示一致，还需要实际交付质物。质权自质物即手镯移交于质权人占有时生效。
>
> （2）赵某与孙某之间质权成立。理由同上。

（三）质权人的权利和义务

1. 质权人的权利

（1）质权人有权收取质押财产的孳息，但是合同另有约定的除外。质押财产的孳息应当先充抵收取孳息的费用。

（2）因不可归责于质权人的事由可能使质押财产毁损或者价值明显减少，足以危害质权人权利的，质权人有权请求出质人提供相应的担保；出质人不提供的，质权人可以拍卖、变卖质押财产，并与出质人协议将拍卖、变卖所得的价款提前清偿债务或者提存。

（3）质权人可以放弃质权。债务人以自己的财产出质，质权人放弃该质权的，其他担保人在质权人丧失优先受偿权益的范围内免除担保责任，但是其他担保人承诺仍然提供担保的除外。

2. 质权人的义务

（1）质权人负有妥善保管质押财产的义务；因保管不善致使质押财产毁损、灭失的，应当承担赔偿责任。质权人的行为可能使质押财产毁损、灭失的，出质人可以请求质权人将质押财产提存，或者请求提前清偿债务并返还质押财产。

（2）质权人在质权存续期间，未经出质人同意转质，造成质押财产毁损、灭失的，应当承担赔偿责任。

（四）质物返还与质权实现

债务人履行债务或者出质人提前清偿所担保的债权的，质权人应当返还质押财产。债务人不履行到期债务或者发生当事人约定的实现质权的情形，质权人可以与出质人协议以质押财产折价，也可以就拍卖、变卖质押财产所得的价款优先受偿。质押财产折价或者变卖的，应当参照市场价格。

出质人可以请求质权人在债务履行期限届满后及时行使质权；质权人不行使的，出质人可以请求人民法院拍卖、变卖质押财产。出质人请求质权人及时行使质权，因质权人怠于行使权利造成出质人损害的，由质权人承担赔偿责任。

（五）质权的消灭

质物不存在，质权就失去了存在的依据，但质物灭失所得的赔偿金，应当作为出质财产。质权与其担保的债权同时存在，债权消灭的，质权也消灭。

（六）最高额质权

出质人与质权人可以协议设立最高额质权。最高额质权是指对于一定期间内连续发生的不特定的债权预定一个限额，由债务人或者第三人提供质物予以担保而设定的特殊质权。

关于最高额质权具体规则，应参照关于质权的规定和最高额抵押权的规定确定。

三、权利质权

权利质权是指以所有权以外的依法可以转让的债权或者其他财产权利为标的物而设定的质权。能够作为权利质权标的物的权利须符合以下几项条件：①仅以财产权利为限；②必须是依法可以转让的财产权利；③必须是不违背现行法规定及权利质权性质的财产权利。

（一）权利质权的范围

权利质权是以权利为标的物的质权。债务人或者第三人有权处分的下列权利可以出质：

（1）汇票、支票、本票。

（2）债券、存款单。

（3）仓单、提单。

（4）可以转让的基金份额、股权。

（5）可以转让的注册商标专用权、专利权、著作权等知识产权中的财产权。

（6）现有的以及将有的应收账款。

（7）法律、行政法规规定可以出质的其他财产权利。

（二）权利质押合同的生效

权利质权的设定以登记或者权利凭证的交付作为生效要件。权利质押合同因质押标的物的不同而生效期不同。

（1）以汇票、本票、支票、债券、存款单、仓单、提单出质的，质权自权利凭证交付质权人时设立；没有权利凭证的，质权自办理出质登记时设立。法律另有规定的，依照其规定。

（2）以基金份额、股权出质的，质权自办理出质登记时设立。

（3）以注册商标专用权、专利权、著作权等知识产权中的财产权出质的，质权自办理出质登记时设立。

（4）以应收账款出质的，质权自办理出质登记时设立。

（三）权利质权的实现

（1）汇票、本票、支票、债券、存款单、仓单、提单的兑现日期或者提货日期先于主债权到期的，质权人可以兑现或者提货，并与出质人协议将兑现的价款或者提取的货物提前清偿债务或者提存。

（2）基金份额、股权出质后，不得转让，但是出质人与质权人协商同意的除外。出质人转让基金份额、股权所得的价款，应当向质权人提前清偿债务或者提存。

（3）知识产权中的财产权出质后，出质人不得转让或者许可他人使用，但是出质人与质权人协商同意的除外。出质人转让或者许可他人使用出质的知识产权中的财产权所得的价款，应当向质权人提前清偿债务或者提存。

（4）应收账款出质后，不得转让，但是出质人与质权人协商同意的除外。出质人转让应收账款所得的价款，应当向质权人提前清偿债务或者提存。

单元四 留 置 权

一、留置权的概念

留置权是指对于法律规定可以留置的债权，债权人依债权占有属于债务人的动产，在债务人未按照约定的期限履行债务时，债权人有权依法留置该财产，以该财产折价或者拍卖、变卖的价款优先受偿的权利。其中，债权人为留置权人，债权人合法占有的动产为留置财产。

二、留置权的成立条件

成立留置权，必须具备以下要件：①债权人已经合法占有债务人的动产。这个要件又包含三层意思：第一，必须是动产；第二，必须债权人占有动产；第三，必须合法占有动产。②债权人占有的动产，应当与债权属于同一法律关系，但企业之间留置的除外。③债务人不履行到期债务。

法律规定或者当事人约定不得留置的动产，不得留置。

三、留置权的效力

（一）留置权人留置的标的物

债务人不履行到期债务时，留置权人仅限于留置已经合法占有的债务人的动产，留置权的效力及于该动产的主物、从物、孳息和代位物。留置财产为不可分物的，留置权人可以留置该动产的全部，留置财产为可分物的，留置财产的价值应当相当于债务的金额。

留置权人有权收取留置财产的孳息。留置权人收取的孳息应当先充抵收取孳息的费用。

留置权人负有妥善保管留置财产的义务；因保管不善致使留置财产毁损、灭失的，应当承担赔偿责任。

（二）留置权所担保的债权范围

留置担保的范围包括主债权及利息、违约金、损害赔偿金、留置物保管费用和实现留置权的费用。

四、留置权的实现

留置权人与债务人应当约定留置财产后的债务履行期限；没有约定或者约定不明确的，留置权人应当给债务人 60 日以上履行债务的期限，但是鲜活易腐等不易保管的动产除外。债务人逾期未履行的，留置权人可以与债务人协议以留置财产折价，也可以就拍卖、变卖留置财产所得的价款优先受偿。留置财产折价或者变卖的，应当参照市场价格。

债务人可以请求留置权人在债务履行期限届满后行使留置权；留置权人不行使的，债务人可以请求人民法院拍卖、变卖留置财产。

留置财产折价或者拍卖、变卖后，其价款超过债权数额的部分归债务人所有，不足部分由债务人清偿。

同一动产上已经设立抵押权或者质权，该动产又被留置的，留置权人优先受偿。

留置权人对留置财产丧失占有或者留置权人接受债务人另行提供担保的，留置权消灭。

案例分析

甲钢铁厂向乙电动机厂订购了一台 DQ-338 型电动机，双方约定：由乙方办理托运，交某铁路分局承运，运费由乙方先行支付，待甲方收到电动机支付货款时一并结清。乙电动机厂按合同约定将电动机交铁路分局承运，但一直未付运费。后甲钢铁厂又将一批进口的铁矿砂交某铁路分局承运。在甲方运输车队去取该批货物时，铁路分局扣住不给，要甲方付清运费再走走。押运员向该铁路分局管理员出示了运费付讫的单据，管理员说："不是这笔钱，上次托运电动机，货已经拿走好几个月了，运费到现在还未付清，我们要行使留置权。"

问题：

（1）本案涉及几种民事法律关系？

（2）在货运合同中，托运人不履行债务，承运人能否行使留置权？

（3）本案中，铁路分局能否行使留置权？

（4）本案电动机运费的支付人是谁？

分析：

（1）本案中存在的法律关系有：甲钢铁厂与乙电动机厂之间的电动机买卖或承揽合同关系、乙电动机厂与铁路分局之间的电动机运输合同关系以及甲钢铁厂与铁路分局之间的铁矿砂运输合同。

（2）在货运合同中，托运人不履行支付运费的债务，承运人能行使留置权。

（3）本案中，铁路分局可以行使留置权。债权人留置的动产，应当与债权属于同一法律关系，但企业之间留置的除外。

（4）电动机运费的支付人应是乙电动机厂。因为甲钢铁厂与乙电动机厂已经约定由电动机厂负责托运，因此在电动机运输合同中，乙电动机厂是托运人，是运输合同当事人；甲钢铁厂只享有收货的权利，并不负担支付运费的义务。

单元五　保证合同

一、保证合同的概念

保证合同是指为保障债权的实现，保证人和债权人约定，当债务人不履行到期债务或者发生当事人约定的情形时，保证人履行债务或者承担责任的合同。其中，为债务人的债务履行作担保的第三人称为保证人，被担保的债务人称为被保证人。保证人可以要求债务人提供反担保。

保证合同是主债权债务合同的从合同。主债权债务合同无效的，保证合同无效，但是法律另有规定的除外。保证合同被确认无效后，债务人、保证人、债权人有过错的，应当根据其过错各自承担相应的民事责任。

二、保证人的资格限制

保证人为债务人之外的第三人。机关法人不得为保证人，但是经国务院批准为使用外国政府或者国际经济组织贷款进行转贷的除外。以公益为目的的非营利法人、非法人组织不得为保证人。

三、保证的设立

（一）保证合同的形式

保证合同可以是单独订立的书面合同，也可以是主债权债务合同中的保证条款。

第三人单方以书面形式向债权人作出保证，债权人接收且未提出异议的，保证合同成立。

（二）保证合同的内容

保证合同的内容一般包括被保证的主债权的种类、数额，债务人履行债务的期限，保证的方式、范围和期间等条款。

（三）保证方式

保证的方式有两种，即一般保证和连带责任保证。当事人在保证合同中对保证方式没有约定或者约定不明确的，按照一般保证承担保证责任。

1. 一般保证

当事人在保证合同中约定，债务人不能履行债务时，由保证人承担保证责任的，为一般保证。

一般保证的保证人享有先诉抗辩权，即保证人在主合同纠纷未经审判或者仲裁，并就债务人财产依法强制执行仍不能履行债务前，有权拒绝向债权人承担保证责任，但是有下列情形之一的除外：

（1）债务人下落不明，且无财产可供执行。

（2）人民法院已经受理债务人破产案件。

（3）债权人有证据证明债务人的财产不足以履行全部债务或者丧失履行债务能力。

（4）保证人书面表示放弃本款规定的权利。

2. 连带责任保证

当事人在保证合同中约定保证人和债务人对债务承担连带责任的，为连带责任保证。

连带责任保证的债务人不履行到期债务或者发生当事人约定的情形时，债权人可以请求债务人履行债务，也可以请求保证人在其保证范围内承担保证责任。

四、保证责任

保证责任即保证人在担保事项出现时应承担的法律责任。

（一）保证的范围

保证的范围包括主债权及其利息、违约金、损害赔偿金和实现债权的费用。当事人另有约定的，按照其约定。

（二）保证期间

保证期间是指确定保证人承担保证责任的期间，不发生中止、中断和延长。

债权人与保证人可以约定保证期间，但是约定的保证期间早于主债务履行期限或者与主债务履行期限同时届满的，视为没有约定；没有约定或者约定不明确的，保证期间为主债务履行期限届满之日起6个月。

债权人与债务人对主债务履行期限没有约定或者约定不明确的，保证期间自债权人请求债务人履行债务的宽限期届满之日起计算。

（三）保证人免于承担保证责任的情形

一般保证的债权人未在保证期间对债务人提起诉讼或者申请仲裁的，保证人不再承担保证责任。连带责任保证的债权人未在保证期间请求保证人承担保证责任的，保证人不再承担保证责任。

一般保证的保证人在主债务履行期限届满后，向债权人提供债务人可供执行财产的真实情况，债权人放弃或者怠于行使权利致使该财产不能被执行的，保证人在其提供可供执行财产的价值范围内不再承担保证责任。

债务人对债权人享有抵销权或者撤销权的，保证人可以在相应范围内拒绝承担保证责任。

（四）保证债务的诉讼时效

一般保证的债权人在保证期间届满前对债务人提起诉讼或者申请仲裁的，从保证人拒绝承担保证责任的权利消灭之日起，开始计算保证债务的诉讼时效。

连带责任保证的债权人在保证期间届满前请求保证人承担保证责任的，从债权人请求保证人承担保证责任之日起，开始计算保证债务的诉讼时效。

（五）主合同变更时保证的效力

债权人和债务人未经保证人书面同意，协商变更主债权债务合同内容，减轻债务的，保证人仍对变更后的债务承担保证责任；加重债务的，保证人对加重的部分不承担保证责任。

债权人和债务人变更主债权债务合同的履行期限，未经保证人书面同意的，保证期间不受影响。

（六）债权转让和债务转移对保证责任的影响

债权人转让全部或者部分债权，未通知保证人的，该转让对保证人不发生效力。

保证人与债权人约定禁止债权转让，债权人未经保证人书面同意转让债权的，保证人对受让人不再承担保证责任。

债权人未经保证人书面同意，允许债务人转移全部或者部分债务，保证人对未经其同意转移的债务不再承担保证责任，但是债权人和保证人另有约定的除外。

第三人加入债务的，保证人的保证责任不受影响。

（七）多人保证责任的承担

同一债务有两个以上保证人的，保证人应当按照保证合同约定的保证份额，承担保证责任；没有约定保证份额的，债权人可以请求任何一个保证人在其保证范围内承担保证责任。

（八）保证人的追偿权和抗辩权

保证人承担保证责任后，除当事人另有约定外，有权在其承担保证责任的范围内向债务人追偿，享有债权人对债务人的权利，但是不得损害债权人的利益。

保证人可以主张债务人对债权人的抗辩。债务人放弃抗辩的，保证人仍有权向债权人主张抗辩。

案例分析

个体工商户张某急需一笔资金采购货物，找到好朋友李某，提出借款人民币20万元。李某同意，但要求张某提供担保，张某于是找了自己的亲戚孙某作为保证人，三方签订了借款担保合同。孙某在保证人一栏签了名字，合同中对于保证方式没有约定。后张某没有按期还款，李某多次催促未果，遂找到保证人孙某要求其承担保证责任。

问题：

（1）本案中孙某承担的是一般保证还是连带责任保证？

（2）一般保证与连带责任保证有什么区别？

（3）在张某没有还款的情况下，李某是否可以要求孙某承担保证责任？

分析：

（1）《民法典》第六百八十六条规定："保证的方式包括一般保证和连带责任保证。当事人在保证合同中对保证方式没有约定或者约定不明确的，按照一般保证承担保证责任。"本案中合同对保证方式没有约定，孙某承担一般保证责任。

（2）当事人在保证合同中约定，债务人不能履行债务时，由保证人承担保证责任的，为一般保证。当事人在保证合同中约定保证人和债务人对债务承担连带责任的，为连带责任保证。连带责任保证的债务人不履行到期债务或者发生当事人约定的情形时，债权人可以请求债务人履行债务，也可以请求保证人在其保证范围内承担保证责任。

一般保证的保证人有先诉抗辩权，而连带责任的保证人没有先诉抗辩权。所谓先诉抗辩权，民法典第六百八十八条规定，一般保证的保证人在主合同纠纷未经审判或者仲裁，并就债务人财产依法强制执行仍不能履行债务前，有权拒绝向债权人承担保证责任，但是有下列情形之一的除外：①债务人下落不明，且无财产可供执行；②人民法院已经受理债务人破产案件；③债权人有证据证明债务人的财产不足以履行全部债务或者丧失履行债务能力；④保证人书面表示放弃本款规定的权利。

（3）李某不能直接要求孙某承担保证责任，因为孙某是一般保证人，享有先诉抗辩权。

单元六 定 金

一、定金的概念及数额

定金是指以担保债权实现为目的，依据法律规定或者双方当事人约定，由一方在合同订立时或订立后至合同履行之前，按照合同标的额的一定比例，预先给付对方的一定数额货币的担保形式。定金既是违约责任的一种承担方式，也是担保合同债权实现的一种形式。

定金合同自实际交付定金时成立。

定金均以货币交付，且定金的数额以合同标的额比例作为根据。定金的数额由当事人约定；但是，不得超过主合同标的额的20%，超过部分不产生定金的效力。实际交付的定金数额多于或者少于约定数额的，视为变更约定的定金数额。

二、定金罚则

债务人履行债务的，定金应当抵作价款或者收回。给付定金的一方不履行债务或者履行债务不符合约定，致使不能实现合同目的的，无权请求返还定金；收受定金的一方不履行债务或者履行债务不符合约定，致使不能实现合同目的的，应当双倍返还定金。

当事人既约定违约金，又约定定金的，一方违约时，对方可以选择适用违约金或者定金条款。

定金不足以弥补一方违约造成的损失的，对方可以请求赔偿超过定金数额的损失。

复习思考题

第一部分　知　识　题

一、单项选择题

1. 定金的数额不得超过主合同标的额的（　　），超过部分不产生定金的效力。
   A. 10%　　　　　B. 15%　　　　　C. 20%　　　　　D. 30%

2. 担保物权不包括（　　）。
   A. 定金　　　B. 抵押权　　　C. 质权　　　D. 留置权

3. 甲向乙借款200万元做生意，由甲提供价值150万元的房屋抵押，并订立了抵押合同。甲因办理登记手续费过高，经乙同意未办理登记手续。甲又以自己的一辆价值20万元的小汽车质押给乙，双方订立了质押合同。乙认为将车放在自家附近不安全，决定仍放在甲处。一年后，甲因亏损无力还债，乙诉至法院要求行使抵押权、质权。本案中抵押权和质权的效力为（　　）。
   A. 抵押权、质权均有效　　　　B. 抵押权、质权均无效
   C. 抵押权有效、质权无效　　　D. 抵押权无效、质权有效

4. 下列主体中不可以设立浮动抵押的是（　　）。
   A. 企业　　　　　　　　　B. 个体工商户
   C. 自然人　　　　　　　　D. 农业生产经营者

5. 下列可以做保证人的是（　　）。
   A. 省人民政府　　　　　　B. 某职业技术学院
   C. 中国红十字会　　　　　D. 某集团有限公司

二、多项选择题

1. 同一财产向两个以上债权人抵押的，拍卖、变卖抵押财产所得的价款依照以下规定清偿（　　）。
   A. 抵押权已经登记的先于未登记的受偿
   B. 抵押权已经登记的，按照登记的时间先后确定清偿顺序
   C. 按照起诉时间先后清偿
   D. 抵押权未登记的，按照债权比例清偿

2. 以下列财产抵押的，应当办理抵押登记，抵押权自登记时设立（　　）。
   A. 建筑物和其他土地附着物　　B. 建设用地使用权
   C. 海域使用权　　　　　　　　D. 正在建造的建筑物

3. 质权分为（　　）。
   A. 动产质权　　B. 不动产质权　　C. 权利质权　　D. 准不动产质权

4. 以下列权利出质的，质权自交付权利凭证时设立（　　）。
   A. 基金份额　　　　　　　B. 注册商标专用权
   C. 仓单　　　　　　　　　D. 存款单

5. 关于留置权，下列说法正确的是（　　）。
   A. 债权人留置的动产，应当与债权属于同一法律关系，但是企业之间留置的除外

B. 法律规定或者当事人约定不得留置的动产，不得留置

C. 同一动产上已经设立抵押权或者质权，该动产又被留置的，留置权人优先受偿

D. 留置财产为可分物的，留置财产的价值应当相当于债务的金额

三、判断题

1. 质权人负有妥善保管质押财产的义务，在质权存续期间，可以使用质押财产。

（　　）

2. 债务人享有处分权的应收账款（包括现有的以及将有的）都可以作为权利质押的标的。

（　　）

3. 当事人在保证合同中约定，债务人不能履行债务时，由保证人承担保证责任的，为连带责任保证。

（　　）

4. 当事人在保证合同中对保证方式没有约定或者约定不明确的，按照连带责任保证承担保证责任。

（　　）

5. 抵押权设立前，抵押财产已经出租并转移占有的，原租赁关系不受该抵押权的影响。

（　　）

第二部分　技　能　题

四、综合分析题

1. 李某因业务需要，急需资金6万元。李某向甲借款3万元，以自己的一块价值3万元的名表作抵押，双方立有抵押字据，但未办理登记。李某又向乙借款3万元，又以该表质押，双方立有质押字据，并由乙占有此表。后李某业务受到重大损失，无力偿还借款而与甲、乙发生纠纷。又发现，乙在占有该表期间，不慎将其损坏，送丙修理。乙因欠丙修理费，现表已被丙留置。

依据此案例，回答下列问题：

（1）甲的抵押权是否设立？为什么？

（2）乙的质权是否设立？为什么？

（3）对该表甲要行使抵押权，乙要行使质权，丙要行使留置权，应由谁优先行使其权利？为什么？

2. 2020年7月2日，郑某、赵某签订了个人借款合同，约定赵某向郑某借款20万元，赵某以其名下的房产提供抵押担保。2020年7月3日，郑某通过银行转账的方式向赵某支付了借款20万元。随后，赵某向郑某提供了其与刘某共同所有的房产的不动产权证复印件。因赵某未按期还款，郑某诉至法院，主张其对赵某和刘某共同所有的房产享有优先受偿权。

请问：郑某的诉讼请求能否得到法院支持？为什么？

module 6

模块六

工业产权法律制度

学习目标

能力目标

◎ 增强和提升知识产权保护意识。

◎ 培育商标意识，提高企业的竞争能力。

◎ 避免商标侵权行为的发生，同时能利用法律武器保护企业注册商标专用权。

◎ 能够进行商标注册和专利申请。

◎ 正确判定商标、专利侵权行为。

知识目标

◎ 了解商标的概念、种类、作用。

◎ 掌握商标注册的法律规定：商标注册的原则和条件、商标注册的程序。

◎ 掌握注册商标的使用与管理及其法律保护。

◎ 理解专利权的概念和保护对象。

◎ 了解专利申请和审批程序。

◎ 掌握对专利侵权行为和商标侵权行为的界定。

在信息时代，工业产权已发展成为最重要的财产形式之一。是否拥有工业产权往往决定着一个企业的竞争力及其在市场中所处的位置。因此，大型的跨国公司通常不遗余力地寻求取得和保护工业产权，较早工业化的国家都制定了工业产权法。本模块从知识产权、工业产权的概念入手，介绍商标注册、使用和注册商标专用权的法律保护，专利的取得、专利权的期限和专利权法律保护的法律规定。

引导案例

"王老吉"商标权之争

【案情梗概】

1995年，作为"王老吉"商标的持有者广药集团将红罐王老吉的生产销售权益租给了加多宝，王老吉自己则生产绿色利乐包装的王老吉凉茶。

1997年，广药集团与加多宝的投资方香港鸿道集团签订了商标许可使用合同。

2000年，双方第二次签署合同，约定鸿道集团对"王老吉"商标的租赁期限至2010年5月2日。

2001～2003年，时任广药集团副董事长、总经理李益民先后收受鸿道集团董事长陈鸿道共计300万元港币。

2002～2003年，鸿道集团与广药集团签署补充协议，广药集团允许鸿道集团将红罐王老吉的生产经营权延续至2020年，每年收取商标使用费500万元。

广药集团认为，当年鸿道集团是通过行贿广药高管李益民而获得的商标使用补充协议，将"王老吉"商标租赁合同延期到2020年是无效的，商标租赁合同已于2010年到期，而加多宝则坚持协议有效。

从2008年开始，广药集团与鸿道集团交涉，但一直没有结果；同年8月，广药集团向鸿道集团发出律师函，称李益民签署的两个补充协议无效。

2011年11月，广药集团开始将王老吉的其他品类授权给其他企业。对此，加多宝发表声明，双方的矛盾开始公开化。

2011年4月，广药集团向中国国际经济贸易仲裁委员会提出仲裁请求；2011年12月29日，此案进入仲裁程序。

【裁判结果】

2012年5月10日晚间，广州药业在香港联合交易发布公告称，根据中国国际经济贸易仲裁委员会于5月9日的裁决书，广药集团与鸿道集团签订的"'王老吉'商标许可补充协议"和"关于'王老吉'商标使用许可合同的补充协议"无效，鸿道集团停止使用"王老吉"商标。

2012年7月16日广州药业再次公告，控股股东广药集团收到北京市第一中级人民法院日期为2012年7月13日的民事裁定书，驳回鸿道集团提出的撤销中国国际经济贸易仲裁委员会于2012年5月9日的仲裁裁决的申请。

单元一 工业产权法概述

一、工业产权的概念与特征

（一）工业产权的概念

知识产权是指著作权、专利权、商标权、商业秘密专有权等人们对自己创造性的智力劳动成果所享有的民事权利。这些权利主要是财产权利。知识产权法，就是保护这类民事权利的法律。通常，知识产权中的专利权和商标权又被统称为工业产权，是需要通过申请、经行政主管部门审查批准才产生的民事权利；著作权与商业秘密专有权则是从有关创作活动完成时起，就依法自动产生。

根据《民法典》第一百二十三条规定，民事主体依法享有知识产权，知识产权是权利人依法就下列客体享有的专有的权利：

（1）作品。

（2）发明、实用新型、外观设计。

（3）商标。

（4）地理标志。

（5）商业秘密。

（6）集成电路布图设计。

（7）植物新品种。

（8）法律规定的其他客体。

工业产权是指人们依法对应用于商品生产和流通中的创造发明和显著标记等智力成果，在一定地区和期限内享有的专有权，是发明专利、实用新型、外观设计、商标的所有权的统称。

工业产权的保护对象有专利、实用新型、外观设计、商标、服务标记、厂商名称、货源标记或原产地名称以及制止不正当竞争等。对工业产权应作最广义的理解，不仅应适用于工业和商业本身，而且也应同样适用于农业和采掘业，适用于一切制成品或天然产品。

（二）工业产权的特征

工业产权是无形财产权，与有形财产权比较有四个特征：确认性、专有性、地域性和时间性。

1. 确认性

工业产权的确认性是指国家依照专门法律规定的程序予以确认，并进行保护的制度。

2. 专有性

专有性又称独占性、排他性，是指唯有权利人能够享有专利权和商标权，其他任何人不经权利人同意不得使用受保护的工业产权。

3. 地域性

工业产权只在产生的特定国家或地区的地域范围内有效，不具有域外效力。一国法律所确认和保护的工业产权，只能在这个国家领域内有效。要得到其他国家的保护，必须按照其他国家的法律规定或者国际公约，经特定程序获得。

4. 时间性

无论是专利权还是商标权，都有一定的法律保护期限。在保护期限之内，权利人的专用权利受到法律保护，期限届满，工业产权失去效力，进入公共领域，成为社会公有财产，任何人都可以自由利用而不再发生侵权问题。

二、工业产权法的概念

工业产权法是指调整在确认、保护和使用工业产权等活动中所发生的社会关系的法律规范的总称。工业产权法包括专利法和商标法。

迄今为止，我国已相继颁布和实施了《商标法》《商标法实施条例》《专利法》《专利法实施细则》等法律法规。随着工业产权法律制度的不断完善，工业产权法必将在鼓励人们从事创造性的脑力劳动、促进科学技术的进步等方面起到非常重要的作用。

三、工业产权的国际保护

我国加入世界贸易组织后，加强工业产权的保护，促进科技成果的推广和运用，加快与国际的交流和合作就显得更为重要了。

工业产权的国际保护制度的产生，是资本主义发展走向垄断化和技术交流日趋国际化的结果。工业产权的效力是有地域限制的，它只能在授予这种权利的国家或地区内存在和行使。但是，人类智力成果却是很容易超越国界的。特别是现代世界，交通和通信联络异常便利，人员、知识、技术产品交流日趋频繁。为了共同的发展和繁荣，应当鼓励这种交流。因此，各国政府经过谈判，在工业产权的不同领域订立了一系列国际条约。工业产权的国际保护正是通过缔结这些国际条约的途径实现的，有关工业产权国际保护的世界性或地区性的国际条约很多，最主要的有《保护工业产权巴黎公约》《专利合作条约》《商标注册马德里协定》《商标注册条约》，以及世界贸易组织的《与贸易有关的知识产权协议》（TRIPS）等。此外，还成立了政府间的国际机构——世界知识产权组织（WIPO）。

单元二　商　标　法

一、商标的概念及种类

（一）商标的概念

商标是指商业主体在其提供的商品或者服务上使用的，能够将其商品或者服务与其他市场主体提供的商品或服务区别开来的标志。商标最基本的功能就是识别商品或服务的来源，区别相同商品或服务的不同经营者。

国务院工商行政管理部门商标局主管全国商标注册和管理的工作。国务院工商行政管理部门设立商标评审委员会，负责处理商标争议事宜。

（二）商标的种类

经商标局核准注册的商标为注册商标，包括商品商标、服务商标和集体商标、证明商标；商标注册人享有商标专用权，受法律保护。

1. 商品商标

商品商标是指商品的生产者或者经营者为了将自己生产或经营的商品与他人生产或经营的商品区别开来，而使用的文字、图形、字母、数字、三维标志、颜色组合、声音等，以及上述要素组合的标志。

2. 服务商标

服务商标是指提供服务的经营者为了将自己提供的服务与他人提供的服务区别开来，而使用的文字、图形、字母、数字、三维标志、颜色组合、声音等，以及上述要素组合的标志。

3．集体商标

集体商标是指以团体、协会或者其他组织名义注册，供该组织成员在商事活动中使用，以表明使用者在该组织中的成员资格的标志。

4．证明商标

证明商标是指由对某种商品或者服务具有监督能力的组织所控制，而由该组织以外的单位或者个人使用于其商品或者服务，用以证明该商品或者服务的原产地、原料、制造方法、质量或者其他特定品质的标志。

集体商标、证明商标注册和管理的特殊事项，由国务院工商行政管理部门规定。

二、商标法的概念

商标法是指调整国家和商标所有人在商标注册、使用、管理和保护商标专用权的活动中所产生的社会经济关系的法律规范的总称。

《中华人民共和国商标法》（以下简称《商标法》）由第五届全国人民代表大会常务委员会第二十四次会议于1982年8月23日通过，自1983年3月1日起施行。此后，《商标法》分别于1993年、2001年、2013年、2019年进行了四次修正。2019年修正的《商标法》自2019年11月1日起施行。

案例链接

海底捞状告河底捞商标侵权，一审被法院驳回

【案情梗概】

海底捞公司成立于2001年4月16日，经营范围包括餐饮服务等。经国家工商行政管理总局商标局核准，海底捞公司依法取得"海底捞"第983760号注册商标的注册商标专用权，核准服务项目为"餐馆、临时餐室、自助餐馆、快餐馆"。"海底捞"商标如图6-1所示，其有效期自2017年4月14日至2027年4月13日。2011年5月27日，国家工商行政管理总局商标局认定海底捞公司使用在第43类餐饮服务上的"海底捞"注册商标为驰名商标。

被告经营的河底捞餐馆于2018年9月20日核准登记，经营范围为中餐服务，其商标如图6-2所示。

图6-1 "海底捞"商标

图6-2 "河底捞"商标

【争议焦点】

"河底捞"标识与"海底捞"商标是否为近似商标。

【判决理由与结果】

首先，"河底捞"标识与"海底捞"商标虽都有"底捞"二字，但在文字的整体字形方面，

两者还是存在一定的差异的，原告海底捞公司其注册商标"海底捞"为方正华隶字体，而"河底捞"标识则是艺术字构成，并且"河"字三点水部分是呈现河流的艺术形态，"底"字下面的点也是用艺术形态的鱼的图像构成。读音方面，"河"字与"海"字虽然拼音都是 H 开头，但是无论是按照普通话读法，还是按照湖南本地方言读法，两者读音均无任何相似性。河底捞餐馆店铺牌匾与海底捞火锅店铺牌匾在构图、颜色等方面没有相似性，且其整体结构、立体形状、颜色组合均无相似性。

其次，海底捞公司旗下所有店铺经营的菜谱全部是川菜系列的火锅，而河底捞餐馆经营的菜谱是典型的湘菜系列，虽然河底捞餐馆菜谱有火锅菜品，但其火锅也与原告海底捞公司经营的火锅存在一定的差别，大多数为河鲜火锅，通过其菜单和店铺门口海报宣传可以看出，其在门口招牌以及菜单海报上都是针对其湘菜系列进行宣传。

无论从字体的字形、读音、构图、颜色，还是从原告、被告经营的菜品等方面，均不会使一般的消费者对河底捞的餐饮服务的来源产生误认或者认为其来源与原告注册商标海底捞之间有特定的联系，故被告河底捞餐馆不构成对原告海底捞公司的注册商标"海底捞"的商标权的侵犯。湖南省长沙市天心区人民法院驳回原告四川海底捞餐饮股份有限公司的诉讼请求。

（资料来源：中国裁判文书网　案号：（2019）湘 0103 民初 7568 号）

三、商标注册

（一）商标注册的原则

1. 诚信原则

申请注册和使用商标，应当遵循诚实信用原则。商标使用人应当对其使用商标的商品质量负责。各级工商行政管理部门应当通过商标管理，制止欺骗消费者的行为。不以使用为目的的恶意商标注册申请，应当予以驳回。

2. 先申请原则

两个或者两个以上的商标注册申请人，在同一种商品或者类似商品上，以相同或者近似的商标申请注册的，初步审定并公告申请在先的商标；同一天申请的，初步审定并公告使用在先的商标，驳回其他人的申请，不予公告。商标注册的申请日期以商标局收到申请书件的日期为准。申请商标注册不得损害他人现有的在先权利，也不得以不正当手段抢先注册他人已经使用并有一定影响的商标。

3. 自愿注册与强制注册相结合的原则

我国实行自愿注册制度为主，强制注册制度为辅。自然人、法人或者其他组织在生产经营活动中，对其商品或者服务需要取得商标专用权的，应当向商标局申请商标注册。未注册商标可以使用但不受法律保护。《商标法》第六条规定，法律、行政法规规定必须使用注册商标的商品，必须申请商标注册，未经核准注册的，不得在市场销售。根据《烟草专卖法》的规定，卷烟、雪茄烟和有包装的烟丝必须申请商标注册，未经核准注册的，不得生产、销售。

（二）商标注册的条件与禁止

1. 商标必须具备的条件

任何能够将自然人、法人或者其他组织的商品与他人的商品区别开的标志，包括文字、图形、字母、数字、三维标志、颜色组合和声音等，以及上述要素的组合，均可以作为商标申请注册。

　　申请注册的商标，应当有显著特征，便于识别，并不得与他人在先取得的合法权利相冲突。商标注册人有权标明"注册商标"或者注册标记。

　　2．商标的禁止

　　（1）禁止作为商标使用的标志。

　　下列标志不得作为商标使用：①同中华人民共和国的国家名称、国旗、国徽、国歌、军旗、军徽、军歌、勋章相同或者近似的，以及同中央国家机关所在地特定地点的名称或者标志性建筑物的名称、图形相同的；②同外国的国家名称、国旗、国徽、军旗相同或者近似的，但经该国政府同意的除外；③同政府间国际组织的名称、旗帜、徽记相同或者近似的，但经该组织同意或者不易误导公众的除外；④与表明实施控制、予以保证的官方标志、检验印记相同或者近似的，但经授权的除外；⑤同"红十字""红新月"的名称、标志相同或者近似的；⑥带有民族歧视性的；⑦带有欺骗性，容易使公众对商品的质量等特点或者产地产生误认的；⑧有害于社会主义道德风尚或者有其他不良影响的。

　　县级以上行政区划的地名或者公众知晓的外国地名，不得作为商标。但是，地名具有其他含义或者作为集体商标、证明商标组成部分的除外；已经注册的使用地名的商标继续有效。

　　（2）不得作为商标注册的标志。

　　下列标志不得作为商标注册：①仅有本商品的通用名称、图形、型号的；②仅直接表示商品的质量、主要原料、功能、用途、重量、数量及其他特点的；③其他缺乏显著特征的。

　　但上述所列标志经过使用取得显著特征，并便于识别的，可以作为商标注册。

　　以三维标志申请注册商标的，仅由商品自身的性质产生的形状、为获得技术效果而需有的商品形状或者使商品具有实质性价值的形状，不得注册。

　　（3）不予注册的几种情形。

　　为相关公众所熟知的商标，持有人认为其权利受到侵害时，可以依照《商标法》规定请求驰名商标保护。

　　就相同或者类似商品申请注册的商标是复制、模仿或者翻译他人未在中国注册的驰名商标，容易导致混淆的，不予注册并禁止使用。

　　就不相同或者不相类似商品申请注册的商标是复制、模仿或者翻译他人已经在中国注册的驰名商标，误导公众，致使该驰名商标注册人的利益可能受到损害的，不予注册并禁止使用。

　　未经授权，代理人或者代表人以自己的名义将被代理人或者被代表人的商标进行注册，被代理人或者被代表人提出异议的，不予注册并禁止使用。就同一种商品或者类似商品申请注册的商标与他人在先使用的未注册商标相同或者近似，申请人与该他人具有前述规定以外的合同、业务往来关系或者其他关系而明知该他人商标存在，该他人提出异议的，不予注册。

　　商标中有商品的地理标志，而该商品并非来源于该标志所标示的地区，误导公众的，不予注册并禁止使用；但是，已经善意取得注册的继续有效。所谓地理标志，是指标示某商品来源于某地区，该商品的特定质量、信誉或者其他特征，主要由该地区的自然因素或者人文因素所决定的标志。

　　（三）商标注册的申请

　　经商标局核准注册的商标为注册商标，商标注册人享有商标专有权，受法律保护。在我国，获得商标专用权的原则是注册取得制度为主,驰名取得为辅。商标所有人要获得商标专有权,一般须申请商标注册。商标法规定的注册商标申请,包括注册申请、重新申请和变更申请三种情况。

1. 注册申请

商标注册申请人应当按规定的商品分类表填报使用商标的商品类别和商品名称,提出注册申请。商标注册申请人可以通过一份申请就多个类别的商品申请注册同一商标。商标注册申请等有关文件,可以以书面方式或者数据电文方式提出。

2. 重新申请

注册商标需要在核定使用范围之外的商品上取得商标专用权的,应当另行提出注册申请。

注册商标需要改变其标志的,应当重新提出注册申请。改变商标标志,既包括平面商标的标志如文字、图形、字母、数字等,也包括立体商标所使用的三维标志。

3. 变更申请

注册商标需要变更注册人的名称、地址或其他注册事项的,应当提出变更申请。

(四)商标注册的审查和核准

1. 初步审定

对申请注册的商标,商标局应当自收到商标注册申请文件之日起 9 个月内审查完毕,符合商标法有关规定的,予以初步审定公告。

在审查过程中,商标局认为商标注册申请内容需要说明或者修正的,可以要求申请人作出说明或者修正。申请人未作出说明或者修正的,不影响商标局作出审查决定。

申请注册的商标,凡不符合商标法有关规定或者同他人在同一种商品或者类似商品上已经注册或者初步审定的商标相同或近似的,由商标局驳回申请,不予公告。

2. 异议审查

对于初步审查的商标,自公告之日起 3 个月内,在先权利人、利害关系人均可以向商标局提出异议。公告期满无异议的,予以核准注册,发给商标注册证,并予公告。

3. 复审

对驳回申请,不予公告的商标,商标局应当书面通知商标注册申请人。商标注册申请人不服的,可以自接到通知之日起 15 日内向商标评审委员会申请复审,由商标评审委员应当自收到申请之日起 9 个月内作出决定,并书面通知申请人。有特殊情况需要延长的,经国务院工商行政管理部门批准,可以延长 3 个月。当事人对商标评审委员会的决定不服的,可以自收到通知之日起 30 日内向人民法院起诉。

4. 异议的处理

对初步审定公告的商标提出异议的,商标局应当听取异议人和被异议人陈述事实和理由,经调查核实后,自公告期满之日起 12 个月内作出是否准予注册的决定,并书面通知异议人和被异议人。有特殊情况需要延长的,经国务院工商行政管理部门批准,可以延长 6 个月。商标局作出准予注册决定的，发给商标注册证，并予公告。

四、注册商标的续展、转让和使用许可

（一）注册商标的续展

注册商标的有限期为 10 年，自核准注册之日起计算。

注册商标有效期满，需要继续使用的，商标注册人应当在期满前 12 个月内按照规定办理续展手续；在此期间未能办理的，可以给予 6 个月的宽展期。每次续展注册的有效期为 10 年，自该商标上一届有效期满次日起计算。期满未办理续展手续的，注销其注册商标。商标局应当对续展注册的商标予以公告。

（二）注册商标的转让

注册商标的转让是指商标注册人将其注册商标转让给他人所有。转让注册商标的，转让人和受让人应当签订转让协议，并共同向商标局提出申请。受让人应当保证使用该注册商标的商品质量。转让注册商标的，商标注册人对其在同一种商品上注册的近似的商标，或者在类似商品上注册的相同或者近似的商标，应当一并转让。对容易导致混淆或者有其他不良影响的转让，商标局不予核准，书面通知申请人并说明理由。转让注册商标经核准后，予以公告。受让人自公告之日起享有商标专用权。

（三）注册商标的使用许可

商标注册人可以通过签订商标使用许可合同，许可他人使用其注册商标。许可人应当监督被许可人使用其注册商标的商品质量。被许可人应当保证使用该注册商标的商品质量。经许可使用他人注册商标的，必须在使用该注册商标的商品上标明被许可人的名称和商品产地。许可他人使用其注册商标的，许可人应当将其商标使用许可报商标局备案，由商标局公告。商标使用许可未经备案不得对抗善意第三人。

五、商标使用管理

商标的使用是指将商标用于商品、商品包装或者容器以及商品交易文书上，或者将商标用于广告宣传、展览以及其他商业活动中，用于识别商品来源的行为。

（一）对注册商标的使用管理

商标注册人在使用注册商标的过程中，自行改变注册商标、注册人名义、地址或者其他注册事项的，由地方工商行政管理部门责令限期改正；期满不改正的，由商标局撤销其注册商标。注册商标成为其核定使用的商品的通用名称或者没有正当理由连续 3 年不使用的，任何单位或者个人可以向商标局申请撤销该注册商标。商标局应当自收到申请之日起 9 个月内作出决定。有特殊情况需要延长的，经国务院工商行政管理部门批准，可以延长 3 个月。

注册商标被撤销、被宣告无效或者期满不再续展的，自撤销、宣告无效或者注销之日起 1 年内，商标局对与该商标相同或者近似的商标注册申请，不予核准。

（二）对未注册商标的使用管理

将未注册商标冒充注册商标使用的，或者使用未注册商标违反了《商标法》第十条不得作为商标使用的标志规定的，由地方工商行政管理部门予以制止，限期改正，并可以予以通报，违法经营额 5 万元以上的，可以处违法经营额 20% 以下的罚款，没有违法经营额或者违法经营额不足 5 万元的，可以处 1 万元以下的罚款。

六、注册商标专用权的保护

（一）注册商标专用权的保护范围

注册商标专用权的保护范围，以核准注册的商标和核定使用的商品为限。

（二）商标侵权行为

有下列行为之一的，均属侵犯注册商标专用权：

（1）未经商标注册人的许可，在同一种商品上使用与其注册商标相同的商标的。

（2）未经商标注册人的许可，在同一种商品上使用与其注册商标近似的商标，或者在类似商品上使用与其注册商标相同或者近似的商标，容易导致混淆的。

（3）销售侵犯注册商标专用权的商品的。

（4）伪造、擅自制造他人注册商标标识或者销售伪造、擅自制造的注册商标标识的。

（5）未经商标注册人同意，更换其注册商标并将该更换商标的商品又投入市场的。

（6）故意为侵犯他人注册商标专用权行为提供便利条件的，帮助他人实施侵犯商标专用权行为的。

（7）给他人注册商标专用权造成其他损害的。

（三）侵犯商标专用权的责任

侵犯注册商标专用权引起纠纷的，由当事人协商解决；不愿协商或者协商不成的，商标注册人或者利害关系人可以向人民法院起诉，也可以请求工商行政管理部门处理。

工商行政管理部门处理时，认定侵权行为成立的，责令立即停止侵权行为，没收、销毁侵权商品和主要用于制造侵权商品、伪造注册商标标识的工具，违法经营额 5 万元以上的，可以处违法经营额 5 倍以下的罚款，没有违法经营额或者违法经营额不足 5 万元的，可以处 25 万元以下的罚款。对 5 年内实施两次以上商标侵权行为或者有其他严重情节的，应当从重处罚。销售不知道是侵犯注册商标专用权的商品，能证明该商品是自己合法取得并说明提供者的，由工商行政管理部门责令停止销售。

对侵犯商标专用权的赔偿数额的争议，当事人可以请求进行处理的工商行政管理部门调解，也可以向人民法院起诉。经工商行政管理部门调解，当事人未达成协议或者调解书生效后不履行的，当事人可以向人民法院起诉。

对侵犯注册商标专用权的行为，工商行政管理部门有权依法查处；涉嫌犯罪的，应当及时移送司法机关依法处理。

（四）侵犯商标专用权的赔偿数额的计算方式

侵犯商标专用权的赔偿数额，按照权利人因被侵权所受到的实际损失确定；实际损失难以确定的，可以按照侵权人因侵权所获得的利益确定；权利人的损失或者侵权人获得的利益难以确定的，参照该商标许可使用费的倍数合理确定。对恶意侵犯商标专用权，情节严重的，可以在按照上述方法确定数额的1倍以上5倍以下确定赔偿数额。赔偿数额应当包括权利人为制止侵权行为所支付的合理开支。

人民法院为确定赔偿数额，在权利人已经尽力举证，而与侵权行为相关的账簿、资料主要由侵权人掌握的情况下，可以责令侵权人提供与侵权行为相关的账簿、资料；侵权人不提供或者提供虚假的账簿、资料的，人民法院可以参考权利人的主张和提供的证据判定赔偿数额。

权利人因被侵权所受到的实际损失、侵权人因侵权所获得的利益、注册商标许可使用费难以确定的，由人民法院根据侵权行为的情节判决给予500万元以下的赔偿。

人民法院审理商标纠纷案件，应权利人请求，对属于假冒注册商标的商品，除特殊情况外，责令销毁；对主要用于制造假冒注册商标的商品的材料、工具，责令销毁，且不予补偿；或者在特殊情况下，责令禁止前述材料、工具进入商业渠道，且不予补偿。

假冒注册商标的商品不得在仅去除假冒注册商标后进入商业渠道。

（五）商标侵权纠纷中的免责情形

注册商标专用权人请求赔偿，被控侵权人以注册商标专用权人未使用注册商标提出抗辩的，人民法院可以要求注册商标专用权人提供此前3年内实际使用该注册商标的证据。注册商标专用权人不能证明此前3年内实际使用过该注册商标，也不能证明因侵权行为受到其他损失的，被控侵权人不承担赔偿责任。

销售不知道是侵犯注册商标专用权的商品，能证明该商品是自己合法取得并说明提供者的，不承担赔偿责任。

（六）临时保护措施和证据保全

商标注册人或者利害关系人有证据证明他人正在实施或者即将实施侵犯其注册商标专用权的行为，如不及时制止将会使其合法权益受到难以弥补的损害的，可以依法在起诉前向人民法院申请采取责令停止有关行为和财产保全的措施。

为制止侵权行为，在证据可能灭失或者以后难以取得的情况下，商标注册人或者利害关系人可以依法在起诉前向人民法院申请保全证据。

（七）刑事责任

未经商标注册人许可，在同一种商品上使用与其注册商标相同的商标，构成犯罪的，除赔偿被侵权人的损失外，依法追究刑事责任。

伪造、擅自制造他人注册商标标识或者销售伪造、擅自制造的注册商标标识，构成犯罪的，除赔偿被侵权人的损失外，依法追究刑事责任。

销售明知是假冒注册商标的商品，构成犯罪的，除赔偿被侵权人的损失外，依法追究刑事责任。

单元三 专利法

一、专利法概述

（一）专利的概念

专利一词，通常有三种含义：①专利是专利权的简称，指依照《专利法》的规定，某项发明创造向国家专利机关申请专利，经审查批准授予该项发明在一定期限内的独占权。这是专利的最基本的含义。②专利是指《专利法》保护的创造发明，一般包括发明、实用新型和外观设计三种专利。③专利是指专利文献，其重要部分为记载发明创造内容的专利说明书。

（二）专利法的概念与保护对象

1. 专利法的概念

专利法是调整因确认和保护发明创造而产生的社会经济关系的法律规范的总称。专利法在工业产权中具有极为重要的地位，对推动科技进步具有重要作用。为了保护发明创造，有利于发明创造的推广应用，促进科学技术的发展，我国经过多年的努力，已经形成了一套完整的专利法律制度。1984 年 3 月 12 日，第六届全国人民代表大会第四次会议通过了《中华人民共和国专利法》（以下简称《专利法》）。此后，《专利法》分别于 1992 年、2000 年和 2008 年进行了三次修正。2008 年修正的《专利法》自 2009 年 10 月 1 日起施行。

小资料　　　　　　　　专利保护和商业秘密保护的选择

专利权是以权利人向社会公开其发明，授予权利人相当期间的独占权利；商业秘密则是通过自行保密，阻止其他人以不正当手段获取该商业秘密，确保权利人为获取商业秘密所付出的努力及由此而带来的竞争优势，从而促进技术和经营的进步。

与商业秘密保护相比，专利的保护存在其劣势，一是技术要公开，技术公开以后，就很容易被别人仿制。中国地域辽阔，况且世界经济正走向一体化，专利申请后被别人仿制，在短时间内很难发现，这样就不能充分利用《专利法》的有效保护。二是专利的保护是有期限的，发明专利保护期限 20 年，实用新型及外观设计保护期限 10 年，这样一来，专利技术一旦过了保护期限即被认为是共有技术，任何人都可以采用。

因此，在一项技术完成以后，我们就必须考虑这项技术的商业价值期限有多长，该技术是否可以被别人反向研究。如果商业价值期限长，很难被别人反向研究，那就可以采取商业秘密的保护办法。对于那些容易被反向工程破解，采取保密措施仍容易泄露的，或者科技价值期限短的技术则可以考虑采用专利的办法。

---

2. 专利法保护的对象

《专利法》第二条规定："本法所称的发明创造是指发明、实用新型和外观设计。"可见，《专利法》保护的对象就是发明创造，包括发明、实用新型和外观设计。

（1）发明。

发明是指对产品、方法或者其改进所提出的新的技术方案。发明又分为产品发明和方法发明。对发明所授予的专利权为发明专利权。

（2）实用新型。

实用新型是指对产品的形状、构造或者其结合所提出的适于实用的新的技术方案。实用新型是发明创造的一种，但其创造性水平相对低一些，因而人们也称之为"小发明"，取得专利权的实用新型称之为"小专利"。对实用新型所授予的专利权为实用新型专利权。

（3）外观设计。

外观设计是指对产品的形状、图案、色彩或者其结合以及色彩与形状、图案的结合所作出的富有美感并适于工业应用的新设计。对外观设计所授予的专利权为外观设计专利权。

3．专利法不予保护的对象

根据《专利法》的规定，对于下列各项，不授予专利权：①违反法律、社会公德或者妨害公共利益的发明创造；②违反法律、行政法规的规定获取或者利用遗传资源，并依赖该遗传资源完成的发明创造；③科学发现；④智力活动的规则和方法；⑤疾病的诊断和治疗方法；⑥动物和植物的品种；⑦用原子核变换方法获得的物质；⑧对平面印刷品的图案、色彩或者二者的结合的主要起标识作用的设计。但对动物和植物品种的生产方法，可以依法取得专利权。

（三）专利权的主体

专利权的主体即专利权人，是指依法享有专利权并承担相应义务的人。专利权的主体主要包括发明人或设计人、申请人、专利权人和外国人。

1．发明人或设计人

发明人或设计人是指对发明创造的实质性特点做出创造性贡献的人。在完成发明创造的过程中，只负责组织工作的人、为物质技术条件的利用提供方便的人或者从事其他辅助工作的人，不是发明人或设计人。

2．申请人

申请人即提出专利申请的人。通常情况下，专利发明人和专利申请人是同一人。但在以下两种情况下，发明人和申请人不为同一人：

（1）发明人以外的人依合同转让或依法继承而取得专利申请权。发明人完成发明后，是否申请专利由其自己决定，若不申请专利，则可以将专利申请的权利依合同转让给他人。转让专利申请权的，当事人应当订立书面合同，并向国务院专利行政部门登记，专利申请权的转让自登记之日起生效。

（2）职务发明。执行本单位的任务或者主要是利用本单位的物质技术条件所完成的发明创造为职务发明创造，职务发明创造申请专利的权利属于该单位。利用本单位的物质技术条件所完成的发明创造，单位与发明人或者设计人订有合同，对申请专利的权利和专利权的归属作出约定的，从其约定。

执行本单位的任务所完成的发明创造主要是指：①在本职工作中的发明创造；②履行本单位交付的本职工作之外的任务所的发明创造；③退休、调离原单位后或者劳动人事关系终止后 1 年内的，与其在原单位承担的本职工作或原单位分配的任务有关的发明创造。本单位的物质条件是指本单位的资金、设备、零部件、原材料或不向外公开的技术资料。

3．专利权人

专利权人是指依法享有专利权的个人或单位。专利申请人并不必然地成为专利权人，只有在专利被批准后才能成为专利权人。对于职务发明创造，单位申请被批准后，该单位为专利权人，若合同有约定的从其约定，约定优先。

4．外国人

外国人包括具有外国国籍的自然人和法人。在中国有经常居所或营业所的外国人，享有与中国公民或单位同等的专利申请权和专利权；在中国没有经常居所或营业所的外国人、外国企业或外国其他组织在中国申请专利的，依照其所属国同中国签订的协议或共同参加的国际条约，或者依照互惠原则，可以申请专利，但应当委托依法设立的专利代理机构办理。

（四）专利权的内容

1．专利权人的权利

（1）独占实施权。

发明和实用新型专利权被授予后，除《专利法》另有规定的以外，任何单位或个人未经专利权人许可，都不得实施其专利，即不得为生产经营目的制造、使用、许诺销售、销售、进口其专利产品，或者使用其专利方法以及使用、许诺销售、销售、进口依照该专利方法直接获得的产品。

外观设计专利权被授予后，任何单位或个人未经专利权人许可，都不得实施其专利，即不得为生产经营目的制造、许诺销售、销售、进口其外观设计专利产品。

> **小资料** 2008 年《专利法》修正后赋予了外观设计专利权人许诺销售权。许诺销售是以做广告、在商店货架或者展销会会场陈列等方式的销售商品的许诺。2000 年《专利法》在外观设计专利权中没有规定许诺销售权。为了加强对外观设计专利的保护，2008 年《专利法》在外观设计专利中增加了许诺销售的权利。这样修改后，外观设计专利权人可以制止他人未经其许可，以做广告、在商店货架或者展销会会场陈列等方式许诺销售该专利产品。

（2）实施许可权。

实施许可权是指专利权人可以许可他人实施其专利技术并收取专利使用费。任何单位或者个人实施他人专利的，应当与专利权人订立实施许可合同，向专利权人支付专利使用费。被许可人无权允许合同规定以外的任何单位或者个人实施该专利。

（3）转让权。

专利权可以转让。转让时，双方须订立书面合同，并向国务院专利行政部门登记，由国务院专利行政部门予以公告，专利权的转让自登记之日起生效。中国单位或者个人向外国人、外国企业或者外国组织转让专利申请权或者专利权的，应当依照有关法律、行政法规的规定办理手续。

（4）署名权。

发明人或者设计人有权在专利文件中写明自己是发明人或者设计人，专利权人有权在其专利产品或者该产品的包装上标明专利标识。

2．专利权人的义务

专利权人的主要义务是缴纳专利年费。此外，申请职务发明创造专利的单位，在被授予专利权后，应当按照规定对发明人或设计人给予奖励；发明创造专利实施后，根据其推广应用的范围和取得的经济效益，应按规定对发明人或设计人给予合理的报酬。

二、授予专利权的条件

（一）发明和实用新型的授予条件

授予专利权的发明和实用新型，应当具备新颖性、创造性和实用性。

1．新颖性

新颖性是指该发明或者实用新型不属于现有技术；也没有任何单位或者个人就同样的发明或者实用新型在申请日以前向国务院专利行政部门提出过申请，并记载在申请日以后公布的专利申请文件或者公告的专利文件中。

对于新颖性，《专利法》还规定，申请专利的发明创造在申请日以前6个月内，有下列情形之一的，不丧失新颖性：①在中国政府主办或承认的国际展览会上首次展出的；②在规定的学术会议或技术会议上首次发表的；③他人未经申请人同意而泄漏其内容的。

2．创造性

创造性是指同与现有技术相比，该发明有突出的实质性特点和显著的进步，该实用新型有实质性特点和进步。

3．实用性

实用性是指该发明或者实用新型能够制造或使用，并且能够产生积极效果。

上述所称现有技术，是指申请日以前在国内外为公众所知的技术。

（二）外观设计的授予条件

授予专利权的外观设计，应当不属于现有设计；也没有任何单位或者个人就同样的外观设计在申请日以前向国务院专利行政部门提出过申请，并记载在申请日以后公告的专利文件中。授予专利权的外观设计与现有设计或者现有设计特征的组合相比，应当具有明显区别。授予专利权的外观设计不得与他人在申请日以前已经取得的合法权利相冲突。其中，在先取得的合法权利包括商标权、著作权、企业名称权、肖像权、知名商品特有包装或者装潢使用权等。

上述所称现有设计，是指申请日以前在国内外为公众所知的设计。

小资料　2008年修正后的《专利法》提高了专利权的授权标准，除对授予发明和实用新型专利权的基本条件——新颖性、创造性和实用性的标准进行了修改完善外，还特别提高了外观设计专利的授权标准。

三、专利的申请

发明人或者设计人要取得专利权，必须按照《专利法》的规定向国家专利机关提出申请。除发明人本人或者设计人本人可以提出申请外，发明人或者设计人的合法受让人、继承人也可以提出。

专利申请，必须符合书面申请原则、先申请原则、优先权原则和单一性原则。

1. 书面申请原则

专利申请必须以书面的形式提出，而不能以口头要求或提交实物来代替。

根据《专利法》规定，申请发明或者实用新型专利的，应当提交请求书、说明书及其摘要和权利要求书等文件；申请外观设计专利的，应当提交申请书、该外观设计的图片或者照片以及该外观设计的简要说明等文件。

2. 先申请原则

同样的发明创造只能授予一项专利权。但是，同一申请人同日对同样的发明创造既申请实用新型专利又申请发明专利，先获得的实用新型专利权尚未终止，且申请人声明放弃该实用新型专利权的，可以授予发明专利权。两个以上的申请人分别就同样的发明创造申请专利的，专利权授予最先申请的人。所谓最先申请的人，是指专利申请日在先的人。国务院专利行政部门收到专利申请文件之日为申请日。如果申请文件是邮寄的，则以寄出的邮戳日为申请日。

3. 优先权原则

申请人自发明或者实用新型在国外第一次提出专利申请之日起 12 个月内，或者自外观设计在国外第一次提出专利申请之日起 6 个月内，又在中国就相同主题提出专利申请的，依照该外国同中国签订的协议或共同参加的国际条约，或者依照互相承认优先权原则，可以享有优先权。这是在《保护工业产权巴黎公约》中确立的原则，称为外国优先权。

申请人自发明或实用新型在中国第一次提出专利申请之日起 12 个月内，又向国务院专利行政部门就相同主题提出专利申请的，可以享有优先权。这是由我国自行设定的原则，国际公约没有统一要求，称为本国优先权。

4. 单一性原则

单一性原则又称"一发明一申请原则"，即一件专利申请只限于一项发明创造。实行该原则，便于对申请进行分类、检索和审查，也便于专利的转让和专利许可合同的签订。《专利法》规定，一件发明或者实用新型专利申请应当限于一项发明或者实用新型。属于一个总的发明构思的两项以上的发明或者实用新型，可以作为一件申请提出。一件外观设计专利申请应当限于一项外观设计。同一产品两项以上的相似外观设计，或者用于同一类别并且成套出售或者使用的产品的两项以上外观设计，可以作为一件申请提出。

申请人可以在被授予专利之前随时撤回其专利申请。申请人可以对其专利文件进行修改，但是，对发明和实用新型专利申请文件的修改不得超出原说明书和权利要求书记载的范围，对外观设计专利申请文件的修改不得超出原图片或者照片表示的范围。

四、专利申请的审查和批准

专利局受理专利申请后，依照法定程序和内容对专利申请进行审查，作出是否批准授予专利权的决定。我国《专利法》对发明专利申请和实用新型、外观设计专利申请采取两种不同的审批制度。对发明专利申请实行早期公开、迟延审查制度；对实用新型和外观设计专利申请实行登记制度。

（一）发明专利

1. 初步审查

专利主管机关查明该申请是否符合《专利法》关于申请形式要求的规定。

2. 早期公开

专利局收到发明专利申请后，经初步审查认为符合要求的，自申请之日起满 18 个月，即行公布。专利局可以根据申请人的请求早日公布申请。

3. 实质审查

发明专利申请自申请之日起 3 年内，专利局可以根据申请人随时提出的请求，对其申请进行实质审查；申请人无正当理由逾期不请求实质审查的，该申请即被视为撤回。专利局认为必要的时候，可以自行对发明专利申请进行实质审查。

4. 授权登记公布

发明专利申请经实质审查没有发现驳回理由的，由专利局作出授予发明专利权的决定，发给发明专利证书，同时予以登记和公告。发明专利自公告之日起生效。

（二）实用新型和外观设计专利

实用新型和外观设计专利申请经初步审查没有发现驳回理由的，由专利局作出授予实用新型或外观设计专利权的决定，发给相应的专利证书，同时予以登记和公告。实用新型和外观设计专利权自公告之日起生效。

（三）专利的复审

专利申请人对专利主管机关驳回申请的决定不服的，可以自收到通知之日起 3 个月内，向专利复审委员会请求复审。申请人对专利复审委员会的复审决定不服的，可以自收到通知之日起 3 个月内向人民法院提起诉讼。

五、专利权的期限、终止和无效

（一）专利权的期限

发明专利权的期限为 20 年，实用新型和外观设计专利权的期限为 10 年，均自申请之日起计算。

专利权期限届满时，专利权自行失效，专利权人不再享有专利的独占权，该发明创造成为社会公共财富，任何单位和个人都可以自由地、无偿地使用。

（二）专利权的终止

专利权的终止是指由于专利权的期限届满以外的原因而提前失去法律效力。

根据《专利法》规定，有下列情形之一的，专利权在期限届满前终止：①没有按照规定缴纳年费的；②专利权人以书面声明放弃其专利权的。专利权在期限届满前终止，由国务院专利行政部门登记和公告。

（三）专利权的无效

专利权的无效是指经专利复审委员会审查，对已经取得的专利权宣告无效。

自国务院专利行政部门公告授予专利权之日起，任何单位或者个人认为该专利权的授予不符合《专利法》有关规定的，可以请求专利复审委员会宣告该专利无效。专利复审委员会对宣告专利权无效的请求应当及时进行审查和作出决定，并通知请求人和专利权人。对专利复审委员会宣告专利权无效或者维持专利权的决定不服的，请求人和专利权人可以自收到通知之日起3个月内向人民法院起诉。

宣告无效的专利权视为自始即不存在。

六、专利实施的强制许可

专利实施的强制许可又称非自愿许可，是指国务院专利行政部门根据具体情况，不经专利权人同意，授权他人实施发明或者实用新型转移的一种法律制度。

《专利法》所规定的强制许可主要有不实施专利强制许可、非正常强制许可和从属专利强制许可三种。

1．不实施专利强制许可

①专利权人自专利权被授予之日起满3年，且自提出专利申请之日起满4年，无正当理由未实施或者未充分实施其专利的；②专利权人行使专利权的行为被依法认定为垄断行为，为消除或者减少该行为对竞争产生的不利影响的。

申请强制许可的单位或者个人应当提供证据，证明其以合理的条件请求专利权人许可其实施专利，但未能在合理的时间内获得许可。

2．非正常强制许可

在国家出现紧急状态或者非常情况时，或者为了公共利益的目的，国务院专利行政部门可以给予实施发明专利或者实用新型专利的强制许可。

为了公共健康目的，对取得专利权的药品，国务院专利行政部门可以给予制造并将其出口到符合中华人民共和国参加的有关国际条约规定的国家或者地区的强制许可。

3．从属专利强制许可

一项取得专利权的发明或者实用新型比前已经取得专利权的发明或者实用新型具有显著经济意义的重大技术进步，其实施又有赖于前一发明或者实用新型的实施的，国务院专利行政部门根据后一专利权人的申请，可以给予实施前一发明或者实用新型的强制许可。反之，国务院专利行政部门根据前一专利权人的申请，也可以给予实施后一发明或者实用新型的强制许可。

专利实施的强制许可是国家凭借公权力授予被许可人实施他人专利，但被许可人也必须承担相应的义务。取得实施强制许可的单位和个人不享有独占的实施权，并且无权允许他人实施，同时应当付给专利权人合理的使用费，或者依照中华人民共和国参加的有关国际条约的规定处理使用费问题。付给使用费的，其数额由双方协商；双方不能达成协议的，由国务院专利行政部门裁决。

七、专利权的保护

专利权的保护是指国家通过行政与司法程序，采取有效措施，制止侵犯专利权，保障专利权人权利的法律行为。

（一）专利权的保护范围

发明或者实用新型专利权的保护范围以其权利要求的内容为准，说明书及附图可以用于解释权利要求的内容。外观设计专利权的保护范围以表示在图片或者照片中的该产品的外观设计为准，简要说明可以用于解释图片或者照片所表示的该产品的外观设计。

（二）专利侵权及其处理

未经专利权人许可，实施其专利，即侵犯其专利权，引起纠纷的，由当事人协商解决；不愿协商或协商不成的，专利权人或利害关系人可以向人民法院起诉，也可以请求管理专利工作的部门处理。

管理专利工作的部门处理时，认定侵权行为成立的，可以责令侵权人立即停止侵权行为，当事人不服的，可以自收到处理通知之日起 15 日内向人民法院起诉；侵权人期满不起诉又不停止侵权行为的，管理专利工作的部门可以申请人民法院强制执行。进行处理的管理专利工作的部门应当事人的请求，可以就侵犯专利权的赔偿数额进行调解；调解不成的，当事人可以向人民法院起诉。

假冒专利的，除依法承担民事责任外，由管理专利工作的部门责令改正并予公告，没收违法所得，可以并处违法所得 4 倍以下的罚款；没有违法所得的，可处以 20 万元以下的罚款；构成犯罪的，依法追究刑事责任。

侵犯专利权的赔偿数额按照权利人因被侵权所受到的实际损失确定；实际损失难以确定的，可以按照侵权人因侵权所获得的利益确定。权利人的损失或者侵权人获得的利益难以确定的，参照该专利许可使用费的倍数合理确定。赔偿数额还应当包括权利人为制止侵权行为所支付的合理开支。权利人的损失、侵权人获得的利益和专利许可使用费均难以确定的，人民法院可以根据专利权的类型、侵权行为的性质和情节等因素，确定给予 1 万元以上 100 万元以下的赔偿。

侵犯专利权的诉讼时效为 2 年，自专利权人或者利害关系人得知或者应当得知侵权行为之日起计算。

（三）专利侵权的例外规定

有下列情形之一的，不视为侵犯专利权：

（1）专利产品或者依照专利方法直接获得的产品，由专利权人或者经其许可的单位、个人售出后，使用、许诺销售、销售、进口该产品的。

（2）在专利申请日前已经制造相同产品、使用相同方法或者已经作好制造、使用的必要准备，并且仅在原有范围内继续制造、使用的。

（3）临时通过中国领陆、领水、领空的外国运输工具，依照其所属国同中国签订的协议或者共同参加的国际条约，或者依照互惠原则，为运输工具自身需要而在其装置和设备中使用有关专利的。

（4）专为科学研究和实验而使用有关专利的。

（5）为提供行政审批所需要的信息，制造、使用、进口专利药品或者专利医疗器械的，以及专门为其制造、进口专利药品或者专利医疗器械的。

为生产经营目的使用、许诺销售或者销售不知道是未经专利权人许可而制造并售出的专利侵权产品，能证明该产品合法来源的，不承担赔偿责任。

复习思考题

第一部分 知 识 题

一、单项选择题

1．国务院专利行政部门经审查授予专利权的发明，专利权自（　　）之日起生效。

　　A．公告　　　　　　　　B．公开　　　　C．申请　　　　　　　　D．发明

2．注册商标需要改变其标志的，（　　）提出注册申请。

　　A．应当另行　　　　　　　　　　B．应当重新

　　C．免于　　　　　　　　　　　　D．不必

3．发明或者实用新型专利权的保护范围以（　　）的内容为准。

　　A．摘要　　　　　　　　　　　　B．权利要求书

　　C．说明书　　　　　　　　　　　D．附图

4．下列商品中必须使用注册商标的是（　　）。

　　A．羊胎素护肤用品　　　　　　　B．电磁治疗仪

　　C．雪茄烟　　　　　　　　　　　D．儿童补钙糖果

5．两个或者两个以上的商标注册申请人，在同一种商品或者类似商品上，以相同或者近似的商标申请注册的，初步审定并公告（　　）的商标。

　　A．使用在先　　　　　　　　　　B．双方协商确定

　　C．申请在先　　　　　　　　　　D．双方抽签确定

二、多项选择题

1．依据《专利法》的有关规定，下列不应授予专利权的有（　　）。

　　A．甲发明了一种新型水稻杂交栽培方法

　　B．乙发明了对糖尿病特有的治疗方法

　　C．丙发明了某植物新品种

　　D．丁发明了一种可视电话手表

2．商标局接受了一批商标注册申请，经审查，应依法驳回商标注册申请的有（　　）。

　　A．"雪白"牌漂白剂　　　　　　B．"雪茄"牌香烟

　　C．"红十字"牌创可贴　　　　　D．"白雪"牌钢笔

3．注册商标的专用权，以（　　）为限。

　　A．核准注册的商标

　　B．核准注册的商标及其近似商标

　　C．核定使用的商品

　　D．核定使用的商品及其类似商标

4．某电器设备公司在开关、插座等产品上申请注册的"大观"商标，已被核准注册。该公司对"大观"商标享有的权利为（　　）。

A．禁止他人在同一种或类似商品上使用相同或近似的商标

B．许可他人在类似商品上使用"大观"商标

C．自己在核定使用的商品上使用"大观"商标

D．自己在不同类的商品上使用"大观"商标

5．根据我国《商标法》规定，不得作为商标注册的标志包括（　　　　）。

A．中央国家机关所在地标志性建筑物名称

B．本商品的通用图形

C．本商品的通用名称

D．仅直接表示商品的功能的

三、判断题

1．不以使用为目的的恶意商标注册申请，应当予以驳回。（　　）

2．在专利申请日前已经制造相同产品、使用相同方法或者已经作好制造、使用的必要准备，并且仅在原有范围内继续制造、使用的，不视为侵犯专利权。（　　）

3．甲明知乙厂产品侵犯丙公司注册商品专用权，而承揽该产品的运输行为是侵犯注册商标专用权的行为。（　　）

4．商标专用权的保护期限为20年，期限届满可以续展。（　　）

5．发明专利权的期限为20年，实用新型专利权和外观设计专利权的期限为10年，均自申请日起计算。期限届满可以续展。（　　）

第二部分　技　能　题

四、综合分析题

江州市大风服装公司自2019年以来，在该公司生产的女装上使用"枫叶"商标，但未进行商标注册。2020年该市另一家长江服装公司也在其生产的女装上使用了"枫叶"商标，并于2020年8月在国家商标局获准注册。大风服装公司发现后，认为长江服装公司使用了本公司的商标，使消费者对商品的来源发生混淆，直接导致了本公司利润的下降，于是状告长江服装公司侵犯其财产权益，而后者在案件审理中提出反诉，认为原告未经其同意在"枫叶"商标注册后，仍在使用该商标，是侵权行为，要求原告承担侵权责任。

请问：本案谁享有"枫叶"商标的专用权？在本案中谁应当承担侵权责任？

module 7

模块七
市场秩序法律制度

学习目标

能力目标

◎ 能正确区分合法竞争行为与不正当竞争行为，采用合法竞争手段，避免不正当竞争，预防经济纠纷的发生。

◎ 能够正确区分回扣与折扣、佣金的法律性质。

◎ 能正确分析产品质量责任。

◎ 能够运用所学法律知识，分析现实生活中有关消费者权益保护的案例。

◎ 能够依法维护自己作为消费者享有的合法权益，并积极同侵犯消费者合法权益以及不履行经营者法定义务的行为做斗争。

知识目标

◎ 掌握不正当竞争行为的概念和特征。

◎ 掌握不正当竞争行为的种类。

◎ 掌握不正当竞争的法律责任。

◎ 掌握产品质量监督管理制度。

◎ 掌握生产者、销售者的产品质量责任和义务。

◎ 掌握《消费者权益保护法》所保护的消费者的范围。

◎ 掌握消费者享有的权利和经营者的义务。

◎ 掌握消费者合法权益的保护途径。

市场主体参与市场经济活动，必须遵守市场经济秩序。经营者采用不正当的竞争手段，是法律所禁止的。同时，随着市场经济的发展，产品质量纠纷和侵犯消费者权益纠纷越来越多。本模块从反不正当竞争法、产品质量法、消费者权益保护法三个方面入手，介绍不正当竞争的概念、特征，不正当竞争行为的种类，违反《反不正当竞争法》的法律责任；产品质量法的概念，产品质量监督管理，生产者、销售者产品质量责任和义务，产品质量责任；《消费者权益保护法》所保护的消费者的范围，消费者的权利和经营者的义务，消费者权益受侵害时的保护途径等法律规定。

引导案例

网购实物有差异　远程投诉得维权

2019年4月1日，消费者杨先生在网上以77元的价格购买通用款洗衣机套一件。收货后，他发现洗衣机套与洗衣机尺寸不符，多次与经营者联系，要求退货，均未达成一致。消费者通过电话向经营者所属地的四川省绵阳市科创区消委会（以下简称科创区消委会）投诉，请求调解。

经查证，消费者反映的情况属实。经营者辩称洗衣机套是定做商品，尺寸虽存在一定差异，但不影响消费者使用，不适用于七天无理由退货制度，因此不同意退货。科创区消委会认为，洗衣机套虽然是定做，但作为普通商品批量生产，且不具有特别属性，应支持消费者的诉求。

单元一　反不正当竞争法

一、不正当竞争的概念与特征

（一）不正当竞争的概念

不正当竞争是指经营者在生产经营活动中，违反反不正当竞争法规定，扰乱市场竞争秩序，损害其他经营者或者消费者的合法权益的行为。

（二）不正当竞争的特征

（1）不正当竞争主体是经营者。经营者是指从事商品生产、经营或者提供服务（以下所称商品包括服务）的自然人、法人和非法人组织。

（2）不正当竞争是违反市场基本准则的行为。自愿、公平、平等、诚实信用等为市场基本准则，不正当竞争行为违反了这些市场基本准则。

（3）不正当竞争是违法行为。

（4）不正当竞争的侵害客体是其他经营者或者消费者的合法权益及市场竞争秩序。

二、反不正当竞争法的概念与基本原则

（一）反不正当竞争法的概念

反不正当竞争法是指调整在维护公平竞争，制止不正当竞争行为过程中发生的社会关系的

法律规范的总称。为保障社会主义市场经济的健康发展，鼓励和保护公平竞争，保护经营者和消费者的合法权益，1993年9月2日第八届全国人民代表大会常务委员会第三次会议通过《中华人民共和国反不正当竞争法》（以下简称《反不正当竞争法》），自1993年12月1日起施行；后于2017年11月4日第十二届全国人民代表大会常务委员会第三十次会议修订通过，自2018年1月1日起施行；2019年4月23日第十三届全国人民代表大会常务委员会第十次会议修正。

（二）反不正当竞争法的基本原则

《反不正当竞争法》第二条第一款规定，经营者在生产经营活动中，应当遵循自愿、平等、公平、诚信的原则，遵守法律和商业道德。这既是《反不正当竞争法》的基本原则，也是经营者在市场经济活动中应遵循的基本准则。

1. 自愿原则

在市场经济活动过程中，经营者依法有权决定是否参与竞争，参加何种竞争，其他任何主体都无权进行干涉。任何经营者都不得强迫、胁迫、利诱对方与自己进行交易或不与对方进行交易。

2. 平等原则

经营者在竞争中的法律地位是平等的，竞争机会是均等的。无论经营者的财产多少、规模大小、实力强弱，他们都平等地享有权利、承担义务，不允许以大欺小、以强凌弱、以富压贫进行竞争。

3. 公平原则

竞争者应当公开地用正当竞争手段进行竞争，不允许欺诈和恶意串通。在市场交易关系中，交易双方的权利和义务都是平等的。此外，要求经营者的正常经营活动和其他合法权益不受任何不正当行为妨害。

4. 诚信原则

任何一方竞争者应当诚实、讲信用，以公开合法的手段进行竞争，不能进行幕后交易，也不能以大欺小、以强凌弱，利用自己的竞争优势损害竞争对手的利益。

5. 遵守法律和商业道德原则

经营者参与市场竞争活动应当自觉遵守法律的规定。经营者参与市场竞争的动机应是正当的，任何一方竞争者应当出于正当的商业动机去进行各种经济活动，以符合商业道德的手段实现自己的经济目的。

三、不正当竞争行为种类

（一）混淆行为

混淆行为是指经营者采取欺骗手段从事交易，使自己的商品或者服务与竞争对手的商品或者服务相混淆，造成或者足以造成购买者误认、误购的不正当竞争行为。《反不正当竞争法》第六条规定，经营者不得实施下列混淆行为，引人误认为是他人商品或者与他人存在特定联系：

（1）擅自使用与他人有一定影响的商品名称、包装、装潢等相同或者近似的标识。

（2）擅自使用他人有一定影响的企业名称（包括简称、字号等）、社会组织名称（包括简称等）、姓名（包括笔名、艺名、译名等）。

（3）擅自使用他人有一定影响的域名主体部分、网站名称、网页等。

（4）其他足以引人误认为是他人商品或者与他人存在特定联系的混淆行为。

1. 侵犯知名商品特有权

擅自使用知名商品特有的名称、包装、装潢，或者使用与知名商品近似的名称、包装、装潢，造成和他人的知名商品相混淆，使购买者误认为是该知名商品。其构成要素包括：①为知名商品；②被仿冒的商品名称、包装、装潢为知名商品所特有；③经营者的手段必须是擅自做相同或者近似的使用；④经营者行为上能引起购买者误认，"造成和他人知名商品相混淆"。

2. 名称混同

擅自使用他人的企业名称或姓名，引人误以为是他人的产品。其构成要素包括：①被冒用的对象是他人的企业名称或者姓名；②未经许可；③导致人们对商品或服务来源误认后果（不要求实际后果）。

案例分析

2018年1月2日，江苏省无锡市梁溪区市场监管局接到劲牌有限公司举报称，江苏某食品有限公司委托上海××酿酒有限公司生产的××牌增力酒外包装与其产品劲牌中国劲酒相近似，并提供了举报材料及商品实物。经查，当事人于2017年下半年与上海××酿酒有限公司保健酒厂达成口头委托生产协议，委托该保健酒厂生产××牌增力酒，具体生产根据当事人的订单安排。根据协议，当事人负责产品包装设计，保健酒厂负责××牌增力酒配方设计、原材料采购和生产。当事人委托他人生产并自行经销的××牌增力酒和劲牌有限公司的劲牌中国劲酒在外观包装上十分近似，不仅损害了劲牌有限公司的合法权益，也误导了消费者。

问题：该食品有限公司的行为是否构成不正当竞争行为？如果构成，构成何种不正当竞争行为？应当承担怎样的法律责任？

分析：该食品有限公司的行为构成不正当竞争行为，其上述行为违反了《反不正当竞争法》第六条第（一）项的规定，属实施混淆行为。根据《反不正当竞争法》第十八条之规定，江苏省无锡市梁溪区市场监管局对该食品有限公司作出了罚款20万元的行政处罚。

（二）商业贿赂行为

商业贿赂行为是指经营者为推销购买商品采用财物或者其他手段行贿受贿来获取交易机会或者商业优势的行为。其实质是损害了竞争对手，扰乱了社会正常的竞争秩序。《反不正当竞争法》第七条规定，经营者不得采用财物或者其他手段贿赂下列单位或者个人，以谋取交易机会或者竞争优势：①交易相对方的工作人员；②受交易相对方委托办理相关事务的单位或者个人；③利用职权或者影响力影响交易的单位或者个人。

经营者在交易活动中，可以以明示方式向交易相对方支付折扣，或者向中间人支付佣金。经营者向交易相对方支付折扣、向中间人支付佣金的，应当如实入账。接受折扣、佣金的经营者也应当如实入账。经营者的工作人员进行贿赂的，应当认定为经营者的行为；但是，经营者有证据证明该工作人员的行为与为经营者谋取交易机会或者竞争优势无关的除外。

案例分析

折扣、佣金的法律性质

某市 A 机械厂 2019 年 1 月经介绍人刘某介绍，向 B 铸造厂订制车床主构架 100 套，单价 3 万元，总价款为 300 万元。B 厂为争取今后的业务发展，与 A 厂厂长协商一致，在订货合同上订明：B 厂给予 A 厂 10% 的优惠。2019 年 7 月 15 日，B 厂依照合同履行义务，发货至 A 厂；A 厂依照合同通过银行转账支付了 270 万元货款，B 厂将其作为营业收入入账。为酬谢介绍人，B 厂付给刘某"好处费"2 000 元；A 厂向刘某支付"介绍费"1 000 元。两厂又分别将"好处费""介绍费"支出入账，并代为扣缴了刘某的个人所得税。

问题：

（1）B 厂与 A 厂的"优惠"约定属什么性质，是否属于不当竞争行为？为什么？

（2）两厂向刘某支付"好处费""介绍费"属于什么性质，是否属于不正当竞争行为？为什么？

分析：

（1）B 厂与 A 厂的"优惠"约定属于折扣，不属于不正当竞争行为。因为 B 厂将 10% 的优惠作为营业收入的抵减项如实入账。

（2）两厂向刘某支付的"好处费""介绍费"属于佣金，也不属于不正当竞争行为。因为两厂分别将"好处费""介绍费"支出如实入账，并代为扣缴了刘某的个人所得税。

（三）虚假宣传、虚假交易行为

《反不正当竞争法》第八条规定，经营者不得对其商品的性能、功能、质量、销售状况、用户评价、曾获荣誉等作虚假或者引人误解的商业宣传，欺骗、误导消费者。经营者不得通过组织虚假交易等方式，帮助其他经营者进行虚假或者引人误解的商业宣传。

虚假广告宣传行为是指经营者利用广告或者其他方法，对商品的质量、制作成分、性能、用途、生产者、有效期限、产地等作引人误解的虚假宣传，诱发消费者产生误购的行为。其本质是引人误解，宣传内容使消费者产生错误联想而作出错误决策。引人误解的虚假宣传与虚假的商品标志行为有共同的本质，都属于欺骗性交易行为。所不同的是，引人误解的虚假宣传主要利用广告和其他方式。这里的广告指商业广告，其特点包括：①主体是商品经营者和服务提供者；②广告主必须承担费用；③通过一定媒体及形式表现出来；④广告内容是直接或间接地推销、介绍商品服务。其他方式，如雇佣他人进行销售诱导。虚假广告宣传行为不包括在商品上宣传，在商品上的误导宣传是假冒。

案例分析

2018 年 6 月，浙江省杭州市余杭区市场监督管理局收到举报称，M 网站存在帮助电商刷单的行为。经过前期细致的摸排和精心的准备，杭州市余杭区市场监管局于 2018 年 7 月 10 日对涉案公司开展执法行动，一举查实杭州某科技有限公司组织第三方交易平台的商家，以商品免费试用的名义进行虚假交易，进而提升商品交易量的违法事实。经查，当事人开发了 M 网站平台，2017 年 10 月以商品免费试用平台名义上线运营，对外宣传通过免费试用可以帮助电商提高店铺信誉，以此吸引商家和用户使用该平台。在商品试用过程中，当事人通过设置试用条件、流程等方式，引导用户前往商家店铺购买试用商品，下单后商家发货给用户另一商品（多数为低价值的赠品），即"拍A发B"的交易模式。交易完成后，商家通过M网站平台将购买试用商品的货款返还给用户。截至7月10日被查处，共有3495家电商通过M网站平台进行商品试用42107次，其中虚假交易式的商品试用17453次，在第三方交易平台产生虚假交易记录63万条。当事人通过M网站平台共收取商家会员费、服务费等费用近1800万元，获利超800万元。

　　问题：M网站的行为构成哪种不正当竞争行为？该承担怎样的法律责任？

　　分析：当事人开发运营M网站平台，帮助提高店铺信誉，吸引商家使用该平台，同时指导、协助、审核商家的虚假交易式的商品试用行为，属《反不正当竞争法》第八条第二款的组织虚假交易的行为。根据《反不正当竞争法》第二十条第一款之规定，由浙江省杭州市余杭区市场监督管理局责令当事人停止上述违法行为，并处150万元罚款。

（四）侵犯商业秘密行为

1．商业秘密的概念

　　商业秘密是指不为公众所知悉、具有商业价值并经权利人采取相应保密措施的技术信息、经营信息等商业信息，例如设计、程序、产品配方、制作工艺、制作方法、客户名单、产品策略、招投标中的标底及标书内容等技术信息、经营信息。商业秘密具有秘密性、价值性和保密性等特点。

2．侵犯商业秘密的行为表现

　　《反不正当竞争法》第九条规定，经营者不得实施下列侵犯商业秘密的行为：

　　（1）以盗窃、贿赂、欺诈、胁迫、电子侵入或者其他不正当手段获取权利人的商业秘密。

　　（2）披露、使用或者允许他人使用以前项手段获取的权利人的商业秘密。

　　（3）违反保密义务或者违反权利人有关保守商业秘密的要求，披露、使用或者允许他人使用其所掌握的商业秘密。

　　（4）教唆、引诱、帮助他人违反保密义务或者违反权利人有关保守商业秘密的要求，获取、披露、使用或者允许他人使用权利人的商业秘密。

　　经营者以外的其他自然人、法人和非法人组织实施前款所列违法行为的，视为侵犯商业秘密。

　　第三人明知或者应知商业秘密权利人的员工、前员工或者其他单位、个人实施侵犯商业秘密违法行为，仍获取、披露、使用或者允许他人使用该商业秘密的，视为侵犯商业秘密。

3．侵犯商业秘密的民事诉讼举证

　　《反不正当竞争法》第三十二条规定，在侵犯商业秘密的民事审判程序中，商业秘密权利人提供初步证据，证明其已经对所主张的商业秘密采取保密措施，且合理表明商业秘密被侵犯，涉嫌侵权人应当证明权利人所主张的商业秘密不属于反不正当竞争法规定的商业秘密。商业秘密权利人提供初步证据合理表明商业秘密被侵犯，且提供以下证据之一的，涉嫌侵权人应当证明其不存在侵犯商业秘密的行为：

　　（1）有证据表明涉嫌侵权人有渠道或者机会获取商业秘密，且其使用的信息与该商业秘密实质上相同。

　　（2）有证据表明商业秘密已经被涉嫌侵权人披露、使用或者有被披露、使用的风险。

（3）有其他证据表明商业秘密被涉嫌侵权人侵犯。

（五）不正当有奖销售行为

不正当有奖销售行为是指经营者违反法律规定而进行的不正当的有奖销售行为。有奖销售是经营者的一种促销手段，是经营者以提供物品、金钱等作为奖励，刺激消费者购买商品或接受服务的行为。正当的有奖销售，可以起到活跃市场、促进公平竞争的积极作用，是法律允许的。不正当的有奖销售，不仅会损害其他经营者的合法权益、损害消费者的合法权益，而且会破坏竞争秩序。

《反不正当竞争法》第十条规定，经营者进行有奖销售不得存在下列情形：

（1）所设奖的种类、兑奖条件、奖金金额或者奖品等有奖销售信息不明确，影响兑奖。

（2）采用谎称有奖或者故意让内定人员中奖的欺骗方式进行有奖销售。

（3）抽奖式的有奖销售，最高奖的金额超过 5 万元。

（六）商业诽谤行为

商业诽谤行为是指经营者编造、传播虚假信息或者误导性信息，损害竞争对手的商业信誉、商品声誉的行为。商业信誉和商业声誉往往是经过经营者的长期努力取得的，诋毁竞争对手的商业信誉和商业声誉行为是对其他经营者的不正当竞争行为。商业诽谤的特点包括：①散布内容凭空编造，是虚假不实的信息（如果是真实客观信息，则不构成诽谤）；②将编造虚伪信息以各种方式散布，如利用虚假广告贬低他人商业信誉和商业声誉，利用新闻发布会、广播电视散布不实消息，伪装投诉，达到诋毁商业信誉的目的；③诋毁对象是竞争对手，特别是同业竞争对手。

（七）利用技术手段实施不正当竞争行为

《反不正当竞争法》第十二条规定，经营者利用网络从事生产经营活动，应当遵守反不正当竞争法的各项规定。经营者不得利用技术手段，通过影响用户选择或者其他方式，实施下列妨碍、破坏其他经营者合法提供的网络产品或者服务正常运行的行为：

（1）未经其他经营者同意，在其合法提供的网络产品或者服务中，插入链接、强制进行目标跳转。

（2）误导、欺骗、强迫用户修改、关闭、卸载其他经营者合法提供的网络产品或者服务。

（3）恶意对其他经营者合法提供的网络产品或者服务实施不兼容。

（4）其他妨碍、破坏其他经营者合法提供的网络产品或者服务正常运行的行为。

四、不正当竞争行为的法律责任

不正当竞争行为的法律责任包括民事责任、行政责任和刑事责任。

（一）民事责任

民事责任主要是民事损害赔偿责任。经营者违反《反不正当竞争法》规定，给他人造成损害的，应当依法承担民事责任，即损害赔偿责任。经营者的合法权益受到不正当竞争行为损害的，可以向人民法院提起诉讼。因不正当竞争行为受到损害的经营者的赔偿数额，按照其因被侵权所受到的实际损失确定；实际损失难以计算的，按照侵权人因侵权所获得的利益确定。赔偿数额还应当包括经营者为制止侵权行为所支付的合理开支。

经营者恶意实施侵犯商业秘密行为,情节严重的,可以在按照上述方法确定数额的1倍以上5倍以下确定赔偿数额。

经营者实施混淆行为或者侵犯商业秘密行为,权利人因被侵权所受到的实际损失、侵权人因侵权所获得的利益难以确定的,由人民法院根据侵权行为的情节判决给予权利人500万元以下的赔偿。

(二)行政责任

对实施不正当竞争行为的经营者,由工商行政管理部门或者法律、行政法规规定的其他监督检查部门进行行政处罚。

(1)经营者实施混淆行为的,由监督检查部门责令停止违法行为,没收违法商品。违法经营额5万元以上的,可以并处违法经营额5倍以下的罚款;没有违法经营额或者违法经营额不足5万元的,可以并处25万元以下的罚款。情节严重的,吊销营业执照。经营者登记的企业名称违反《反不正当竞争法》第六条规定的,应当及时办理名称变更登记;名称变更前,由原企业登记机关以统一社会信用代码代替其名称。

(2)经营者在市场交易中采用财物或者其他手段贿赂他人的,由监督检查部门没收违法所得,处10万元以上300万元以下的罚款。情节严重的,吊销营业执照。

(3)经营者对其商品作虚假或者引人误解的商业宣传,或者通过组织虚假交易等方式帮助其他经营者进行虚假或者引人误解的商业宣传的,由监督检查部门责令停止违法行为,处20万元以上100万元以下的罚款;情节严重的,处100万元以上200万元以下的罚款,可以吊销营业执照。属于发布虚假广告的,依照《中华人民共和国广告法》的规定处罚。

(4)经营者以及其他自然人、法人和非法人组织侵犯他人商业秘密的,由监督检查部门责令停止违法行为,没收违法所得,处10万元以上100万元以下的罚款;情节严重的,处50万元以上500万元以下的罚款。

(5)经营者违法进行有奖销售的,由监督检查部门责令停止违法行为,处5万元以上50万元以下的罚款。

(6)经营者违法损害竞争对手商业信誉、商品声誉的,由监督检查部门责令停止违法行为、消除影响,处10万元以上50万元以下的罚款;情节严重的,处50万元以上300万元以下的罚款。

(7)经营者违法妨碍、破坏其他经营者合法提供的网络产品或者服务正常运行的,由监督检查部门责令停止违法行为,处10万元以上50万元以下的罚款;情节严重的,处50万元以上300万元以下的罚款。

(8)经营者违法从事不正当竞争,有主动消除或者减轻违法行为危害后果等法定情形的,依法从轻或者减轻行政处罚;违法行为轻微并及时纠正,没有造成危害后果的,不予行政处罚。妨害监督检查部门依照本法履行职责,拒绝、阻碍调查的,由监督检查部门责令改正,对个人可以处5000元以下的罚款,对单位可以处5万元以下的罚款,并可以由公安机关依法给予治安管理处罚。

(三)刑事责任

经营者违反《反不正当竞争法》规定,构成犯罪的,依法追究刑事责任。

单元二　产品质量法

一、产品质量法的概念

产品质量法是指调整产品质量监督关系和产品质量责任关系的法律规范的总称。1993 年 2 月 22 日第七届全国人民代表大会常务委员会第三十次会议通过了《中华人民共和国产品质量法》（以下简称《产品质量法》）。此后，《产品质量法》分别于 2000 年、2009 年、2018 年进行了三次修正。

《产品质量法》第二条规定："在中华人民共和国境内从事产品生产、销售活动，必须遵守本法。本法所称产品是指经过加工、制作，用于销售的产品。建设工程不适用本法规定；但是，建设工程使用的建筑材料、建筑构配件和设备，属于前款规定的产品范围的，适用本法规定。生产者、销售者应当建立健全内部产品质量管理制度，严格实施岗位质量规范、质量责任以及相应的考核办法。"

这就为产品的含义作了如下界定：①必须是经过加工、制作的产品；②必须是用于销售的产品；③建设工程不适用《产品质量法》的规定，但是建设工程使用的建筑材料、建筑构配件和设备，受《产品质量法》的调整。

二、产品质量的监督管理

（一）产品质量监督管理体制

产品质量监督管理是指国家技术监督行政部门以及地方技术监督行政部门依据法定的行政权力，以实现国家职能为目的，对产品质量进行的管理活动。

根据《产品质量法》第八条规定，国务院市场监督管理部门主管全国产品质量监督工作。国务院有关部门在各自的职责范围内负责产品质量监督工作。县级以上地方市场监督管理部门主管本行政区域内的产品质量监督工作。县级以上地方人民政府有关部门在各自的职责范围内负责产品质量监督工作。法律对产品质量的监督部门另有规定的，依照有关法律的规定执行。

（二）产品质量监督管理的主要制度

1．产品质量检验制度

产品质量应当检验合格，不得以不合格产品冒充合格产品。

2．产品质量标准制度

我国产品质量检验实行标准化制度，现行产品质量的标准形式分为国家标准（GB）、行业标准（HB）、地方标准（DB）、企业标准（QB）。可能危及人体健康和人身、财产安全的工业产品，必须符合保障人体健康和人身、财产安全的国家标准、行业标准；未制定国家标准、行业标准的，必须符合保障人体健康和人身、财产安全的要求。禁止生产、销售不符合保障人体健康和人身、财产安全的标准和要求的工业产品。

3．企业质量体系认证制度

企业质量体系认证是指按照国家质量管理和质量保证体系标准，经过认证机构对企业质量体系的检查和确认并通过颁发认证证书，证明企业质量保证能够符合相应要求的活动。国家根据国际通用的质量管理标准，推行企业质量体系认证制度。《产品质量法》第十四条规定，企业根据自愿原则可以向国务院市场监督管理部门认可的或者国务院市场监督管理部门授权的部门认可的认证机构申请企业质量体系认证。经认证合格的，由认证机构颁发企业质量体系认证证书。经过质量体系认证的企业，在申请生产许可证、产品质量认证及申请其他质量认证时可免于质量体系审查。国际通用的质量标准为国际标准化组织（ISO）推行的ISO9000（质量标准）系列标准和ISO14000（环境标准）系列标准。

4．产品质量认证制度

产品质量认证是指按照产品标准和相应的技术要求，经认证机构确认并通过颁发认证证书标志来证明某一产品符合相应标准的活动。国家参照国际先进的产品标准和技术要求，推行产品质量认证制度。企业根据自愿原则可以向国务院市场监督管理部门认可的或者国务院市场监督管理部门授权的部门认可的认证机构申请产品质量认证。经认证合格的，由认证机构颁发产品质量认证证书，准许企业在产品或者其包装上使用产品质量认证标志（例如真皮标志、纯毛标志等）。

产品质量认证一般分为安全认证（多为强制性认证）和合格认证。凡是属于法律规定的强制性产品认证范围内的产品必须经国家指定的认证机构认证，符合相关标准和技术法规，取得认证证书并加施认证标志后，才能出厂、销售、进口或者在经营服务场所使用。我国的强制性产品认证使用统一的标志，即"CCC"认证标志，简称3C认证。

5．产品质量监督检查制度

产品质量监督检查是国家、社会对产品质量进行监督和检查的一种制度，它包括检查、检验和监督三个方面的内容。《产品质量法》第十五条规定，国家对产品质量实行以抽查为主要方式的监督检查制度，对可能危及人体健康和人身、财产安全的产品，影响国计民生的重要工业产品以及消费者、有关组织反映有质量问题的产品进行抽查。根据监督检查的需要，可以对产品进行检验。《产品质量法》第二十二条规定，消费者有权就产品质量问题，向产品的生产者、销售者查询；向市场监督管理部门及有关部门申诉，接受申诉的部门应当负责处理。

三、产品质量责任和义务

（一）生产者的产品质量责任和义务

1．生产者应当对其生产的产品质量负责

《产品质量法》第二十六条规定，生产者应当对其生产的产品质量负责，产品质量应当符合下列要求：

（1）不存在危及人身、财产安全的不合理的危险，有保障人体健康和人身、财产安全的国家标准、行业标准的，应当符合该标准。

（2）具备产品应当具备的使用性能，但是对产品存在使用性能的瑕疵作出说明的除外。

（3）符合在产品或者其包装上注明采用的产品标准，符合以产品说明、实物样品等方式表明的质量状况。

2．产品或者其包装上的标识必须真实

《产品质量法》第二十七条规定，产品或者其包装上的标识必须真实，并符合下列要求：

（1）有产品质量检验合格证明。

（2）有中文标明的产品名称、生产厂厂名和厂址。

（3）根据产品的特点和使用要求，需要标明产品规格、等级、所含主要成分的名称和含量的，用中文相应予以标明；需要事先让消费者知晓的，应当在外包装上标明，或者预先向消费者提供有关资料。

（4）限期使用的产品，应当在显著位置清晰地标明生产日期和安全使用期或者失效日期。

（5）使用不当，容易造成产品本身损坏或者可能危及人身、财产安全的产品，应当有警示标志或者中文警示说明。

裸装的食品和其他根据产品的特点难以附加标识的裸装产品，可以不附加产品标识。

另外，《产品质量法》第二十八条规定，易碎、易燃、易爆、有毒、有腐蚀性、有放射性等危险物品以及储运中不能倒置和其他有特殊要求的产品，其包装质量必须符合相应要求，依照国家有关规定作出警示标志或者中文警示说明，标明储运注意事项。

小资料　　　　　　　　　　**产品及产品包装的 9 种标识**

根据国家有关法律法规的规定，产品或产品包装上的标识应有以下 9 种：①产品要有检验合格证；②有中文标明的产品名称、厂名和厂址。进口产品在国内市场销售，也必须有中文标志；③根据产品的特点和使用要求，需要表明产品规格、等级、所含主要成分的名称和含量的，也应当用中文予以标明；④限期使用的产品应标明生产日期和失效期，包装食品一般都应标明生产日期、保质期或保存期；⑤对于容易造成产品本身损坏或者可能危及人身、财产安全的产品要有警示标志或中文警示说明；⑥已被工商部门批准注册的商标，其标志为"R"或者"注"；⑦已被专利部门授予专利的，可在产品上注明；⑧生产企业应在产品或其包装上注明所执行标准的代号、编号、名称；⑨已取得国家有关质量认证的产品，可在产品或包装上使用相应的安全或合格认证标志。

3．不得违反《产品质量法》的禁止性规定

（1）生产者不得生产国家明令淘汰的产品。

（2）生产者不得伪造产地，不得伪造或者冒用他人的厂名、厂址。

（3）生产者不得伪造或者冒用认证标志等质量标志。

（4）生产者生产产品，不得掺杂、掺假，不得以假充真、以次充好，不得以不合格产品冒充合格产品。

（二）销售者的产品质量责任和义务

1．销售者必须实施的行为

（1）销售者应当建立并执行进货检查验收制度，验明产品合格证明和其他标识。

（2）销售者应当采取措施，保持销售产品的质量。

（3）销售者销售的产品的标识应当符合上述有关对生产者生产的产品或其包装上的标识的要求。

2. 销售者不得实施的行为

（1）销售者不得销售国家明令淘汰并停止销售的产品以及失效、变质的产品。

（2）销售者不得伪造产地，不得伪造或者冒用他人的厂名、厂址。

（3）销售者不得伪造或者冒用认证标志等质量标志。

（4）销售者销售产品，不得掺杂、掺假，不得以假充真、以次充好，不得以不合格产品冒充合格产品。

四、违反产品质量法的法律责任

生产者、销售者违反《产品质量法》及其他法律、法规规定的产品质量责任和义务时须承担相应的法律责任，主要包括民事责任、行政责任和刑事责任。

（一）民事责任

民事责任是指民事法律关系主体违反民事义务所应当承担的法律后果。《产品质量法》中的民事责任可分为产品瑕疵担保责任（违约责任）和产品缺陷损害赔偿责任（侵权责任）。

1. 产品瑕疵担保责任

产品瑕疵担保责任是一种由合同关系引起的责任，它是指在产品买卖关系中，一方当事人为了全面履行买卖关系中所承担的义务，向对方当事人作出明示或默示的保证，按照这种保证，如果产品存在瑕疵，保证方应当承担由此而引起的法律后果。明示担保是指卖方证明其产品符合规定标准的说明、广告或标签；默示担保是指依据法律规定产生的，卖方必须对产品应当具有的性能或特定产品的适用性进行无条件担保。根据《产品质量法》第四十条的规定，售出的产品有下列情形之一的，销售者应当负责修理、更换、退货；给购买产品的消费者造成损失的，销售者应当赔偿损失：

（1）不具备产品应当具备的使用性能而事先未作说明的。

（2）不符合在产品或者其包装上注明采用的产品标准的。

（3）不符合以产品说明、实物样品等方式表明的质量状况的。

销售者依照上述规定负责修理、更换、退货、赔偿损失后，属于生产者的责任或者属于向销售者提供产品的其他销售者（即供货者）的责任的，销售者有权向生产者、供货者追偿。

销售者未按上述规定给予修理、更换、退货或者赔偿损失的，由市场监督管理部门责令改正。生产者之间、销售者之间、生产者与销售者之间订立的买卖合同、承揽合同有不同约定的，合同当事人按照合同约定执行。

2. 产品缺陷损害赔偿责任

产品缺陷损害赔偿责任（以下简称产品责任）是指生产者和销售者提供的产品本身不符合法规、标准以及合同质量的要求，给用户和消费者造成损失的，应当承担赔偿责任。产品责任是一种特殊的侵权责任，其成立必须具备下列条件：

（1）产品本身有缺陷。产品有缺陷（瑕疵）一般是指产品质量不符合国家有关法规的规定、质量标准以及合同约定的对产品适用、安全和其他特性的要求。一般可将产品的质量缺陷分为：①设计上的缺陷，即产品本身在结构、功能上的缺陷；②制造上的缺陷，即生产或装配时的工艺流程或者操作规程处理不当；③指示上的缺陷，即对产品的性能、使用方法未作正确的指示说明，对产品的潜在危害性未作必要的警告；④发展上的缺陷，即产品的制造虽已符合当时科学技术标准，但受当时科技水平的限制，仍不免存在的缺陷。因前三种产品质量缺陷造成损害的，应发生产品责任。第四种缺陷，按我国《产品质量法》规定不负责任。

（2）生产者与销售者有提供缺陷产品的行为。生产者与销售者提供的产品本身不符合法规、标准以及合同质量的要求，没有履行或没有适当履行向消费者"告知"义务。

（3）存在着造成他人损害的事实。这里的损害，不是指产品本身的损害，而是指产品造成了他人的人身伤害、死亡或财产损失。这种损害是合同权利以外的损害。例如，食品变质造成食用者中毒，电视机爆炸炸伤收视者等。他人是指任何受到伤害的人，可以是自然人、法人，可以是购买人、使用人，甚至是旁观者、过路人，也不管受害人与产销者之间是否存在合同关系。

（4）损害的事实与提供缺陷产品的行为之间有因果关系。所谓因果关系，是指损害是由提供有缺陷产品的行为直接造成的，即损害是由于产品自身的原因所致，而不是由于他人把产品作为实施侵权的工具造成的。

《民法典》第一千二百零五条、第一千二百零六条、第一千二百零七条规定，因产品缺陷危及他人人身、财产安全的，被侵权人有权请求生产者、销售者承担停止侵害、排除妨碍、消除危险等侵权责任。产品投入流通后发现存在缺陷的，生产者、销售者应当及时采取停止销售、警示、召回等补救措施；未及时采取补救措施或者补救措施不力造成损害扩大的，对扩大的损害也应当承担侵权责任。依据前款规定采取召回措施的，生产者、销售者应当负担被侵权人因此支出的必要费用。明知产品存在缺陷仍然生产、销售，或者没有依据前条规定采取有效补救措施，造成他人死亡或者健康严重损害的，被侵权人有权请求相应的惩罚性赔偿。

《产品质量法》第四十四条规定，因产品存在缺陷造成受害人人身伤害的，侵害人应当赔偿医疗费、治疗期间的护理费、因误工减少的收入等费用；造成残疾的，还应当支付残疾者生活自助具费、生活补助费、残疾赔偿金以及由其扶养的人所必需的生活费等费用；造成受害人死亡的，并应当支付丧葬费、死亡赔偿金以及由死者生前扶养的人所必需的生活费等费用。因产品存在缺陷造成受害人财产损失的，侵害人应当恢复原状或者折价赔偿。受害人因此遭受其他重大损失的，侵害人应当赔偿损失。

3．产品责任的归责原则

产品责任的归责原则是指生产者、销售者、第三人就产品缺陷所致的损害应承担何种形式的责任，它是确定缺陷产品生产者、销售者、第三人民事责任的依据和标准。我国《民法典》和《产品质量法》对生产者适用严格责任原则，对销售者适用过错责任原则，对第三人适用过错责任原则。

（1）生产者承担严格责任指的是只要产品存在缺陷，产品缺陷造成了损害的事实，则该产品的生产者就要承担产品责任。《民法典》第一千二百零二条规定，因产品存在缺陷造成他人损害的，生产者应当承担侵权责任。《产品质量法》第四十一条规定，因产品存在缺陷造成人身、缺陷产品以外的其他财产（以下简称他人财产）损害的，生产者应当承担赔偿责任。

（2）销售者承担过错责任指的是销售者只有在因自己的过错致使产品存在缺陷，造成他人人身、财产损害时，销售者才承担赔偿责任。《民法典》第一千二百零三条规定，因产品存在缺陷造成他人损害的，被侵权人可以向产品的生产者请求赔偿，也可以向产品的销售者请求赔偿。产品缺陷由生产者造成的，销售者赔偿后，有权向生产者追偿。因销售者的过错使产品存在缺陷的，生产者赔偿后，有权向销售者追偿。《产品质量法》第四十二条规定，由于销售者的过错使产品存在缺陷，造成他人、人身财产损害的，销售者应当承担赔偿责任。但销售者不能指明缺陷产品的生产者也不能指明缺陷产品的供货者的，销售者也应当承担赔偿责任。

（3）第三人承担过错责任。《民法典》第一千二百零四条规定，因运输者、仓储者等第三人的过错使产品存在缺陷，造成他人损害的，产品的生产者、销售者赔偿后，有权向第三人追偿。

4．产品责任的免责事由

如果生产者能够证明有下列情形之一的，不承担赔偿责任：

（1）未将产品投入流通的。

（2）产品投入流通时，引起损害的缺陷尚不存在的。

（3）将产品投入流通时的科学技术水平尚不能发现缺陷的存在的。

5．产品责任时效

（1）诉讼时效。《产品质量法》第四十五条规定，因产品存在缺陷造成损害要求赔偿的诉讼时效期间为2年，自当事人知道或者应当知道其权益受到损害时起计算。

（2）请求权时效。《产品质量法》第四十五条规定，因产品存在缺陷造成损害要求赔偿的请求权，在造成损害的缺陷产品交付最初消费者满10年丧失；但是，尚未超过明示的安全使用期的除外。

（二）行政责任

行政责任是指有关的行政主管机关依法对生产者、销售者及其直接责任者的违法行为所作出的处罚决定。行政处罚的方式有：责令停止生产、销售，没收违法生产、销售的产品，没收违法所得，罚款，吊销营业执照等。产品质量行政责任的"客体"包括瑕疵产品、缺陷产品以及违反产品质量标准和违反产品质量监督管理法律、法规的行为。产品质量行政责任由市场监督管理部门追究和制裁。

产品质量行政责任只适用过错责任原则。根据《产品质量法》第五章"罚则"的规定，下列行为应当承担行政责任：

（1）生产、销售不符合国家标准、行业标准的产品。

（2）生产、销售伪劣产品。

（3）生产国家明令淘汰的产品。

（4）销售失效、变质的产品。

（5）生产者、销售者伪造产品产地。

（6）产品标识不符合法律规定。

（7）伪造检验数据或结论。

（三）刑事责任

刑事责任是指司法机关对违反产品质量责任和义务并触犯刑法构成犯罪的生产者、销售者以及在产品质量监督管理过程中的其他犯罪嫌疑人，按照刑法规定强制其承担的法律后果。

1. 生产者、销售者的刑事责任

根据《产品质量法》的规定，生产者、销售者有下列行为之一，情节严重，构成犯罪的，依法追究刑事责任：

（1）生产、销售不符合保障人体健康和人身、财产安全的国家标准、行业标准的产品。

（2）生产者、销售者在产品中掺杂、掺假，以次充好，或者以不合格产品冒充合格产品。

（3）销售变质、失效的产品。

2. 国家工作人员的刑事责任

根据《产品质量法》的规定，各级人民政府工作人员和其他国家机关工作人员有下列情形之一，构成犯罪的，依法追究刑事责任：

（1）包庇、放纵产品生产、销售中违反《产品质量法》规定行为的。

（2）向从事违反《产品质量法》规定的生产、销售活动的当事人通风报信，帮助其逃避查处的。

（3）阻挠、干预市场监督管理部门依法对产品生产、销售中违反《产品质量法》规定的行为进行查处，造成严重后果的。

（4）市场监督管理部门的工作人员滥用职权、玩忽职守、徇私舞弊，构成犯罪的。

（5）产品质量检验机构、认证机构伪造检验结果或者出具虚假证明的。

另外，根据《产品质量法》第六十九条规定，以暴力、威胁方法阻碍市场监督管理部门的工作人员依法执行职务的，依法追究刑事责任；拒绝、阻碍未使用暴力、威胁方法的，由公安机关依照治安管理处罚法的规定处罚。

案例分析

李某从乐乐超市购买某品牌大米一袋，买回家打开包装时发现大米已发黑变质，经卫生检验部门鉴定，一整袋大米均属于不合格产品。

问题：

（1）大米是否属于必须符合国家标准或行业标准的产品？

（2）对于销售不符合保障人体健康和人身、财产安全标准的产品该如何处理？

分析：

（1）《产品质量法》第十三条规定，可能危及人体健康和人身、财产安全的工业产品，必须符合保障人体健康和人身、财产安全的国家标准、行业标准；未制定国家标准、行业标准的，必须符合保障人体健康和人身、财产安全的要求。禁止生产、销售不符合保障人体健康和人身、财产安全的标准和要求的工业产品。本案例中，大米为必须符合国家标准或行业标准的产品。

（2）《产品质量法》第四十九条规定，生产、销售不符合保障人体健康和人身、财产安全的国家标准、行业标准的产品的，责令停止生产、销售，没收违法生产、销售的产品，并处违法生产、销售产品（包括已售出和未售出的产品，下同）货值金额等值以上3倍以下的罚款；有违法所得的，并处没收违法所得；情节严重的，吊销营业执照；构成犯罪的，依法追究刑事责任。本案依照该条款处理。

单元三　消费者权益保护法

一、消费者的概念与法律特征

（一）消费者的概念

《中华人民共和国消费者权益保护法》（以下简称《消费者权益保护法》）第二条规定，消费者为生活消费需要购买、使用商品或者接受服务，其权益受本法保护；该法未作规定的，受其他有关法律、法规保护。第六十二条规定，农民购买、使用直接用于农业生产的生产资料，参照该法执行。因此，我国立法中的"消费者"主要是指为生活消费需要而购买、使用商品或者接受服务的自然人。

（二）消费者的法律特征

（1）消费者是进行生活消费的主体。生活消费是指人们为了满足物质和文化生活需要而消费物质产品或劳务服务的行为。

（2）消费者消费的客体是商品和服务。但是，法律禁止购买、使用的商品和禁止接受的服务，不属于消费者权益保护法规定的商品和服务。

（3）消费者消费的方式包括购买、使用商品和接受服务。

> **小资料**　消费者权利是在消费者运动基础上产生的。最初进入发达的商品经济社会时，消费者因为经济能力微弱，欠缺商品知识且缺乏组织，而沦为被剥削之弱者。基于"消费者是弱者"的认识，人们进一步提出了"消费者主权"和"消费者权利"的主张。1962 年 3 月 15 日，美国总统肯尼迪向国会提出《关于消费者利益的国情咨文》，其中表达了四项消费者权利：①安全的权利；②了解的权利；③选择的权利；④意见被尊重的权利。由于咨文首次发表消费者权利思想，对消费者运动具有重大意义，因而国际消费者组织将 3 月 15 日定为"世界消费者权益日"。这四项权利立即传遍世界，得到消费者的普遍赞同，并成为各国消费者组织的奋斗目标，后经补充增加了第五项权利，即损害救济权。上述五项权利被认为是消费者的五项人权。

二、消费者权益保护法的概念与适用范围

（一）消费者权益保护法的概念

消费者权益保护法是指调整在消费者权益保护过程中所发生的社会关系的法律规范的总称。我国《消费者权益保护法》于 1993 年 10 月 31 日第八届全国人民代表大会常务委员会第四次会议通过，自 1994 年 1 月 1 日起施行。此后，《消费者权益保护法》分别于 2009 年、2013 年进行了两次修正。2013 年修正的《消费者权益保护法》自 2014 年 3 月 15 日施行。此外，我国还制定了《反不正当竞争法》《产品质量法》《商标法》《食品卫生法》《广告法》以及其他涉及消费者权益保护的法律、法规。

（二）消费者权益保护法的适用范围

根据我国《消费者权益保护法》的规定，消费者权益保护法的适用范围如下所述：

（1）消费者为生活消费需要购买、使用商品或者接受服务，其权益受《消费者权益保护法》保护。

（2）经营者为消费者提供其生产、销售的商品或者提供服务，应当遵守《消费者权益保护法》。在消费者权益保护法对某些问题未作规定时，经营者应当遵守其他有关法律、法规。

（3）农民购买、使用直接用于农业生产的生产资料，参照《消费者权益保护法》执行。

三、消费者的权利和经营者的义务

（一）消费者的权利

1. 安全权

消费者在购买、使用商品和接受服务时享有人身、财产安全不受损害的权利。消费者有权要求经营者提供的商品和服务，符合保障人身、财产安全的要求。

2. 知情权

消费者享有知悉其购买、使用的商品或者接受的服务的真实情况的权利。消费者有权根据商品或者服务的不同情况，要求经营者提供商品的价格、产地、生产者、用途、性能、规格、等级、主要成分、生产日期、有效期限、检验合格证明、使用方法说明书、售后服务，或者服务的内容、规格、费用等有关情况。

3. 选择权

消费者享有自主选择商品或者服务的权利。消费者有权自主选择提供商品或者服务的经营者，自主选择商品品种或者服务方式，自主决定购买或者不购买任何一种商品、接受或者不接受任何一项服务。消费者在自主选择商品或者服务时，有权进行比较、鉴别和挑选。

4. 公平交易权

消费者享有公平交易的权利。消费者在购买商品或者接受服务时，有权获得质量保障、价格合理、计量正确等公平交易条件，有权拒绝经营者的强制交易行为。长期以来，在一些垄断行业面前，作为消费者的个人很难有讨价还价的余地，消费者的知情权、监督权也会在一定程度上缺乏保障，个人的维权成本太高。但随着《消费者权益保护法》的普及，随着消费者自我保护意识的提高，开始有人对这些行业说"不"。

5. 求偿权

消费者因购买、使用商品或者接受服务受到人身、财产损害的，享有依法获得赔偿的权利。

6. 结社权

消费者享有依法成立维护自身合法权益的社会组织的权利。

7. 教育权

消费者享有获得有关消费和消费者权益保护方面的知识的权利。消费者应当努力掌握所需商品或者服务的知识和使用技能，正确使用商品，提高自我保护意识。

8. 获得尊重权

消费者在购买、使用商品和接受服务时，享有其人格尊严、民族风俗习惯得到尊重的权利，享有个人信息依法得到保护的权利。

> **小案例**　2017 年 7 月 8 日，上海女大学生钱某到商店购物，出门时商店报警器鸣响。女店员将钱某带到办公室强制搜身，但未发现商店物品。后钱某向法院提起诉讼，要求该店赔偿精神损失费。10 月 28 日，虹口区法院一审判决被告赔偿原告精神损失费 25 万元并公开赔礼道歉。二审法院将精神损失费降至 1 万元。

9. 监督权

消费者享有对商品和服务以及保护消费者权益工作进行监督的权利。消费者有权检举、控告侵害消费者权益的行为和国家机关及其工作人员在保护消费者权益工作中的违法失职行为，有权对保护消费者权益工作提出批评、建议。

（二）经营者的义务

1. 依法定或约定履行义务

经营者向消费者提供商品或者服务，应当依照《消费者权益保护法》和其他有关法律、法规的规定履行义务。经营者和消费者有约定的，应当按照约定履行义务，但双方的约定不得违背法律、法规的规定。经营者向消费者提供商品或者服务，应当恪守社会公德，诚信经营，保障消费者的合法权益；不得设定不公平、不合理的交易条件，不得强制交易。

2. 听取意见和接受监督义务

经营者应当听取消费者对其提供的商品或者服务的意见，接受消费者的监督。

3. 保障安全义务

经营者应当保证其提供的商品或者服务符合保障人身、财产安全的要求。对可能危及人身、财产安全的商品和服务，应当向消费者作出真实的说明和明确的警示，并说明和标明正确使用商品或者接受服务的方法以及防止危害发生的方法。宾馆、商场、餐馆、银行、机场、车站、港口、影剧院等经营场所的经营者，应当对消费者尽到安全保障义务。

经营者发现其提供的商品或者服务存在缺陷，有危及人身、财产安全危险的，应当立即向有关行政部门报告和告知消费者，并采取停止销售、警示、召回、无害化处理、销毁、停止生产或者服务等措施。采取召回措施的，经营者应当承担消费者因商品被召回支出的必要费用。

4. 提供真实信息义务

经营者向消费者提供有关商品或者服务的质量、性能、用途、有效期限等信息，应当真实、全面，不得作虚假或者引人误解的宣传。经营者对消费者就其提供的商品或者服务的质量和使用方法等问题提出的询问，应当作出真实、明确的答复。经营者提供商品或者服务应当明码标价。

经营者应当标明其真实名称和标记。租赁他人柜台或者场地的经营者，应当标明其真实名称和标记。

5. 出具相应的凭证和单据义务

经营者提供商品或者服务，应当按照国家有关规定或者商业惯例向消费者出具发票等购货凭证或者服务单据；消费者索要发票等购货凭证或者服务单据的，经营者必须出具。由于购货凭证或者服务单据具有重要的证据价值，对于界定消费者和经营者的权利义务亦具有重要意义，因此，明确经营者出具相应的凭证和单据的义务，有利于保护消费者权益。

6．质量担保义务

经营者应当保证在正常使用商品或者接受服务的情况下其提供的商品或者服务应当具有的质量、性能、用途和有效期限；但消费者在购买该商品或者接受该服务前已经知道其存在瑕疵，且存在该瑕疵不违反法律强制性规定的除外。（《产品质量法》规定，伪劣产品致消费者人身伤亡，即使消费者事先知道，经营者也要承担产品质量责任。）

经营者以广告、产品说明、实物样品或者其他方式表明商品或者服务的质量状况的，应当保证其提供的商品或者服务的实际质量与表明的质量状况相符。

经营者提供的机动车、计算机、电视机、电冰箱、空调器、洗衣机等耐用商品或者装饰装修等服务，消费者自接受商品或者服务之日起6个月内发现瑕疵，发生争议的，由经营者承担有关瑕疵的举证责任。

7．"三包"义务

三包是指包修、包换、包退，包括法定三包和约定三包。

经营者提供的商品或者服务不符合质量要求的，消费者可以依照国家规定、当事人约定退货，或者要求经营者履行更换、修理等义务。没有国家规定和当事人约定的，消费者可以自收到商品之日起7日内退货；7日后符合法定解除合同条件的，消费者可以及时退货，不符合法定解除合同条件的，可以要求经营者履行更换、修理等义务。依照前款规定进行退货、更换、修理的，经营者应当承担运输等必要费用。

经营者采用网络、电视、电话、邮购等方式销售商品，消费者有权自收到商品之日起7日内退货，且无须说明理由，但下列商品除外：消费者定做的，鲜活易腐的，在线下载或者消费者拆封的音像制品、计算机软件等数字化商品，交付的报纸、期刊。除上述所列商品外，其他根据商品性质并经消费者在购买时确认不宜退货的商品，不适用无理由退货。消费者退货的商品应当完好。经营者应当自收到退回商品之日起7日内返还消费者支付的商品价款。退回商品的运费由消费者承担；经营者和消费者另有约定的，按照约定。

8．不得从事不公平、不合理交易的义务

为了保障消费者的公平交易权，经营者不得以格式条款、通知、声明、店堂告示等方式作出对消费者不公平、不合理的规定，不得利用格式条款并借助技术手段强制交易，或者减轻、免除其损害消费者合法权益应当承担的民事责任。格式条款、通知、店堂告示等含有对消费者作出的不公平、不合理的规定或者减轻、免除损害赔偿责任等内容的，其内容无效。

9．不得侵犯消费者人身权的义务

消费者的人身权是最基本的人权，消费者的人身自由、人格尊严不受侵犯。经营者不得对消费者进行侮辱、诽谤，不得搜查消费者的身体及其携带的物品，不得侵犯消费者的人身自由。

10．向消费者提供信息的义务

采用网络、电视、电话、邮购等方式提供商品或者服务的经营者，以及提供证券、保险、银行等金融服务的经营者，应当向消费者提供经营地址、联系方式、商品或者服务的数量和质量、价款或者费用、履行期限和方式、安全注意事项和风险警示、售后服务、民事责任等信息。

11. 依法或依约定收集、使用信息的义务

经营者收集、使用消费者个人信息，应当遵循合法、正当、必要的原则，明示收集、使用信息的目的、方式和范围，并经消费者同意。经营者收集、使用消费者个人信息，应当公开其收集、使用规则，不得违反法律、法规的规定和双方的约定收集、使用信息。

经营者及其工作人员对收集的消费者个人信息必须严格保密，不得泄露、出售或者非法向他人提供。经营者应当采取技术措施和其他必要措施，确保信息安全，防止消费者个人信息泄露、丢失。在发生或者可能发生信息泄露、丢失的情况时，应当立即采取补救措施。经营者未经消费者同意或者请求，或者消费者明确表示拒绝的，不得向其发送商业性信息。

四、消费者合法权益的保护

（一）国家对消费者合法权益的保护

根据《消费者权益保护法》的规定，国家对消费者合法权益的保护主要体现在以下几个方面：

1. 立法保护

《消费者权益保护法》是保护消费者合法权益的基本法律。此外，我国制定和颁布的《产品质量法》《反不正当竞争法》《广告法》《食品卫生法》等也都体现了对消费者合法权益的保护。为体现和保护消费者合法权益，国家制定有关消费者权益的法律、法规、规章和强制性标准时，应当听取消费者和消费者协会等组织的意见。

2. 行政保护

各级人民政府应当加强领导，组织、协调、督促有关行政部门做好保护消费者合法权益的工作，落实保护消费者合法权益的职责。各级人民政府应当加强监督，预防危害消费者人身、财产安全行为的发生，及时制止危害消费者人身、财产安全的行为。各级人民政府的工商行政管理部门和其他有关行政部门应当依照法律、法规的规定，在各自的职责范围内，采取措施，保护消费者的合法权益。有关行政部门应当听取消费者及其消费者协会等组织对经营者交易行为、商品和服务质量的意见，及时调查处理。

有关行政部门在各自的职责范围内，应当定期或者不定期对经营者提供的商品和服务进行抽查检验，并及时向社会公布抽查检验结果。有关行政部门发现并认定经营者提供的商品或者服务存在缺陷，有危及人身、财产安全危险的，应当立即责令经营者采取停止销售、警示、召回、无害化处理、销毁、停止生产或者服务等措施。

3. 司法保护

对违法犯罪行为有惩处权力的有关国家机关，应当依照法律、法规的规定，惩处经营者在提供商品和服务质量中侵害消费者合法权益的违法犯罪行为。人民法院应当采取措施，方便消费者提起诉讼。对符合《民事诉讼法》规定的起诉条件的消费者权益争议，必须受理，及时审理，以使消费者权益争议尽快得到解决。

（二）消费者组织对消费者权益的保护

消费者组织是指依法成立的对商品和服务进行社会监督的保护消费者合法权益的社会组织，包括消费者协会和其他消费者组织。《消费者权益保护法》规定，保护消费者的合法权益是全社会的共同责任。

五、消费争议的解决

1. 消费争议解决的途径

根据《消费者权益保护法》第三十九条规定，消费者和经营者发生消费者权益争议的，可以通过下列途径解决：①与经营者协商和解；②请求消费者协会或者依法成立的其他调解组织调解；③向有关行政部门投诉；④根据与经营者达成的仲裁协议提请仲裁机构仲裁；⑤向人民法院提起诉讼。

2. 消费争议解决的方法

根据《消费者权益保护法》的规定，消费者权益争议的解决方法主要有以下几种情形：

（1）消费者在购买、使用商品时，其合法权益受到损害的，可以向销售者要求赔偿；消费者或者其他受害人因商品缺陷造成人身、财产损害的，可以向销售者要求赔偿，也可以向生产者要求赔偿；消费者在接受服务时，其合法权益受到损害的，可以向服务者要求赔偿。

（2）消费者在购买、使用商品或者接受服务时，其合法权益受到损害，因原企业分立、合并的，可以向变更后承受其权利义务的企业要求赔偿。

（3）使用他人营业执照的违法经营者提供商品或服务，损害消费者合法权益的，消费者可以直接向其要求赔偿，也可以向营业执照的持有人要求赔偿。

（4）消费者在展销会、租赁柜台购买商品或者接受服务，其合法权益受到损害的，可以向销售者或者服务者要求赔偿。展销会结束或者柜台租赁期满后，也可以向展销会的举办者、柜台的出租者要求赔偿。

（5）消费者通过网络交易平台购买商品或者接受服务，其合法权益受到损害的，可以向销售者或者服务者要求赔偿。网络交易平台提供者不能提供销售者或者服务者的真实名称、地址和有效联系方式的，消费者也可以向网络交易平台提供者要求赔偿；网络交易平台提供者作出更有利于消费者的承诺的，应当履行承诺。网络交易平台提供者赔偿后，有权向销售者或者服务者追偿。网络交易平台提供者明知或者应知销售者或者服务者利用其平台侵害消费者合法权益，未采取必要措施的，依法与该销售者或者服务者承担连带责任。

（6）消费者因经营者利用虚假广告或者其他虚假宣传方式提供商品或者服务，其合法权益受到损害的，可以向经营者要求赔偿。广告经营者、发布者发布虚假广告的，消费者可以请求行政主管部门予以惩处。广告经营者、发布者不能提供经营者的真实名称、地址和有效联系方式的，应当承担赔偿责任。

广告经营者或发布者设计、制作、发布关系消费者生命健康商品或者服务的虚假广告，造成消费者损害的，应当与提供该商品或者服务的经营者承担连带责任。社会团体或者其他组织、个人在关系消费者生命健康商品或者服务的虚假广告或者其他虚假宣传中向消费者推荐商品或者服务，造成消费者损害的，应当与提供该商品或者服务的经营者承担连带责任。

消费者向有关行政部门投诉的，该部门应当自收到投诉之日起 7 个工作日内，予以处理并告知消费者。

对侵害众多消费者合法权益的行为，中国消费者协会以及在省、自治区、直辖市设立的消费者协会，可以向人民法院提起诉讼。

六、违反消费者权益保护法的法律责任

（一）民事责任

（1）经营者提供商品或服务有下列情形之一的，除《消费者权益保护法》另有规定外，应依照《产品质量法》和其他有关法律、法规的规定，承担民事责任：①商品或服务存在缺陷的；②不具备商品应当具备的使用性能而出售时未作说明的；③不符合在商品或包装上注明采用的商品标准的；④不符合商品说明、实物样品等方式表明的质量状况的；⑤生产国家明令淘汰的商品或销售失效、变质的商品的；⑥销售的商品数量不足的；⑦服务的内容和费用违反约定的；⑧对消费者提出的修理、重作、更换、退货、补足数量、退还货款和服务费用或赔偿损失的请求，故意拖延或者无理拒绝的；⑨法律、法规规定的其他损害消费者权益的情形。经营者对消费者未尽到安全保障义务，造成消费者损害的，应当承担侵权责任。

（2）经营者提供商品或者服务，造成消费者或者其他受害人人身伤害的，应当赔偿医疗费、护理费、交通费等为治疗和康复支出的合理费用，以及因误工减少的收入；造成残疾的，还应当赔偿残疾生活辅助具费和残疾赔偿金；造成死亡的，还应当赔偿丧葬费和死亡赔偿金。

（3）经营者侵害消费者的人格尊严、侵犯消费者人身自由或者侵害消费者个人信息依法得到保护的权利的，应当停止侵害、恢复名誉、消除影响、赔礼道歉，并赔偿损失。

（4）经营者有侮辱诽谤、搜查身体、侵犯人身自由等侵害消费者或者其他受害人人身权益的行为，造成严重精神损害的，受害人可以要求精神损害赔偿。

（5）经营者提供商品或者服务，造成消费者财产损害的，应当依照法律规定或者当事人约定承担修理、重作、更换、退货、补足商品数量、退还货款和服务费用或者赔偿损失等民事责任。

（6）经营者以预收款方式提供商品或者服务的，应当按照约定提供。未按照约定提供的，应当按照消费者的要求履行约定或者退回预付款；并应当承担预付款的利息、消费者必须支付的合理费用。

（7）依法经有关行政部门认定为不合格的商品，消费者要求退货的，经营者应当负责退货。

（8）经营者提供商品或者服务有欺诈行为的，应当按照消费者的要求增加赔偿其受到的损失，增加赔偿的金额为消费者购买商品的价款或者接受服务的费用的3倍；增加赔偿的金额不足500元的，为500元。法律另有规定的，依照其规定。

经营者明知商品或者服务存在缺陷，仍然向消费者提供，造成消费者或者其他受害人死亡或者健康严重损害的，受害人有权要求经营者依照《消费者权益保护法》第四十九条、第五十一条等法律规定赔偿损失，并有权要求所受损失2倍以下的惩罚性赔偿。

案例分析

　　2019年3月15日，某市教师高某在该市某家电中心购买了一台著名品牌的电冰箱，价格2000元。试机时发现冷冻室没有挂霜，家电中心经理认为这是因为室外湿度过高所致，并说电冰箱是直接从厂家进的货，质量没有问题，还表示一个月内如有质量问题包退包换，高某在得到保证后遂运走了冰箱。3月20日，高某在家试机，发现冰箱不制冷，同时还发现冰箱上下门中间有一条边发烫，封条变形，冷冻室有流水现象。高某立即找到该中心经理说明情况，经家电中心修理后，冰箱仍不制冷。原来冰箱是一台有质量问题而被其他客户退回来的次品，但家电中心经理却故意隐瞒了实情。高某提出退换要求，但被拒绝。高

某遂向人民法院提起诉讼。

　　问题：经营者应当承担什么责任？

　　分析：经营者存在欺诈行为，应当返还价款，并承担3倍的赔偿责任。

（二）行政责任

经营者有下列情形之一，除承担相应的民事责任外，其他有关法律、法规对处罚机关和处罚方式有规定的，依照法律、法规的规定执行；法律、法规未作规定的，由工商行政管理部门或者其他有关行政部门责令改正，可以根据情节单处或者并处警告、没收违法所得、处以违法所得1倍以上10倍以下的罚款，没有违法所得的，处以50万元以下的罚款；情节严重的，责令停业整顿、吊销营业执照：

（1）提供的商品或者服务不符合保障人身、财产安全要求的。

（2）在商品中掺杂、掺假，以假充真，以次充好，或者以不合格商品冒充合格商品的。

（3）生产国家明令淘汰的商品或者销售失效、变质的商品的。

（4）伪造商品的产地，伪造或者冒用他人的厂名、厂址，篡改生产日期，伪造或冒用认证标志、名优标志等质量标志的。

（5）销售的商品应当检验、检疫而未检验、检疫或伪造检验、检疫结果的。

（6）对商品或者服务作虚假或者引人误解的宣传的。

（7）拒绝或者拖延有关行政部门责令对缺陷商品或者服务采取停止销售、警示、召回、无害化处理、销毁、停止生产或者服务等措施的。

（8）对消费者提出的修理、重作、更换、退货、补足商品数量、退还货款和服务费用或者赔偿损失的要求，故意拖延或者无理拒绝的。

（9）侵犯消费者人格尊严或者侵犯消费者人身自由的，或者侵害消费者个人信息依法得到保护的权利的。

（10）法律、法规规定的对损害消费者权益应当予以处罚的其他情形。

经营者有上述规定情形的，除依照法律、法规规定予以处罚外，处罚机关应当记入信用档案，向社会公布。

经营者对行政处罚决定不服的，可以自收到处罚决定之日起15日内向上一级机关申请复议，对复议决定不服的，可以自收到复议决定书之日起15日内向人民法院提起诉讼，也可以直接向人民法院提起诉讼。

（三）刑事责任

经营者违反《消费者权益保护法》规定提供商品或者服务，侵害消费者合法权益，构成犯罪的，依法追究刑事责任。

（1）经营者提供商品或者服务，造成消费者或其他受害人人身伤害或死亡；在商品中掺杂掺假、冒用他人商标生产国家明令淘汰产品或销售失效、变质商品等情节严重，构成犯罪的，依法追究刑事责任。

（2）以暴力、威胁等方法阻碍有关行政部门工作人员依法执行职务，构成犯罪的，依法追究刑事责任。

（3）国家机关工作人员玩忽职守或者包庇经营者侵害消费者合法权益的行为的，由所在单位或上级机关给予行政处分；情节严重、构成犯罪的，依法追究刑事责任。

实 训 项 目

消费者权益保护案例模拟（表演）

1. 实训目的

通过实训，使学生掌握消费者享有的权利及消费者如何保护自己的合法权利，掌握经营者应承担的法定义务，避免侵权，减少经营者损失。

2. 实训方式

课堂现场表演。学生对实训的背景材料一定要熟悉，运用的法律知识要准确，案例模拟表演要求完整。

3. 实训内容

（1）学生结合自身的专业背景，针对《消费者权益保护法》相关内容，利用图书馆、网络等资源查阅有关资料，查找确定模拟的消费者权益保护案例。

（2）小组成员角色分配：消费者、经营者、法官（仲裁员或消协调解员等），并熟悉案例内容。

（3）根据案例内容，查询案例所涉及的法律知识，模拟表演消费者哪种合法权益受到了侵害，通过什么途径保护，最终的处理结果怎样等。

4. 实训报告

请在模拟表演的基础上，结合所学的法律知识，完成下述任务：每位学生根据案例讨论情况，形成书面的分析报告。分析报告作为实训成绩的组成部分。

复习思考题

第一部分 知 识 题

一、单项选择题

1. 擅自使用他人有一定影响的域名主体部分、网站名称、网页等行为，属（　　　）行为。

　　A. 假冒　　　　　　　　　　　　B. 混淆

　　C. 虚假交易　　　　　　　　　　D. 商业诽谤

2. 甲在担任某厂技术员期间将其保管的技术资料提供给好友乙使用，并接受乙给的好处费 5 000 元。甲的行为属于（　　　）。

　　A. 侵犯商业秘密　　　　　　　　B. 商业贿赂行为

　　C. 欺骗性交易行为　　　　　　　D. 不构成违法

3. 某商场欲举行一场抽奖式的有奖销售活动，对于抽奖式有奖销售的奖金金额，管理层有不同的意见。按照法律规定，抽奖式的有奖销售，最高的金额不得超过（　　　）元。

    A. 5 000　　　　　　B. 30 000　　　　　　C. 50 000　　　　　　D. 10 000

4. 一日，李女士在家中做饭时高压锅突然爆炸，李女士被炸飞的锅盖击中头部，抢救无效死亡。后据质量检测专家鉴定，高压锅发生爆炸的直接原因是设计不尽合理，使用时造成排气孔堵塞而发生爆炸。本案中，可以以（　　　）判定生产者承担责任。

    A. 产品存在的缺陷　　　　　　　　　B. 产品买卖合同约定

    C. 产品默示担保条件　　　　　　　　D. 产品明示担保条件

5. 下列广告中不为法律所禁止的商业宣传是（　　　）。

    A. "××酒，行销全国，中国最优"

    B. "××酒，消除紧张和焦虑，健康佳酿"

    C. "××酒，治愈风湿病，疗效100%"

    D. "××酒，启瓶醉八方，香溢飘千里"

二、多项选择题

1. 经营者不得实施下列侵犯商业秘密的行为：以盗窃、（　　　）或者其他不正当手段获取权利人的商业秘密。

    A. 电子侵入　　　B. 贿赂　　　　　C. 欺诈　　　　　D. 胁迫

2. 消费者在购买商品或接受服务时，有权获得（　　　）等公平交易条件，有权拒绝经营者的强制交易行为。

    A. 质量保障　　　B. 价格合理　　　C. 计量正确　　　D. 有效期限

3. 下列不适用7天无理由退货的有（　　　）。

    A. 根据消费者要求定做的羊绒大衣　　　B. 大闸蟹

    C. 已拆封的音像制品　　　　　　　　　D. 已下载的付费软件

4. 根据《产品质量法》的规定，销售者不得实施的行为有（　　　）。

    A. 销售国家明令淘汰并停止销售的产品和失效、变质的产品

    B. 伪造产地，伪造或者冒用他人的厂名、厂址

    C. 销售产品时掺杂、掺假，不得以假充真、以次充好，以不合格产品冒充合格产品

    D. 伪造或者冒用认证标志等质量标志

5. 贾小姐可通过下列（　　　）途径解决自己与某超市的争议。

    A. 与经营者协商　　　　　　　　　　B. 请求消费者协会调解

    C. 向有关行政部门申诉　　　　　　　D. 向人民法院起诉

三、判断题

1. 有奖销售都是不正当竞争行为。　　　　　　　　　　　　　　　　　　　（　　　）

2. 甲公司违背事实在产品说明书上注明竞争对手乙公司的同类产品质量低劣，此行为构成不正当竞争。　　　　　　　　　　　　　　　　　　　　　　　　　　　（　　　）

3. 因产品存在缺陷造成人身、他人财产损害的，由生产者承担赔偿责任，销售者不承担责任。　　　　　　　　　　　　　　　　　　　　　　　　　　　　　　　（　　　）

4. 明星代言产品虚假广告，损害消费者利益的，应该和企业承担连带赔偿责任。

                                                （　　　）

5．经营者提供产品或服务有欺诈行为的，应当按照消费者的要求增加赔偿其受到的损失，增加赔偿的金额为消费者购买商品的价款或接受服务的费用的 10 倍。　　　　（　　）

第二部分　技　能　题

四、综合分析题

2019 年 4 月 3 日，林先生在某商场购买了一台空调，使用 5 天后，空调频繁出现间歇性断电故障，并找到经营者多次维修。林先生质疑空调存在质量问题，要求商场退货。但商场认为空调已经修理多次，且林先生在没有经过有关部门鉴定检测的情况下无法证明空调属于质量问题为由，坚决不同意退货，只同意维修。

试依据消费者权益保护法，分析下列问题：

（1）本案中空调是否存在质量问题应该由林先生还是商场来负责举证？为什么？

（2）林先生的退货请求能不能得到支持？为什么？

module 8

模块八
会计法律制度

学习目标

能力目标

◎ 能分析会计法律制度的相关案例。

◎ 作为会计从业人员能遵守其基本行为规范。

◎ 作为会计从业人员能避免违法行为的发生。

知识目标

◎ 了解会计工作管理体制。

◎ 掌握会计机构的设置、会计机构负责人、总会计师、会计人员回避制度和工作交接。

◎ 掌握会计工作的两大基本职能：会计核算和会计监督。

◎ 掌握违反会计法的法律责任。

会计法律制度是指国家权力机关和行政机关制定的，关于会计工作的法律、法规、规章和规范性文件的总称。其主要作用是规范和调整各种会计关系。本模块基于 2017 年修正的《会计法》及有关会计法规、制度，介绍会计法的概念、基本原则，以及会计工作管理体制、会计机构、会计人员、会计工作的基本职能、违反会计法的法律责任等有关规定。

引导案例

《会计法》修正，取消会计从业资格证

2017 年修正的《会计法》发布后，曾在社会引起轩然大波。会计从业资格证被取消，是否意味着进入会计行业更容易了呢？对于此次《会计法》修正对会计行业内部的调整，财务工作者应该注意什么？

首先，会计从业资格证取消后，行业竞争会愈演愈烈。很多人认为会计从业资格证取消后，会计行业的门槛就消失了。其实不然，本次对《会计法》的修正，将"必须具备会计从业资格"改为"会计人员应当具备从事会计工作所需要的专业能力"，其实大大提高了进入会计行业的难度。因为会计行业是一种非常需要专业知识和技能的行业，虽然会计从业资格证被取消，但是并不意味着从事会计工作的难度降低了，相反，能顺利进入会计行业的其他行业从业者往往都是各个行业的精英分子，这类人在刚进入会计行业的几年内可以从事基础会计工作，但是在具备一定的工作经验以后，凭借其之前在其他行业的工作经验，后续发展可能非常迅猛，给"原始"会计人造成巨大冲击。行业竞争无疑会愈演愈烈。

其次，法律责任加重，行业自律加强。《会计法》修正后，第四十条、四十二条、四十三条、四十四条、四十五条对财务工作者犯罪作出了严格的要求，在罚款的同时，还要追究相关责任，甚至是刑事责任；并且根据犯罪情节给予 5 年甚至永久不得从事会计工作的处分。这就要求会计人员在工作中更加尽职守法，在行业自律的同时，自身也要提高法律风险意识，对会计工作风险有一个更加深刻的认识。

第三，会计从业资格证取消，其他证书更加火热。会计从业资格证取消后，财务工作者面临的形式更加严峻，但同时，这也是财务工作者的一次机会。2017 年、2018 年初级会计职称考试、中级会计职称考试、注册会计师考试报名人数都创出了新高，说明已经有一些财务工作者对此有所觉悟。会计从业资格这种"门槛"式证书固然没有了，与此同时，CPA、CMA（美国注册管理会计师）等高端人才考试会更加火热。

综上所述，对于个人核心竞争力的打造是财务工作者的首要目标。无论是备考初级、中级会计师还是注册会计师，努力提高自己，才能让自己在行业竞争中处于不败的位置。

单元一 会计法概述

一、会计法的概念

会计法是指调整国家管理会计工作和会计机构、会计人员在办理会计事务中所产生的会计

关系的法律规范的总称。其中，会计关系是指以货币计量为基本形式，按照规定的程序和方法，对经济业务活动或者财务收支进行真实、准确、全面、系统、连续的记录、核算、分析和监督检查的会计活动中所产生的社会经济关系。

为了规范会计行为，保证会计资料的真实完整，加强经济管理和财务管理提高经济效益，维护社会主义市场经济秩序，我国于 1985 年制定了《中华人民共和国会计法》（以下简称《会计法》），并于 1993 年进行了第一次修正；1999 年 10 月 31 日第九届全国人民代表大会常务委员会第十二次会议又对其进行了全面修订；2017 年 11 月 4 日第十二届全国人民代表大会常务委员会第三十次会议第二次修正，并于次日正式施行。

二、会计法的基本原则

会计法的基本原则是指贯穿会计法律规范、集中体现会计法的立法指导思想，是调整会计关系以及与会计关系密切相联系的其他关系所必须遵循的基本准则。根据《会计法》及有关会计法规、制度，我国会计法主要有以下基本原则：

（1）国家机关、社会团体、公司、企业、事业单位和其他组织（以下统称单位）必须依法办理会计事务。

（2）各单位必须依法设置会计账簿，并保证其真实、完整。

（3）单位负责人对本单位的会计工作和会计资料的真实性、完整性负责。

（4）会计机构、会计人员依法进行会计核算，实行会计监督。

（5）对认真执行会计法，忠于职守，坚持原则，做出显著成绩的会计人员，给予精神的或物质的奖励。

单元二　会计管理制度

一、会计工作的管理体制

会计工作管理体制是划分会计工作管理职责、权限关系的制度，包括会计工作管理组织形式、管理权限、管理机构设置等内容。《会计法》及有关会计法规、制度对我国的会计工作管理体制作出了详细的规定。

（一）会计工作的主管部门

会计工作的主管部门是指代表国家对会计工作行使管理职能的政府部门。《会计法》规定，国务院财政部门主管全国的会计工作，县级以上地方各级人民政府财政部门管理本行政区域内的会计工作。

（二）会计制度的制定权限

国家实行统一的会计制度，由国务院财政部门根据《会计法》制定并公布；国务院有关部门对会计核算和会计监督有特殊要求的行业，依照《会计法》和国家统一的会计制度，制定具体办法或者补充规定，报国务院财政部门审核批准。中国人民解放军总后勤部可以依照

《会计法》和国家统一的会计制度制定军队实施国家统一的会计制度的具体办法，报国务院财政部门备案。

（三）会计人员的管理

财政部门负责会计专业技术资格（职务）管理、会计人员评优表彰、奖惩以及会计人员继续教育等。

（四）单位内部的会计工作管理

单位负责人对本单位的会计工作和会计资料的真实性、完整性负责。

二、会计机构和会计人员

（一）会计机构的设置

各单位应当根据会计业务的需要，设置会计机构，或者在有关机构中设置会计人员并指定会计主管人员；不具备设置条件的，应当委托经批准设立从事会计代理记账业务的中介机构代理记账。

（二）会计机构负责人

担任单位会计机构负责人或会计主管人员的是在一个单位内具体负责会计工作的中层领导人员。担任单位会计机构负责人（会计主管人员）的，应当具备会计师以上专业技术职务资格或者从事会计工作 3 年以上经历。此外，其还应当具有较高的政治素质和政策业务水平、良好的职业道德、组织领导能力等。

（三）总会计师

总会计师是主管本单位财务会计工作的行政领导，协助单位主要行政领导人工作。凡是设置总会计师的单位，不应当再设置与总会计师职责重叠的行政副职。国有的和国有资产占控股地位或者主导地位的大、中型企业必须设置总会计师。其他单位可以根据业务需要，自行决定是否设置总会计师。

《总会计师条例》规定了总会计师的任职资格、职责和权限。

（四）会计人员回避制度

国家机关、国有企业、事业单位任用会计人员应当实行回避制度。单位负责人的直系亲属不得担任本单位的会计机构负责人、会计主管人员，会计机构负责人、会计主管人员的直系亲属不得在本单位会计机构中担任出纳工作。

（五）会计人员工作交接

会计人员调动工作、离职或者因病暂时不能工作，应与接管人员办理工作交接手续。

一般会计人员办理交接手续，由会计机构负责人（会计主管人员）监交；会计机构负责人（会计主管人员）办理交接手续，由单位负责人监交，必要时主管单位可以派人会同监交。

移交人员对移交的会计凭证、会计账簿、会计报表和其他会计资料的合法性、真实性承担法律责任。会计资料移交后，如发现是在其经办会计工作期间内所发生的问题，由原移交人员负责。

单元三　会计工作的基本职能

一、会计核算

会计核算是指以货币为计量单位，运用会计方法，对经济活动进行连续、系统、全面的记录、分类、汇总、分析，形成会计信息，为决策提供依据的一项会计活动。会计核算是会计的一项基本职能，是会计工作的核心和重点。如何进行会计核算，关系到会计在经济管理和财务管理中的职能能否有效发挥。因此，从法律上对会计核算进行规范是十分必要的。会计核算可以分为填制会计凭证、登记会计账簿、编制和提供财务会计报告三个基本环节。这三个环节相互衔接，基本上覆盖了会计核算的全过程。

（一）会计核算的一般要求

1．依法建账

设置账簿的种类和具体要求要符合规定。各单位发生的经济业务要统一进行会计核算，不得违反规定私设会计账簿进行登记、核算，即不能设立账外账。

2．根据实际发生的经济业务进行会计核算

下列经济业务应当办理会计手续，进行会计核算：①款项和有价证券的收付；②财物的收发、增减和使用；③债权债务的发生和结算；④资本、基金的增减；⑤收入、支出费用、成本的计算；⑥财务成果的计算和处理；⑦其他需要办理会计手续、进行会计核算的事项。

3．保证会计资料的真实和完整

会计资料的真实性和完整性是会计资料最基本的质量要求，是会计工作的生命线。任何单位和个人不得伪造、变造会计凭证、会计账簿及其他会计资料。其中，伪造会计资料（包括伪造会计凭证和会计账簿）是指以虚假的经济业务为前提来编制会计凭证和会计账簿；变造会计资料（包括伪造会计凭证和会计账簿）是指用涂改、挖补等手段来改变会计凭证和会计账簿的真实内容。

4．正确采取会计处理方法

各单位采用的会计处理方法前后各期应一致，不得随意变更；确有必要变更的，应按国家统一会计制度的规定变更，并将变更的原因、情况及影响在财务会计报告中予以说明。

5．正确使用会计记录文字

会计记录文字应当使用中文。民族自治地方和我国境内的外国组织可以在使用中文的前提下，同时使用一种民族文字或外国文字。

6．使用电子计算机进行会计核算必须符合法律规定

使用电子计算机进行会计核算的，其软件及其生成的会计资料，以及其会计账簿的登记、更正，应当符合国家统一的会计制度的规定。

（二）会计年度

会计年度是指以年度为单位进行会计核算的时间区间，是反映单位财务状况、核算经营成果的时间界限。根据《会计法》的规定，我国是以公历年度为会计年度，即自公历 1 月 1 日起至 12 月 31 日止。

（三）记账本位币—— 人民币

对于业务收支以人民币以外的货币为主的单位，可以选定人民币以外的一种货币作为记账本位币。但在编制财务会计报告时，应将外币折算为人民币。

（四）会计凭证和会计账簿

1. 会计凭证

会计凭证根据填制程序和用途的不同可分为原始凭证和记账凭证。会计人员对不真实、不合法的会计凭证有权不予接受，并向单位负责人报告；对于不准确、不完整的原始凭证应予以退回，要求当事人进行更正、补充。原始凭证所记载的内容不得涂改。内容有错误的，应由出具单位重开或更正，更正处应加盖出具单位的公章。原始凭证金额有错误的，不能采用更正的方法，只能由出具单位重新开具。记账凭证必须以审核无误的原始凭证为依据，除结账和更正错账的记账凭证外，必须附有原始凭证，并注明原始凭证的张数。一张原始凭证所列的支出需要由两个以上单位共同负担而只能开具一张原始凭证时，应当由保存该原始凭证的单位开具原始凭证分割单给其他应负担的单位作为其记账依据。

2. 会计账簿

会计账簿登记，必须以经过审核的会计凭证为依据，并符合有关法律、行政法规和国家统一的会计制度的规定。会计账簿包括总账、明细账、日记账和其他辅助性账簿。 会计账簿应当按照连续编号的页码顺序登记。其记录发生错误或者隔页、缺号、跳行的，应当按照国家统一的会计制度规定的方法更正,并由会计人员和会计机构负责人(会计主管人员)在更正处盖章。

（五）财务会计报告

1. 财务会计报告的构成

财务会计报告按编制时间分为年度、半年度、季度和月度财务会计报告。

年度、半年度财务会计报告由会计报表（包括资产负债表、利润表、现金流量表及有关附表）、会计报表附注和财务情况说明书三部分组成。季度和月度财务会计报告通常仅指会计报表（至少包括资产负债表和利润表）。

2. 财务会计报告的对外提供

企业对外提供的财务会计报告应当由企业负责人、会计机构负责人（会计主管人员）签名并盖章；设置总会计师的企业，还应由总会计师签名并盖章。

国有企业、国有控股或占主导地位的企业，应当至少每年一次向本企业的职工代表大会公布财务会计报告。

企业向有关各方提供的财务会计报告，其编制基础、编制依据、编制原则和方法应当一致。

财务会计报告须经注册会计师审计的，企业应当将注册会计师及其会计师事务所出具的审计报告随同财务会计报告一同对外提供。

（六）会计档案管理

1. 会计档案的类型和范围

会计档案是指会计凭证、会计账簿、财务会计报告等会计核算专业资料，一般分为四类：

（1）会计凭证类，包括原始凭证、记账凭证、汇总凭证和银行存款余额调节表等。

（2）会计账簿类，包括总账、日记账、明细账和辅助账等。

（3）财务会计报告类，包括月度、季度、半年度、年度会计报表及相关文字分析材料等。

（4）其他类，包括会计移交清册、会计档案保管清册、会计档案销毁清册等。

2. 会计档案的归档

当年形成的会计档案在会计年度终了后，可暂由本单位会计部门保管 1 年。保管期满后，原则上应由会计部门编制清册，移交本单位的档案部门保管；未设立档案部门的，应当由会计部门内部指定专人保管。

会计档案原则上不得借出，如有特殊需要，须经本单位负责人批准，在不拆散原卷册的前提下，可以提供查阅或复制，并办理登记手续。

3. 会计档案的保管期限

会计档案的保管期限分为永久和定期两类。定期保管期限分别为 3 年、5 年、10 年、15 年和 25 年。会计档案的保管期限从会计年度终了后的第 1 天算起。

4. 会计档案的销毁

销毁会计档案的，应当由单位的档案部门和会计部门共同派人监销；各级主管部门销毁会计档案时，还应当有同级财政、审计部门派人监销；各级财政部门销毁会计档案时，应当由同级审计部门派人监销。

销毁会计档案时应当编造会计档案销毁清册，由本单位档案部门提出意见，会同会计部门进行审查和鉴定，而且单位负责人应在会计档案销毁清册上签署意见。但是，有些档案保管期满不得销毁的会计档案（未结清的债权债务原始凭证和其他未了事项的原始凭证），不得销毁，保管到未了事项完结为止。正在项目建设期间的建设单位，其保管期满的会计档案也不得销毁。

二、会计监督

会计监督是会计的基本职能之一，是我国经济监督体系的重要组成部分。加强会计监督是保证会计信息质量，发挥会计管理作用的必要措施，对维护我国的市场经济秩序起着重要的作用。会计监督分为单位内部监督、国家监督和社会监督。

（一）单位内部监督

单位内部监督是会计监督的基础。各单位应当建立健全本单位内部会计监督制度。

1. 单位内部会计监督的主体和对象

根据《会计法》《会计基础工作规范》等规定，各单位的会计机构、会计人员对本单位的经济活动进行会计监督。因此，内部会计监督的主体是各单位的会计机构、会计人员；内部会计监督的对象是本单位的经济活动。虽然内部会计监督的主体是各单位的会计机构、会计人员，但单位领导人应当积极支持，保障会计机构、会计人员行使好会计监督职权，不得授意、指使、强令会计机构、会计人员违法办理会计事项。

2．单位内部控制制度

单位内部控制制度是为了保护资产的安全、完整，提高会计信息质量，确保各项会计法律、法规、规章及政策的执行，避免或降低风险，提高经营管理效率和效果，实现经营管理目标而采取的一系列的控制方法、措施和程序。单位内部控制方法主要有：①不相容职务相互分离控制；②授权批准控制；③会计系统控制；④预算控制；⑤财产保全控制；⑥风险控制；⑦内部报告控制；⑧电子信息技术控制等。

3．会计机构和会计人员在单位内部会计监督中的职权

《会计法》规定，会计机构和会计人员在单位内部会计监督中具有以下职权：

（1）对违反《会计法》和国家统一的会计制度规定的会计事项，有权拒绝办理或者按照职权予以纠正。

（2）发现会计账簿记录与实物、款项及有关资料不相符的，按照国家统一的会计制度的规定有权自行处理的，应当及时处理；无权处理的，应当立即向单位负责人报告，请求查明原因，作出处理。

（二）国家监督

1．会计工作国家监督的主体和对象

会计工作的国家监督是一种外部监督，主要是指财政部门代表国家对各单位和单位中相关人员的会计行为实施的监督检查，以及对发现的违法会计行为实施行政处罚。根据《会计法》的规定，县级以上人民政府财政部门为各单位会计工作的监督检查部门，对各单位会计工作行使监督权，对违法会计行为实施行政处罚。因此，财政部门是会计工作国家监督的主体。此外，《会计法》规定，除财政部门外，审计、税务、人民银行、证券监管、保险监管等部门应依照有关法律、行政法规规定的职责和权限，对有关单位的会计资料实施监督检查。

2．财政部门实施会计监督的内容

根据《会计法》的规定，财政部门可以对下列事项实施会计监督：

（1）是否依法设置会计账簿。

（2）会计凭证、会计账簿、财务会计报告和其他会计资料是否真实、完整。

（3）会计核算是否符合《会计法》和国家统一的会计制度的规定。

（4）从事会计工作的人员是否具备专业能力、遵守职业道德。

（三）社会监督

1．会计工作的社会监督的概念

会计工作的社会监督主要是指由注册会计师及其所在的会计师事务所等中介机构接受委托，依法对受托单位的经济活动进行审计，出具审计报告，发表审计意见的一种监督制度。

此外，单位和个人检举违反《会计法》和国家统一的会计制度规定的行为也属于会计工作社会监督的范畴。

2．注册会计师及其所在的会计师事务所业务范围

注册会计师及其所在的会计师事务所依法承办下列审计业务：

（1）审查企业财务会计报告，出具审计报告。

（2）验证企业资本，出具验资报告。

（3）办理企业合并、分立、清算事宜中的审计业务，出具有关报告。

（4）法律、行政法规规定的其他审计业务。

单元四　违反会计法的法律责任

一、法律责任的主要形式

《会计法》主要规定了两种责任形式：一是行政责任；二是刑事责任。

（一）行政责任

行政责任主要有行政处罚和行政处分两种方式。行政处罚主要分为警告、罚款、没收违法所得、没收非法财物、责令停产停业、暂扣或者吊销许可证、暂扣或者吊销执照和行政拘留等。此外，还有法律、行政法规规定的其他行政处罚。行政处罚由违法行为发生地县级以上地方人民政府具有行政处罚权的行政机关管辖。对当事人的同一个违法行为，不得给予两次以上罚款的行政处罚。这是适用行政处罚所应遵循的一项基本原则即"一事不再罚"原则。国家工作人员违反《会计法》规定的，还应当由其所在单位或者有关单位依法给予行政处分，如警告、降职等。

（二）刑事责任

刑事责任与行政责任两者的主要区别有三点。一是追究的违法行为不同：追究刑事责任的是犯罪行为，追究行政责任的是一般违法行为。二是追究责任的机关不同：追究刑事责任只能由司法机关依照《刑法》的规定决定，追究行政责任由国家特定的行政机关依照有关法律的规定决定。三是承担法律责任的后果不同：追究刑事责任是最严厉的制裁，可以判处死刑，比追究行政责任严厉得多。

二、法律责任的具体规定

1. 违反国家统一的会计制度规定的法律责任

根据《会计法》的规定，应承担法律责任的违法会计行为包括：①不依法设置会计账簿的；②私设会计账簿的；③未按照规定填制、取得原始凭证或者填制、取得的原始凭证不符合规定的；④以未经审核的会计凭证为依据登记会计账簿或者登记会计账簿不符合规定的；⑤随意变更会计处理方法的；⑥向不同的会计资料使用者提供的财务会计报告编制依据不一致的；⑦未按照规定使用会计记录文字或者记账本位币的；⑧未按照规定保管会计资料，致使会计资料毁损、灭失的；⑨未按照规定建立并实施单位内部会计监督制度或者拒绝依法实施的监督或者不如实提供有关会计资料及有关情况的；⑩任用会计人员不符合《会计法》规定的。

违反国家统一的会计制度规定行为应承担的法律责任有以下几种：①责令限期改正；②罚款；③给予行政处分；④5年内不得从事会计工作；⑤依法追究刑事责任。

2. 伪造、变造会计凭证、会计账簿，编制虚假财务会计报告的法律责任

伪造、变造会计凭证、会计账簿，编制虚假财务会计报告，构成犯罪的，依法追究刑事责任。尚不构成犯罪的，由县级以上人民政府财政部门予以通报，可以对单位并处5 000元以上10万元以下的罚款；对其直接负责的主管人员和其他直接责任人员，可以处3 000元以上5万元以下的罚款；属于国家工作人员的，还应当由其所在单位或者有关单位依法给予撤职直至开除的行政处分；其中的会计人员，5年内不得从事会计工作。

3. 隐匿或者故意销毁依法应当保存的会计资料的法律责任

隐匿是指故意转移、隐藏应当保存的会计凭证、会计账簿、财务会计报告的行为；销毁是指故意将依法应当保存的会计凭证、会计账簿、财务会计报告予以毁灭的行为。隐匿或者故意销毁依法应当保存的会计凭证、会计账簿、财务会计报告，构成犯罪的，依法追究刑事责任。尚不构成犯罪的，由县级以上人民政府财政部门予以通报，可以对单位并处5 000元以上10万元以下的罚款；对其直接负责的主管人员和其他直接责任人员，可以处3 000元以上5万元以下的罚款；属于国家工作人员的，还应当由其所在单位或者有关单位依法给予撤职直至开除的行政处分；其中的会计人员，5年内不得从事会计工作。

4. 授意、指使、强令会计机构、会计人员及其他人员违反会计法的法律责任

授意是指暗示他人按其意思行事；指使是指通过明示方式，指示他人按其意思行事；强令是指明知其命令是违反法律的，而强迫他人执行其命令的行为。授意、指使、强令会计机构、会计人员及其他人员伪造、变造会计凭证、会计账簿，编造虚假财务会计报告或者隐匿、故意销毁依法应当保存的会计凭证、会计账簿、财务会计报告的，应当作为伪造、变造会计凭证、会计账簿，编制假财务会计报告或者隐匿、故意销毁依法应当保存的会计凭证、会计账簿、财务会计报告的共同犯罪，定罪处罚。其构成犯罪的，依法追究刑事责任。尚不构成犯罪的，可以处5 000元以上5万元以下的罚款；属于国家工作人员的，还应当由其所在单位或者有关单位依法给予降级、撤职、开除的行政处分。

5. 单位负责人对依法履行职责、抵制违法行为的会计人员实行打击报复的法律责任

单位负责人对依法履行职责、抵制违反《会计法》规定行为的会计人员以降级、撤职、调离工作岗位、解聘或者开除等方式实行打击报复，构成犯罪的，依法追究刑事责任；尚不构成犯罪的，由其所在单位或者有关单位依法给予行政处分。对受打击报复的会计人员，应当恢复其名誉和原有职务、级别。

复习思考题

第一部分　知　识　题

一、单项选择题

1. 在下列有关会计记录文字的表述中，符合我国《会计法》要求的是（　　）。
   A. 会计记录文字只能使用中文
   B. 会计记录文字可以只使用某种外国文字

C. 会计记录文字必须使用中文，不得单独或同时使用某种少数民族文字

D. 会计记录文字应当使用中文，但根据需要可以同时使用某种少数民族文字或外文

2. 根据我国《会计法》的规定，外来原始凭证的金额有错误时，应当采取的正确做法是（　　）。

A. 由出具单位重开

B. 由出具单位更正并加盖出具单位印章

C. 由接受单位更正并加盖接受单位印章

D. 由经办人员更正并加盖经办人员印章

3. 根据我国《会计法》的规定，我国会计年度的期间为（　　）。

A. 公历1月1日起至12月31日止

B. 农历1月1日起至12月31日止

C. 公历4月1日起至次年3月31日止

D. 农历10月1日起至次年9月30日止

4. 根据《会计法》的规定，国有的和国有资产占控股地位或主导地位的大、中型企业必须设置（　　）。

A. 会计师　　　　　　　　　　　B. 总会计师

C. 注册会计师　　　　　　　　　D. 资产评估师

5. 根据《会计法》的规定，会计人员在对原始凭证进行审核时，对于不合法的原始凭证，应当（　　）。

A. 不予受理　　　　　　　　　　B. 予以扣留

C. 向单位负责人报告　　　　　　D. 要求经办人员更正、补充

二、多项选择题

1. 违反国家统一的会计制度规定行为可能要承担的法律责任有（　　）。

A. 责令限期改正和罚款　　　　　B. 依法追究刑事责任

C. 5年内不得从事会计工作　　　 D. 给予行政处分

2. 会计的基本职能有（　　）。

A. 进行会计核算　　　　　　　　B. 提高经营管理水平

C. 实行会计监督　　　　　　　　D. 加强国际合作

3. 在我国，会计监督分为（　　）。

A. 国家监督　　　　　　　　　　B. 社会监督

C. 单位内部监督　　　　　　　　D. 单位负责人的监督

4. 根据我国《会计法》的规定，会计资料最基本的质量要求有（　　）。

A. 真实性　　　　　　　　　　　B. 合法性

C. 完整性　　　　　　　　　　　D. 准确性

5. 根据《会计法》的规定，下列企业中，必须设置总会计师的有（　　）。

A. 大、中型国有企业

B. 大、中型城镇集体所有制企业

C. 国有资产占控股地位的大、中型企业

D. 国有资产占主导地位的大、中型企业

三、判断题

1．只有取得会计从业资格证的人员才能从事会计工作，未取得会计从业资格证的人员，不得从事会计工作。　　　　　　　　　　　　　　　　　　　（　　）

2．根据会计人员回避制度的规定，国有企业会计机构负责人的直系亲属不得担任本单位的任何会计职务。　　　　　　　　　　　　　　　　　　　　（　　）

3．原始凭证记账的各项内容均不得涂改。原始凭证金额有错误的，应当由出具单位重开或者更正，更正处应当加盖出具单位印章。　　　　　　　　　　　　　（　　）

4．国有企业的厂长应当对该国有企业会计资料的真实性和完整性负责。（　　）

5．对于保管期满的原始凭证，可以销毁。　　　　　　　　　　　（　　）

第二部分　技　能　题

四、综合分析题

某有限责任公司是一家中日合资经营企业，2020年度发生了以下事项：

（1）1月14日，公司接到市财政局通知，市财政局要来公司检查会计工作情况。公司董事长兼总经理华某认为，公司作为中外合资经营企业，不应受《会计法》的约束，财政部门无权前来检查。

（2）3月4日，公司会计科一名档案管理人员生病临时交接工作，华某委托单位出纳员纪某临时保管会计档案。

（3）4月16日，公司从外地购买一批原材料，收到发票后，与实际支付款项进行核对时发现发票金额错误，经办人员在原始凭证上进行更改，并加盖了自己的印章，作为报销凭证。

（4）5月6日，公司会计科科长退休。公司决定任命自参加工作以来一直从事销售工作的向某为会计科科长。

（5）7月1日，公司有一批保管期满的会计档案，按规定需要进行销毁。公司档案管理部门编制了会计档案销毁清册，档案管理部门的负责人在会计档案销毁清册上签了字，并于当天销毁。

（6）12月2日，公司董事会研究决定，公司以后对外报送的财务会计报告由向科长签字，盖章后报出。

根据上述情况和会计法律制度的有关规定，回答下列问题：

（1）公司董事长兼总经理华某认为合资经营企业不受《会计法》约束的观点是否正确？为什么？

（2）该公司由出纳员临时保管会计档案的做法是否符合法律规定？为什么？

（3）该公司经办人员更改原始凭证金额的做法是否符合法律规定？为什么？

（4）该公司向某担任会计科科长是否符合法律规定？为什么？

（5）该公司销毁会计档案的做法是否符合法律规定？为什么？

（6）该公司董事会作出的关于对外报送财务会计报告的决定是否符合法律规定？为什么？

module 9

模块九
票据法律制度

能力目标

◎ 掌握如何取得票据权利。

◎ 熟悉票据伪造、变造的责任，票据丧失后如何进行法律上的补救。

◎ 能正确填写汇票、本票、支票。

知识目标

◎ 了解并掌握票据的概念、种类和特征。

◎ 掌握票据丧失补救的有关内容。

◎ 理解票据的伪造与变造。

◎ 掌握汇票的出票、背书、保证、承兑、付款、追索权。

◎ 了解银行汇票、商业汇票、银行本票和支票的有关内容。

随着社会经济的快速发展，单位与个人之间的经济往来日益频繁，对资金到账的要求越来越高，使用票据结算，安全、快捷、高效，逐渐成为社会经济金融活动支付结算的一种重要方式。本模块从票据的概念、种类、特征入手，介绍票据当事人、票据权利与责任、票据行为、票据签章、票据记载事项、票据丧失补救，汇票、本票、支票的法律规定。

引导案例

企业为什么要用承兑汇票付款，而不直接选择用现金转账？

各大企业为了保证生产经营的资金需求，充分发挥了银行承兑汇票在货款回笼中的重要作用。

1. 给收票人带来的好处

（1）可以增加企业资产流动性，进而增强资产的弹性。银行承兑汇票可用于背书、贴现、转贴现等，从而更大的增强了资产的弹性。

（2）能避免应收账款回笼的风险，提高资金回笼的速度。收到银行承兑汇票后，减少了账款的坏账风险，提高收账率。

（3）扩大了企业的销售量。金融危机逐步扩大，对企业信用产生了严重的影响，仅凭企业信用是不够的，但如果增加了银行信用这个附加条件，收款风险就明显降低，增加了销售能力。

（4）加强银行对企业的信用。银行开出汇票时，会要求企业存入一定数额的保证金（10%～30%），这样也就增加了银行的存款，还可以通过办理贴现、转贴现等业务取得收益，从而加强了企业与银行之间的合作。

2. 给出票人带来的好处

（1）可以提高企业的形象。在资金难以回笼的市场上，公司提出支付银行承兑汇票，由于银行信用远高于企业信用，其在购货时可要求供应商降低采购价格而获得利益；另外，因为银行承兑汇票本身就是"信用票据"，说明该企业的经营效益好、信誉高，这会给合作者带来更多的信心。

（2）增强了企业的财务监督，提高财务管理的水平。银行承兑汇票可以控制资金的流向和流量，防止资金人为的流失，同时还可以更有效地实施资金的筹划和合理化库存结构。

（3）可以解决固定资金流动性的问题。要获得银行承兑汇票的开票权，除了企业本身的信誉外，银行还会要求用固定资产作为担保，其实质就是固定资产流动化。

单元一　票据法概述

一、票据的概念与特征

（一）票据的概念和种类

票据一词有广义和狭义之分。广义上的票据是指各种代表财产权的书面凭证，包括钞票、发票、提单、仓单、保单、车票、船票、机票、债券、股票、借据、汇票、本票、支票等。狭义上的票据仅指以无条件支付一定金额为内容，且由票据法规范的有价证券。我国《票据法》中所称的票据是指由出票人签发的、约定自己或者委托付款人在见票时或指定的日期向收款人或持票人无条件支付一定金额的有价证券。在我国，票据包括汇票、本票和支票。

（二）票据的特征

1. 票据是设权有价证券

所谓设权有价证券，是指持票据者凭票据上所记载的权利内容，来证明其票据权利以取得财产。这种票据权利于票据设立后才产生，设立之前不存在。票据以一定的货币金额来表示其价值，这种价值随票据的设立而取得，随票据的转移而转让；占有票据即占有票据的价值，离开票据就不能主张自己的权利。

2. 票据是流通证券

票据是一种债权凭证，它与一般的债券不同。一般债券的债权转让必须通过书面的债权让渡手续，通知债务人后才能生效。而票据的转让可以经过背书，或不作背书仅交付票据的简易程序而自由转让与流通。所以，出售货物而取得票据的债权人能简单地用交付或背书方式以抵销其所欠的另一笔债务，或向银行贴现以取得资金周转。一个国家如有健全的票据市场，且票据债务人的资信又是可靠的，持有票据的债权人可以把票据视同现金，随时能取得融通的便利。

3. 票据是无因证券

票据根据一定的信用行为等原因而产生，即它的设立是有因的。但是，票据的流通是不问其产生的原因的，它在流转过程中只要具备要式，票据权利人行使权利时无须证明其取得票据的原因，票据债务人无条件支付即可。票据上的法律关系只是单纯的金钱支付关系，至于票据设立的原因及其有否瑕疵，对票据上的法律关系没有任何影响。因此，票据一经转让，持票人可不问前手当事人之间有无契约纠纷，即有权要求付款人按期无条件付款。

4. 票据是要式和文义证券

票据必须根据法律规定的方式制成才能有效。票据上必须载明名称、金额、收付款银行、支付日期等，否则票据无效。其中，票据金额须以中文大写和数码同时记载，二者必须一致，二者不一致的，票据无效。票据行为还必须按一定的程序进行，并办理必要的手续。例如，票据必须经出票人签章，承兑必须经承兑人同意支付并签章；转让必须经转让人背书。

票据的权利义务完全依照票据上所记载的文义为准。在票据上签名盖章的人，必须对票据上所载文字负责。

二、票据关系

票据关系是指票据当事人基于票据行为所直接发生的票据上的债权债务关系。

（一）票据关系的特征

1. 无因性

票据关系的无因性是指票据关系一经合法成立，就与其赖以产生的基础关系相分离，独立于基础关系之外，其效力一般不受其基础关系的影响。即使其基础关系存有瑕疵，一般也不会影响到票据关系的效力。

2. 独立性

票据关系的独立性是指各个票据行为及其所引起的票据关系之间是彼此独立的，各个票据行为及票据关系的效力互不相关。一个票据行为及票据关系无效，不影响票据上其他票据行为及票据关系的效力。

（二）票据关系的当事人

1. 出票人

出票人是指在票据上签名并发出票据的人，或者说是签发票据的人。

2. 付款人

付款人是受出票人委托付款的人，有的情况下，出票人也是付款人，如本票。

3. 收款人

收款人是指从出票人那里接受票据并有权向付款人请求付款的人。

除了上述三个基本当事人以外，票据还有一些非基本当事人。非基本当事人的情况较为复杂，不同的票据行为产生不同的票据非基本当事人，如由于背书行为而产生的背书人和被背书人，由于保证行为而产生的保证人和被保证人。

从地位上看，票据关系当事人可分为票据权利人（债权人）和票据义务人（债务人）。票据权利人是指持有票据，可依法向票据义务人主张票据权利即要求对方付款的人，又称持票人。票据债务人是指因为实施了某种票据行为而依法应当负责或履行票据义务，即按规定向权利人付款的人。票据债务人有主债务人（又称第一债务人）和从债务人（又称第二债务人）之分。主债务人是指出票时的债务人，如汇票的出票人（承兑后为承兑人）、本票和支票的出票人；从债务人指非基本当事人中的债务人，如背书后的背书人等。主债务人和从债务人在履行票据义务（主要是向权利人付款）的次序是不同的。权利人首先应向主债务人请求付款，只有当主债务人拒绝承兑或付款时才向从债务人追索款项。

从票据流通中的相应位置来划分，票据当事人又可以分为前手和后手。背书在前的为前手，背书在后的为后手。例如，甲将汇票背书转让给乙，乙再将其转让给丙，那么就甲和乙来说，甲为前手，乙为后手；就乙和丙来说，乙为前手，丙为后手。

三、票据权利

（一）票据权利的概念

票据权利是指持票人向票据债务人或关系人请求支付一定金额的权利。

（二）票据权利的种类

根据《中华人民共和国票据法》（以下简称《票据法》）的规定，票据权利可划分为付款请求权和追索权。

1. 付款请求权

付款请求权是指票据持票人向票据主债务人或其他付款人请求按票据上所记载的金额付款的权

利。这是票据上的第一次请求权,行使者是票据持票人,可能是收款人,也可能是被背书人,还可能是参加付款人;行使的对象是票据主债务人或其他付款人,主债务人包括汇票的承兑人、本票的出票人和支票保付后的付款人,其他付款人包括参加承兑人、保证人、票据交换所、担当付款人等。

2. 追索权

追索权又称偿还请求权、票据权利的第二次请求权,是指持票人行使付款请求权遭到拒绝或者有其他法定原因时,向其前手请求偿还票据金额及其他法定款项的权利。追索权的行使以持票人的付款请求权未能实现为前提。行使追索权的权利人也是票据持票人,可能是票据的最后持票人,也可能是清偿了债权人的票据金额及其他法定款项的被追索人,还有可能是某一被追索的背书人。

(三)票据权利的取得

票据权利人取得票据权利的途径主要有:①出票人签发取得;②持票人转让取得;③税收、继承、赠与所得。因欺诈、偷盗或者胁迫等手段取得票据的,或者明知有前列情形的,出于恶意取得票据,不得享有票据权利。持票人因重大过失取得不符合《票据法》规定的票据时,也不享有票据权利。

(四)票据权利的消灭

(1)因付款票据权利消灭。

(2)因时效票据权利消灭。

《票据法》第十七条规定,票据权利因在一定期限内不行使而消灭:①持票人对票据的出票人和承兑人的权利,自票据到期日起2年。见票即付的汇票、本票,自出票日起2年。②持票人对支票出票人的权利,自出票日起6个月。③持票人对前手的追索权,自被拒绝承兑或者被拒绝付款之日起6个月。④持票人对前手的再追索权,自清偿日或者被提起诉讼之日起3个月。

四、票据的伪造、变造

票据的伪造是指伪造人假冒出票人或其他票据当事人的名义进行签章和票据其他记载事项的行为;票据的变造是指采用技术手段改变票据上已经记载事项的内容,或增加、减少票据记载事项的内容,从而达到变更票据权利义务关系的目的。

票据的伪造、变造是一种损害票据活动当事人的合法权益、扰乱社会经济秩序的票据欺诈行为。伪造、变造票据,给他人造成经济损失的,依法承担赔偿责任;情节轻微,不构成犯罪的,依法按照国家规定给予行政处罚;构成犯罪的,依法追究刑事责任。

根据《票据法》的规定,票据上有伪造、变造的签章的,不影响票据上其他真实签章的效力。票据上其他记载事项被变造的,在变造之前签章的人,对原记载事项负责;在变造之后签章的人,对变造之后的记载事项负责;不能辨别是在票据被变造之前或之后签章的,视同在票据被变造之前签章。

五、票据丧失的补救

所谓票据的丧失,是指持票人并非出于自己的本意而丧失对票据的占有,简称失票。票据丧失可分为票据的绝对丧失与票据的相对丧失。前者是指票据的物质形态已经发生了根本性的变化，作为一张票据已不存在，也称为票据的灭失；后者是指票据只是脱离了原持有人的占有，而在物质形态上并没有发生根本性的变化，作为一张票据仍然存在，只是原来的持票人丧失了对票据的占有，也称为票据的遗失。

构成票据丧失应具备三个要件：①须有持票人丧失对票据的占有的事实；②持票人丧失票据是由于其意志以外的原因造成的；③持票人所丧失的票据上的票据权利须有效存在。

票据丧失后，可以采取三种形式进行补救：挂失止付、公示催告和诉讼。

（一）挂失止付

挂失止付是指失票人将丧失票据的情况通知付款人或代理付款人，由接受通知的付款人或代理付款人审查后暂停支付的一种方式。可以挂失止付的票据包括已承兑的商业汇票、支票、填明"现金"字样的银行汇票和银行本票。

（二）公示催告

公示催告是指票据丧失后由失票人向人民法院提出申请，请求人民法院以公告方式通知不确定的利害关系人限期申报权利，逾期未申报者，则权利失效，而由法院通过除权判决宣告所丧失的票据无效的一种制度或程序。根据《票据法》的规定，失票人应当在通知挂失止付后3日内，也可以在票据丧失后依法向票据支付地人民法院申请公示催告。申请公示催告的主体必须是可以背书转让票据的最后持票人。

1．申请公示催告的条件

①票据权利人丧失票据；②丧失的必须是有效票据；③必须由真正票据权利人提出。

2．公示催告的一般程序

①由失票人向有管辖权法院申请；②法院对失票人的申请进行审查；③进行公示催告；④权利申报和对票据的检查；⑤作出除权判决。

（三）诉讼

诉讼是指丧失票据的人为原告，以承兑人或出票人为被告，请求法院判决其向失票人付款的诉讼活动。票据利害关系人明确时，无须公示催告，可按一般的票据纠纷向法院提起诉讼。

在上述三种补救方法中，挂失止付是票据丧失补救方法中的一种临时性措施，而公示催告与诉讼则是失票人保护票据权利的法定必经程序，失票人即使进行了挂失止付，也还必须通过公示催告或者诉讼程序才能行使自己的票据权利。

单元二 汇 票

一、汇票的概念与种类

（一）汇票的概念

汇票是指由出票人签发的，委托付款人在见票时或者在指定日期无条件支付确定金额给收款人或者持票人的票据。

按照出票人不同，汇票可分为银行汇票和商业汇票。

按照付款日期不同，汇票可分为见票即付、定日付款、出票后定期付款和见票后定期付款四种形式。

（二）我国《票据法》中的汇票种类

1. 银行汇票

银行汇票是指出票银行签发的，由其在见票时按照实际结算金额无条件支付给收款人或者持票人的票据。根据其用途不同，银行汇票又可分为现金银行汇票和转账银行汇票两种。

2. 商业汇票

商业汇票是指由出票人签发的，委托付款人在指定日期无条件支付确定的金额给收款人或者持票人的票据。根据承兑人不同，商业汇票又可分为银行承兑汇票和商业承兑汇票。由银行承兑的商业汇票，称为银行承兑汇票；由付款人承兑的商业汇票，称为商业承兑汇票。

二、汇票的票据行为

（一）出票

出票是指出票人签发票据并将其交付给收款人的票据行为。汇票的出票人必须与付款人具有真实的委托付款关系，并且具有支付汇票金额的可靠资金来源。

汇票出票的款式也称汇票出票的格式，是指汇票的出票人按照《票据法》的规定，在汇票上应作的各种记载。

1. 绝对应记载事项

汇票的绝对应记载事项是指出票时必须在汇票上进行记载，如有欠缺，汇票无效的事项。我国《票据法》第二十二条第一款规定了七项绝对必要记载事项，分别是表明"汇票"的字样、无条件支付的委托、确定的金额、付款人名称、收款人名称、出票日期和出票人签章。

2. 相对应记载事项

汇票的相对应记载事项是指出票人应当在汇票上记载，但是如果没有记载，也不影响汇票的效力，而是按照《票据法》的规定推定其内容的事项。其主要包括付款日期、付款地和出票地三项。汇票上未记载付款日期的，为见票即付；汇票上未记载付款地的，付款人的营业所、住所或者经常居住地为付款地；汇票上未记载出票地的，出票人的营业所、住所或者经常居住地为出票地。

3. 可以记载事项

可以记载事项又称任意记载事项，是指法律允许当事人自由选择记载，不记载并不影响汇票的效力，但一经记载，即具有汇票上的效力的事项。我国《票据法》主要规定了以下两项可以记载事项：禁止转让文句（即"不得转让"字样）和有关汇票支付货币种类的约定条款。

（二）背书

背书是指在票据背面或者粘单上记载有关事项并签章的票据行为，即背书人不附条件而转让票据权利的一种行为。

对背书限制：

（1）背书不得附有条件。《票据法》第三十三条第一款规定："背书不得附有条件。背书附有条件的，所附条件不具有汇票上的效力。"

（2）不能将汇票金额部分转让或者转让给两人以上。《票据法》第三十三条第二款规定："将汇票金额的一部分转让的背书或者将汇票金额分别转让给二人以上的背书无效。"

（3）背书人在汇票上记载"不得转让"字样，其后手再背书转让的，原背书人对后手的被背书人不承担保证责任。

（三）承兑

承兑是指汇票付款人承诺在汇票到期日支付汇票金额的票据行为。

定日付款或者出票后定期付款的汇票，持票人应当在汇票到期日前向付款人提示承兑。提示承兑是指持票人向付款人出示汇票，并要求付款人承诺付款的行为。除见票即付的汇票外，其他汇票都必须提示承兑。承兑的效力在于确定付款人的付款责任。

定日付款或者出票后定期付款的汇票，持票人应当在汇票到期日前向付款人提示承兑。见票后定期付款的汇票，持票人应当自出票日起1个月内向付款人提示承兑。

付款人承兑汇票的，应当在汇票正面记载"承兑"字样和承兑日期并签章。在汇票背面或粘单上所作的承兑，不具有汇票上的效力。

付款人承兑汇票，不得附有条件；承兑附有条件的，视为拒绝承兑。付款人承兑汇票后，应当承担到期付款的责任。

（四）保证

保证是指票据债务人以外的第三人担保票据债务履行的一种附属票据行为。它既是一种担保方式，又是一种票据行为。

保证不得附有条件。被保证的汇票，保证人应当与被保证人对持票人承担连带责任。汇票到期后得不到付款的，持票人有权向保证人请求付款，保证人应当足额付款。保证人为两人以上的，保证人之间承担连带责任。

（五）付款

付款是指汇票付款人及其代理付款人支付汇票金额以消灭票据关系的行为。

《票据法》第五十三条规定，持票人应当按照下列期限提示付款：

（1）见票即付的汇票，自出票日起1个月向付款人提示付款。

（2）定日付款、出票后定期付款或者见票后定期付款的汇票，自到期日起10日向承兑人提示付款。

三、汇票的追索权

追索权是指持票人在票据到期日未获付款，或期限届满前未获承兑，或有其他原因发生时，向其前手请求偿还票据金额、利息及其他法定款项的一种票据权利。

在追索法律关系中，追索权人包括最后的持票人和已为清偿的票据债务人。持票人可以不按照汇票债务人的先后顺序，对其中任何一人、数人或者全体行使追索权。

持票人对汇票债务人中的一人或者数人已经进行追索的，对其他汇票债务人仍可以行使追索权。被追索人清偿债务后，与持票人享有同一权利。

《票据法》第六十一条规定，汇票到期被拒绝付款的，持票人可以对背书人、出票人以及汇票的其他债务人行使追索权。汇票到期日前，有下列情形之一的，持票人也可以行使追索权：①汇票被拒绝承兑的；②承兑人或者付款人死亡、逃匿的；③承兑人或者付款人被依法宣告破产的，或者因违法被责令终止业务活动的。

《票据法》第七十条规定，持票人行使追索权，可以请求被追索人支付下列金额和费用：①被拒绝付款的汇票金额；②汇票金额自到期日或提示付款日起至清偿日止，按照中国人民银行规定的利率计算的利息；③取得有关拒绝证明和发出通知书的费用。

根据《最高人民法院研究室对〈票据法〉第十七条如何理解和适用问题的复函》（法（研）明传〔2000〕21号），持票人对票据的出票人和承兑人行使追索权的期限为2年，持票人对其他前手的追索权自被拒绝承兑或者被拒绝付款之日起6个月。

> ### 案例分析
>
> 甲企业从乙企业购进一批设备，价款为80万元。甲企业开出一张付款期限为6个月的已承兑商业汇票给乙企业，丙企业在该汇票的正面记载了保证事项。乙企业取得汇票后，将该汇票背书转让给了丁企业。汇票到期，丁企业委托银行收款时才得知甲企业的存款账户不足支付。银行将付款人未付款通知书和该商业承兑汇票一同交给了丁企业。丁企业遂向乙企业要求付款。
>
> **问题：**
>
> （1）丁企业在票据未获付款的情况下是否有权向乙企业要求付款？为什么？
>
> （2）丁企业在乙企业拒绝付款的情况下是否可向甲企业、丙企业要求付款？为什么？
>
> （3）如果丙企业代为履行票据付款义务，则丙企业可向谁行使追索权？为什么？
>
> **分析：**
>
> （1）有权。持票人行使付款请求权受到拒绝时，可以向其前手请求支付票据金额。
>
> （2）可以。汇票的出票人、背书人、保证人、承兑人对持票人承担连带责任。持票人可以不按汇票债务人的先后顺序，对其中任何一人、数人或全体行使追索权。因此，丁企业有权向甲企业、乙企业、丙企业进行追索。
>
> （3）甲企业。因为丙企业是保证人，甲企业是被保证人，保证人在被保证人不能履行票据付款责任时，以自己的资金履行票据付款义务，然后取得持票人的权利，可以向票据债务人（甲企业）追索。

单元三　本票、支票

一、本票

（一）本票的概念与特征

本票是指由出票人签发的，承诺自己在见票时无条件支付确定的金额给收款人或者持票人的票据。我国《票据法》中所称的本票，特指银行本票，即由银行签发的，承诺自己在见票时无条件支付确定的金额给收款人或者持票人的票据。

本票作为票据的一种，具有票据的共同特征。本票与汇票、支票及其他国家的本票相比，还有自己的特征：①本票是自付票据；②本票没有承兑制度；③我国的本票仅限于见票即付的银行本票。

本票的背书、保证、付款行为、追索权的行使以及本票的出票行为，除法律有明文规定外，适用《票据法》关于汇票的规定。

（二）本票的出票

1. 绝对应当记载事项

我国《票据法》第七十五条规定了六项绝对应当记载事项，分别是：①表明"本票"的字样（即本票文句）；②无条件支付的承诺（即支付文句）；③确定的金额；④收款人名称；⑤出票日期；⑥出票人签章。

2. 相对应当记载事项

我国《票据法》第七十六条规定了付款地与出票地这两项相对应当记载事项。本票上未记载付款地的，出票人的营业场所为付款地；本票上未记载出票地的，出票人的营业场所为出票地。

3. 可以记载事项

出票人可以在本票上记载"不得转让"字样，记载有这一内容的本票不得转让。

二、支票

（一）支票的概念与特征

支票是指由出票人签发的，委托办理支票存款业务的银行或者其他金融机构在见票时无条件支付确定的金额给收款人或者持票人的票据。

支票作为票据的一种，具有所有票据所共有的特征。支票与汇票和本票相比，还具有自己的特征：①支票的付款人仅限于银行及其他法定金融机构；②支票是见票即付的票据；③支票没有承兑制度；④支票的出票人与付款人之间必须存在资金关系。

（二）我国《票据法》中的支票分类

根据支票的付款方式不同，我国支票主要分为现金支票、转账支票和普通支票三类。所谓现金支票，是指支票上印制有"现金"字样，持票人依法只能请求付款人以现金方式付款的支票；所谓转账支票，是指支票上印制有"转账"字样，持票人依法只能请求付款人以转账方式付款的支票；所谓普通支票，是指支票上未印制"现金"或"转账"字样，持票人依法可以请求付款人以现金方式付款，也可以请求付款人以转账方式付款的支票。

（三）支票的出票

1. 支票出票的款式

（1）绝对应记载事项。支票必须记载有"支票"字样、无条件支付的委托、确定的金额、付款人名称、出票日期和出票人签章六项，缺少其中任何一项，支票无效。

（2）授权补记。支票上的金额可以由出票人授权补记，未补记前的支票，不得使用。支票上未记载收款人名称的，经出票人授权，可以补记。

（3）相对应记载事项。支票的相对应记载事项主要有付款地和出票地两项。

（4）可以记载事项。出票人在支票上记载"不得转让"字样的，支票不得转让；出票人依双方约定在支票上记载支付的货币种类的，付款时应以支票上记载的货币支付。

2．支票出票人与付款人之间的资金关系

支票与汇票同属于委托票据，但是支票与汇票不同的是，支票的出票人必须与其委托的付款人之间存在一定的资金关系。也正是由于这种资金关系的存在，才使付款人不必经过承兑而负有付款义务。

我国《票据法》第八十七条规定："支票的出票人所签发的支票金额不得超过其付款时在付款人处实有的存款金额。出票人签发的支票金额超过其付款时在付款人处实有的存款金额的，为空头支票。禁止签发空头支票。"

3．支票出票的效力

（1）对出票人的效力。支票出票对出票人而言，使其承担了担保支票付款的义务。

（2）对付款人的效力。支票出票对付款人而言，使其承担了见票付款的义务。

（3）对收款人或持票人的效力。支票出票后，收款人或持票人取得票据权利，有权在法定提示付款期间内向付款人请求付款并受领支票金额；如果付款人拒绝付款，则依法取得追索权；收款人或持票人也有权依法对支票进行转让。

（四）支票的付款

我国《票据法》第九十一条第一款规定了支票的提示付款期限："支票的持票人应当自出票日起 10 日内提示付款；异地使用的支票，其提示付款期限由中国人民银行另行规定。"

复习思考题

第一部分　知　识　题

一、单项选择题

1. 下列当事人在票据上的签章不符合法律规定，即导致票据无效的是（　　　）。

    A. 出票人　　　　　B. 背书人　　　　　C. 承兑人　　　　　D. 保证人

2. 根据《票据法》的规定，下列各项中，不属于支票绝对应记载事项的是（　　　）。

    A. 无条件支付的委托　　　　　　　B. 付款人名称

    C. 出票地　　　　　　　　　　　　D. 出票日期

3. 下列不属于我国《票据法》上所指的票据的是（　　　）。

    A. 股票　　　　　B. 汇票　　　　　C. 本票　　　　　D. 支票

4. 根据《票据法》的规定，下列各项中，汇票特有的票据行为是（　　　）。

　　A. 出票　　　　　　　B. 背书　　　　　　C. 承兑　　　　　　D. 保证

5. 在我国，下列不是商业承兑汇票的出票人必须符合的条件的是（　　　）。

　　A. 是在银行开立存款账户的法人及其他组织

　　B. 与付款人具有真实的委托付款关系

　　C. 设立总会计师一职

　　D. 具有支付汇票金额的可靠资金来源

二、多项选择题

1. 根据《票据法》的规定，支票的（　　　　　）可以由出票人授权补记。未补记前，不得背书转让和提示付款。

　　A. 支票金额　　　　　　　　　　B. 出票日期

　　C. 付款人名称　　　　　　　　　D. 收款人名称

2. 根据《票据法》的规定，下列可以行使追索权的当事人有（　　　）。

　　A. 出票人　　　　　　　　　　　B. 收款人

　　C. 最后持票人　　　　　　　　　D. 代为清偿票款的背书人

3. 根据《票据法》的规定，下列各项中，属于汇票到期日前持票人可以行使票据追索权的情形有（　　　）。

　　A. 汇票被拒绝承兑　　　　　　　B. 付款人因违法被责令停业

　　C. 付款人逃匿　　　　　　　　　D. 付款人破产

4. 票据具有的基本特征为（　　　）。

　　A. 票据是无因证券　　　　　　　B. 票据是文义证券

　　C. 票据是有价证券　　　　　　　D. 票据是要式证券

5. 票据丧失后的补救措施有（　　　）。

　　A. 公示催告　　　　　　　　　　B. 挂失止付

　　C. 登报声明作废　　　　　　　　D. 诉讼

三、判断题

1. 变更票据上的金额的，属于票据的伪造，不属于票据的变造。　　　　　　（　　　）

2. 票据的金额必须以中文大写和阿拉伯数字同时记载，二者必须一致，否则以中文大写为准。　　　　　　　　　　　　　　　　　　　　　　　　　　　　　　　　　（　　　）

3. 出票、背书和承兑是各种票据共有的票据行为。　　　　　　　　　　　　（　　　）

4. 在票据丧失后，为了保障其权利，持票人必须先挂失止付，然后申请公示催告，其后再提起诉讼。　　　　　　　　　　　　　　　　　　　　　　　　　　　　　　　　（　　　）

5. 银行本票可用于单位在异地各种款项的结算。　　　　　　　　　　　　　（　　　）

第二部分　技　能　题

四、综合分析题

A公司会计科被盗，会计人员在清点财物时，发现除现金、财务印章外，还有6张票据被盗，包括：付款方签发的尚未送交银行的现金支票 2 张、转账支票 1 张；未填明 "现金" 字样的银行本票 3 张。上述票据均在法定提示付款期限内。

根据我国金融法律制度的规定，回答下列问题：

（1）A 公司票据被盗后，哪些票据可以挂失止付？

（2）A 公司对票据挂失止付后，还可以采取哪些补救措施？

（3）如果 A 公司办理票据挂失止付前，可以挂失止付的票据票款被冒领，其所造成的资金损失由谁负责？简要说明理由。

模块十

电子商务法律制度

能力目标

◎ 能够辨别数据电文的发送及其接收、可靠电子签名的有效要件、电子签名的认证及其认证机构的法律责任。

◎ 能够运用所学知识分析电子商务合同的订立及其效力等法律问题。

知识目标

◎ 了解电子商务的概念及我国的电子商务立法现状。

◎ 掌握电子签名法的主要内容。

◎ 理解并掌握电子商务合同的概念、电子商务合同订立的法律制度、电子商务合同的效力等相关问题。

自 20 世纪 90 年代以来，随着计算机技术的发展和互联网的应用普及，一种基于互联网的全新商务模式——电子商务应运而生。能否通过网络的电子数据信息交换成立一个在法律上有效的电子商务合同，是现代电子商务发展中的关键问题。本模块从电子商务的概念入手，介绍国际上的和我国的电子商务立法，电子签名的概念、数据电文、可靠电子签名及认证，以及电子商务合同的订立、效力、电子商务合同立法等相关法律制度。

引导案例

电子合同有法律效力吗

甲、乙公司通过"云合同"第三方电子平台签订了 App 开发合同，甲公司委托乙公司开发某款 App，并约定了相应违约责任。该份电子合同的生成是通过第三方电子平台异地签订而成的，并且双方使用的均是电子签名。甲公司代表签字处由公司授权代表郭某签字，乙公司代表签字处由公司法定代表人方某签字，并加盖双方公司云合同专用章。

合同签订后乙公司经过讨论认为这个项目目前还不成熟，于是决定不开发了。但甲公司认为他们为项目开发已做了很多前期准备工作，终止合同会造成很大损失，要求乙公司按照合同约定赔偿违约金。乙公司表示，他们没有签订正式纸质合同，只是签订了电子合同，电子合同区别于传统的手写签字和加以盖章的书面合同，不具备真正意义上的法律效力，因此该合同并不是一个成立且具有效力的合同，乙公司无须根据该份合同承担任何违约金。甲、乙公司双方因此产生争议，遂成诉讼。

本案争议的焦点在于甲、乙公司通过"云合同"第三方电子平台以电子签名形式签订的 App 开发合同对双方当事人是否具有法律约束力。

法院认为，当事人订立合同，有书面形式、口头形式和其他形式。书面形式是指合同书、信件和数据电文（包括电报、电传、传真、电子数据交换和电子邮件）等可以有形地表现所载内容的形式。本案中，乙公司法定代表人方某和甲公司授权代表郭某通过电子方式在 App 开发合同上签字，加盖双方公司云合同专用章，可以认定合同内容系双方当事人真实意思表示，不违反相关法律规定，对双方当事人应当具有法律约束力。乙公司辩称双方没有当面签订纸质合同，而是在异地通过第三方电子平台签订了电子合同，故不认可合同的效力。法院认为，App 开发合同并未明确合同必须采用纸质合同形式，故法院对乙公司的辩称主张不予认可，甲、乙公司双方应按照 App 开发合同的约定履行各自的义务，乙公司应按合同约定支付甲公司违约金。

《民法典》第四百六十九条规定："书面形式是合同书、信件、电报、电传、传真等可以有形地表现所载内容的形式。以电子数据交换、电子邮件等方式能够有形地表现所载内容，并可以随时调取查用的数据电文，视为书面形式。"

单元一　电子商务法概述

一、电子商务及电子商务法的概念

电子商务（Electronic Commerce）是一个源于英文的外来词，与之在语义上相近的词还有：

电子商业（Electronic Business）、电子交易（Electronic Transaction）、电子贸易（Electronic Trade）、网络贸易（Cyber Shopping）等。关于电子商务的含义，简单地说，是指以因特网为运行平台的商事交易活动，即在以国际互联网为主的各种计算机网络上所进行的经济和商业活动。

电子商务法是指调整电子商务活动中所产生的社会关系的法律规范的总称。它是一个新兴的综合法律领域，可以分为电子商务交易法和电子商务安全法等分支。电子商务交易法是指规范平等民事主体之间通过因特网进行交易的商业行为的法律规范的总称，属于私法范畴；电子商务安全法是指关于电子商务信息系统安全的法律规范的总称，属于公法范畴。

小资料

电子商务国际规则

1.《联合国国际贸易法委员会电子商务示范法》

The United Nations Commission on International Trade Law Model Law on Electronic Commerce，简称《电子商务示范法》。该法于 1996 年 12 月 16 日联合国国际贸易法委员会第八十五次全体大会通过，共 17 条，分为两个部分。第一部分为电子商务总则，即一般条款，包括对数据电文的适用法律要求、数据电文的传递；第二部分为电子商务的特定领域，主要涉及货物运输中的运输合同、运输单据、电子提单的效力和证据效力等问题。

2.《联合国国际贸易法委员会电子签名示范法》

The United Nations Commission on International Trade Law Model Law on Electronic Autograph，简称《电子签名示范法》。该法于 2001 年 12 月 12 日由联合国贸易法律委员会通过，是国际上关于电子签名方面的、最重要的立法文件。

3.《国际海事委员会电子提单规则》

Committee Maritime International Rules for Electronic Bills of Landing，简称《CMI 电子提单规则》。该法于 1990 年 6 月 29 日国际海事委员会在巴黎召开的第三十四届大会上通过，共 11 条，主要内容有适用范围、定义、程序规则、收货单据的形式和内容、运送合同的术语与条件、密码、发送、接受纸面单证的选择、电子数据等同书面、数据电文的鉴定等。

4.《跟单信用证统一惯例关于电子交单的附则》

Supplement to Uniform and Practice for Documentary Credits for Electronic Presentation，简称 eUCP（国际商会 eUCP1.0 版），自 2002 年 4 月 1 日起生效，对信用证业务中电子交单的有关问题作出了专门规定。

二、我国电子商务的立法现状

目前，我国有关电子商务方面的立法主要包括三个层次：一是全国人民代表大会的立法层面上，主要有《民法典》（2020 年）、《电子商务法》（2018 年）、《电子签名法》（2019 年修正）、全国人民代表大会常务委员会《关于维护互联网安全的决定》（2000 年）等。二是国务院颁布的行政法规，主要有《计算机信息系统安全保护条例》（1994 年）、《计算机信息网络国际互联网管理暂行规定》（1997 年）、《互联网信息服务管理办法》（2000 年）、《电信条例》（2000 年）、《计算机软件保护条例》（2001 年）等。三是有关部委发布的规章，主要有国务院信息化工作领导小组《中国互联网域名注册暂行管理办法》（1997年），工业和信息化部《中国公用计算机互联网国际联网管理办法》（1996年）、《电信和互联网用户个人信息保护规定》（2013年）、《电子认证服务管理办法》（2015年修订）、《互联网域名管理办法》（2017年），商务部、发改委、公安部、国家税务总局和工商总局五部委联合发布的《零售商供应商公平交易管理办法》（2006年），商务部《关于网上交易的指导意见（暂行）》（2007年）、《第三方电子商务交易平台服务规范》（2011年），国家工商总局《网络交易管理办法》（2014年）等。

《中华人民共和国电子商务法》（以下简称《电子商务法》）于2018年8月31日第十三届全国人民代表大会常务委员会第五次会议通过，自2019年1月1日起施行。其内容包括总则、电子商务经营者、电子商务合同的订立与履行、电子商务争议解决、电子商务促进、法律责任、附则共七章。

三、电子商务经营者

（一）基本分类

电子商务经营者是指通过互联网等信息网络从事销售商品或者提供服务的经营活动的自然人、法人和非法人组织，包括电子商务平台经营者、平台内经营者以及通过自建网站、其他网络服务销售商品或者提供服务的电子商务经营者。

电子商务平台经营者是指在电子商务中为交易双方或者多方提供网络经营场所、交易撮合、信息发布等服务，供交易双方或者多方独立开展交易活动的法人或者非法人组织。

平台内经营者是指通过电子商务平台销售商品或者提供服务的电子商务经营者。

（二）法律义务

电子商务经营者应当依法办理市场主体登记。但是，个人销售自产农副产品、家庭手工业产品，个人利用自己的技能从事依法无须取得许可的便民劳务活动和零星小额交易活动，以及依照法律、行政法规不需要进行登记的除外。

电子商务经营者应当依法履行纳税义务，并依法享受税收优惠。依照规定不需要办理市场主体登记的电子商务经营者在首次纳税义务发生后，应当依照税收征收管理法律、行政法规的规定申请办理税务登记，并如实申报纳税。

电子商务经营者应当全面、真实、准确、及时地披露商品或者服务信息，保障消费者的知情权和选择权。电子商务经营者不得以虚构交易、编造用户评价等方式进行虚假或者引人误解的商业宣传，欺骗、误导消费者。电子商务经营者搭售商品或者服务，应当以显著方式提请消费者注意，不得将搭售商品或者服务作为默认同意的选项。

电子商务经营者根据消费者的兴趣爱好、消费习惯等特征向其提供商品或者服务的搜索结果的，应当同时向该消费者提供不针对其个人特征的选项，尊重和平等保护消费者合法权益。

（三）电子商务平台经营者

电子商务平台经营者应当遵循公开、公平、公正的原则，制定平台服务协议和交易规则，明确进入和退出平台、商品和服务质量保障、消费者权益保护、个人信息保护等方面的权利和义务。要求申请进入平台销售商品或者提供服务的经营者提交其身份、地址、联系方式、行政许可等真实信息，进行核验、登记，建立登记档案，并定期核验更新。

电子商务平台经营者不得利用服务协议、交易规则以及技术等手段，对平台内经营者在平台内的交易、交易价格以及与其他经营者的交易等进行不合理限制或者附加不合理条件，或者向平台内经营者收取不合理费用。

电子商务平台经营者应当记录、保存平台上发布的商品和服务信息、交易信息，并确保信息的完整性、保密性、可用性。商品和服务信息、交易信息保存时间自交易完成之日起不少于3年；法律、行政法规另有规定的，依照其规定。

电子商务平台经营者知道或者应当知道平台内经营者销售的商品或者提供的服务不符合保障人身、财产安全的要求，或者有其他侵害消费者合法权益行为，未采取必要措施的，依法与该平台内经营者承担连带责任。对关系消费者生命健康的商品或者服务，电子商务平台经营者对平台内经营者的资质资格未尽到审核义务，或者对消费者未尽到安全保障义务，造成消费者损害的，依法承担相应的责任。

四、知识产权保护

电子商务平台经营者应当建立知识产权保护规则，与知识产权权利人加强合作，依法保护知识产权。

知识产权权利人认为其知识产权受到侵害的，有权通知电子商务平台经营者采取删除、屏蔽、断开链接、终止交易和服务等必要措施。通知应当包括构成侵权的初步证据。电子商务平台经营者接到通知后，应当及时采取必要措施，并将该通知转送平台内经营者；未及时采取必要措施的，对损害的扩大部分与平台内经营者承担连带责任。因通知错误造成平台内经营者损害的，依法承担民事责任。恶意发出错误通知，造成平台内经营者损失的，加倍承担赔偿责任。

平台内经营者接到转送的通知后，可以向电子商务平台经营者提交不存在侵权行为的声明。声明应当包括不存在侵权行为的初步证据。电子商务平台经营者接到声明后，应当将该声明转送发出通知的知识产权权利人，并告知其可以向有关主管部门投诉或者向人民法院起诉。电子商务平台经营者在转送声明到达知识产权权利人后 15 日内，未收到权利人已经投诉或者起诉通知的，应当及时终止所采取的措施。

电子商务平台经营者知道或者应当知道平台内经营者侵犯知识产权的，应当采取删除、屏蔽、断开链接、终止交易和服务等必要措施；未采取必要措施的，与侵权人承担连带责任。

单元二　电子签名法

一、电子签名法概述

2004 年 8 月 28 日第十届全国人民代表大会常务委员会第十一次会议通过了《中华人民共和国电子签名法》（以下简称《电子签名法》），并分别于 2015 年、2019 年进行了相应条款的修正，这是我国第一部真正意义上的电子商务法，确立了电子签名的法律效力，规范了电子签名行为，为我国电子商务的发展奠定了坚实的基础。《电子签名法》共五章 36 条，这 36 条及其体现出来的原则基本上奠定了我国电子交易与电子商务的法律基础。

（一）电子签名的概念与特征

《电子签名法》规定，电子签名是指"数据电文中以电子形式所含、所附用于识别签名人身份并表明签名人认可其中内容的数据"。所谓电子签名，类似于手写签名或印章，从某种意义上可以说它是电子印章。电子签名必须起到两个作用：一是识别签名人身份，二是保证签名人认可文件中的内容。电子签名是一种与传统书面签名"功能等价"的特定形式。

电子签名与传统签名仅在功能上有等同之处，它们之间的差异也是明显的：①电子签名一般是通过在线签署的，是一种远距离的认证方式；②电子签名本身是一种数据，它很难像纸面签名一样提交原件；③大多数人只有一种手书签名样式，但一个人可能同时拥有许多个电子签名；④传统手书签名可凭视觉比较，而电子签名一般需要计算机系统进行鉴别。

（二）电子签名的适用范围

《电子签名法》规定，下列文书不适用电子签名：①涉及婚姻、收养、继承等人身关系的；②涉及停止供水、供热、供气等公用事业服务的；③法律、行政法规规定的不适用电子文书的其他情形。

小资料

解读《电子签名法》

《电子签名法》对立法目的、适用范围和电子签名、数据电文的概念给予了明确定义；规定了数据电文的书面形式效力、原件效力、保存要求、证据效力等；明确了安全电子签名的效力，安全电子签名的条件，第三方认证机构的设立条件，行为规范和管理机关。

可靠的电子签名与手写签名或者盖章具有同等的法律效力。电子签名需要第三方认证的，由依法设立的电子认证服务提供者提供认证服务。从事电子认证服务，应取得企业法人资格，向国务院信息产业主管部门提出认证资格申请，予以许可的，颁发电子认证许可证书。取得认证资格的电子认证服务提供者，应当按照规定在互联网上公布其名称、许可证号等信息。

二、数据电文

关于数据电文，我国《合同法》第十一条将其作为合同的一种书面形式，包括电报、电传、传真、电子数据交换和电子邮件。《民法典》第四百六十九条第三款则作了相应修改：以电子数据交换、电子邮件等方式能够有形地表现所载内容，并可以随时调取查用的数据电文，视为书面形式。《电子签名法》第二条第二款则规定，数据电文是指"以电子、光学、磁或者类似手段生成、发送、接收或者储存的信息"，即数据电文等同于电子信息、电子通信、电子数据、电子记录、电子文件等。

（一）数据电文的书面形式、原件形式与文件保存

数据电文的书面形式是指能够有形地表现所载内容，并可以随时调取查用的数据电文，即数据电文的书面形式要具有可读性与固定性。与《合同法》第十一条关于"书面形式"的规定

相比，《电子签名法》增加了"可以随时调取查用"的要求，与《民法典》视为书面形式的规定相一致。

视为满足法律、法规规定的原件形式要求的数据电文，必须符合下列条件：①能够有效地表现所载内容并可供随时调取查用；②能够可靠地保证自最终形成时起，内容保持完整、未被更改。但是，在数据电文上增加背书以及数据交换、储存和显示过程中发生的形式变化不影响数据电文的完整性。

视为满足法律、法规规定的文件保存要求的数据电文，必须符合下列条件：①能够有效地表现所载内容并可供随时调取查用；②数据电文的格式与其生成、发送或者接收时的格式相同，或者格式不相同但是能够准确表现原来生成、发送或者接收的内容；③能够识别数据电文的发件人、收件人以及发送、接收的时间。

（二）数据电文的证据效力

数据电文可以作为证据使用。《电子签名法》规定，数据电文不得仅因为其是以电子、光学、磁或者类似手段生成、发送、接收或者储存的而被拒绝作为证据使用。审查数据电文作为证据的真实性，应当考虑以下因素：①生成、储存或者传递数据电文方法的可靠性；②保持内容完整性方法的可靠性；③用以鉴别发件人方法的可靠性；④其他相关因素。

（三）数据电文的发送和接收

《电子签名法》对数据电文的发送与接收作了较为详细的规定。除当事人另有约定外，数据电文有下列情形之一的，视为发件人发送：①经发件人授权发送的；②发件人的信息系统自动发送的；③收件人按照发件人认可的方法对数据电文进行验证后结果相符的。

关于数据电文的发送时间、接收时间，除当事人另有约定外，数据电文进入发件人控制之外的某个信息系统的时间，视为该数据电文的发送时间。收件人指定特定系统接收数据电文的，数据电文进入该特定系统的时间，视为该数据电文的接收时间；未指定特定系统的，数据电文进入收件人的任何系统的首次时间，视为该数据电文的接收时间。

三、电子签名与认证

《电子签名法》首次赋予可靠的电子签名与手写签名或盖章具有同等的法律效力，并明确了电子认证服务的市场准入制度。

（一）可靠电子签名的要件

可靠的电子签名与手写签名或者盖章具有同等的法律效力。依据《电子签名法》规定，可靠的电子签名须同时符合下列要件：①电子签名制作数据用于电子签名时，属于电子签名人专有；②签署时电子签名制作数据仅由电子签名人控制；③签署后对电子签名的任何改动能够被发现；④签署后对数据电文内容和形式的任何改动能够被发现。

法律同时赋予当事人协商选择权，即当事人也可以选择使用符合其约定的可靠条件的电子签名。

（二）电子签名认证

在电子商务交易中，双方使用电子签名时，往往需要由第三方对电子签名人的身份进行认证，向交易对方提供信誉保证，这个第三方一般被称为电子认证服务机构（Certification Authorities，CA）。这种认证机构在我国《电子签名法》中称为"电子认证服务提供者"。认证机构的可靠与否对电子签名的真实性和电子交易的安全性起着关键作用。

电子签名人向电子认证服务提供者申请电子签名认证证书，应当提供真实、完整和准确的信息。电子认证服务提供者收到电子签名认证证书申请后，应当对申请人的身份进行查验，并对有关材料进行审查，签发电子签名认证证书。电子认证服务提供者签发的电子签名认证证书应当准确无误，并应当载明下列内容：①电子认证服务提供者名称；②证书持有人名称；③证书序列号；④证书有效期；⑤证书持有人的电子签名验证数据；⑥电子认证服务提供者的电子签名；⑦国务院信息产业主管部门规定的其他内容。

四、法律责任

（一）电子签名人的赔偿责任

电子签名人知悉电子签名制作数据已经失密或者可能已经失密未及时告知有关各方并终止使用电子签名制作数据，未向电子认证服务提供者提供真实、完整和准确的信息，或者有其他过错，给电子签名依赖方、电子认证服务提供者造成损失的，承担赔偿责任。其中，电子签名依赖方是指基于对电子签名认证证书或者电子签名的信赖从事有关活动的人。

（二）电子认证服务机构的赔偿责任

电子签名人或者电子签名依赖方因依据电子认证服务提供者提供的电子签名认证服务从事民事活动遭受损失，电子认证服务提供者不能证明自己无过错的，承担赔偿责任。我国法律对电子认证服务机构的法律责任实行的是过错推定原则。

（三）伪造、冒用、盗用他人电子签名的法律责任

伪造、冒用、盗用他人的电子签名，构成犯罪的，依法追究刑事责任；给他人造成损失的，依法承担民事责任。

单元三　电子商务合同法律制度

一、电子商务合同的概念与特征

（一）电子商务合同的概念

电子商务合同也称电子合同、网络合同、网络交易合同等。广义的电子商务合同是指以电子手段、光学手段或类似手段拟订当事人之间权利义务关系的合同，即包括但不限于以电子数据交换（EDI）、电子邮件、电报、电传或传真形式拟订当事人之间权利义务关系的合同。狭义的电子商务合同是指以一定的电子技术为特定手段拟定当事人之间权利义务关系的合同，通常指以 EDI 方式和计算机网络信息传递方式拟定的合同。

我国《合同法》规定的数据电文包括电报、电传、传真、电子数据交换和电子邮件等形

式。其中，电子数据交换和电子邮件属于电子商务合同的类型，而采用电报、电传、传真等方式订立的合同仍然属于一般的合同类型，不属于狭义概念上的电子商务合同。《民法典》第四百六十九条对合同的书面形式作了相应的区分：书面形式是合同书、信件、电报、电传、传真等可以有形地表现所载内容的形式；以电子数据交换、电子邮件等方式能够有形地表现所载内容，并可以随时调取查用的数据电文，视为书面形式。视为书面形式的，也即电子商务合同类型。

（二）电子商务合同的特征

电子商务合同作为互联网技术的发展和运用而产生的一种全新的合同形式，其意义和作用本身并没有超出传统民事合同的范围，但因电子商务合同的缔约方式和载体不同于传统的书面和口头合同，故又具有其特有特征：①合同的要约和承诺均通过网络进行。合同的买方和卖方都通过网络在虚拟市场上运作，其身份依靠密码的辨认或认证机构的认证，合同生效的传统签字盖章形式被数字签字所代替。②合同有特殊的订立方式。在电子商务合同中，由于 EDI 技术的应用，以电子交叉要约方式订立合同的方式较为普遍。另外，"点击合同"也大量存在。③合同成立地点不同于传统合同。传统合同成立地点一般为承诺生效的地点，而电子商务合同一般以收件人主营业地为合同成立地点；没有主营业地的，其经常居住地为合同成立地点。

二、电子商务合同的订立

电子商务合同是合同的一种特殊形式，所以它的订立仍需遵循合同订立的基本程序——要约和承诺。但电子商务合同中的要约和承诺都是通过计算机网络应用系统而发出的，电子商务合同中的意思表示具有电子化特征。电子商务合同的要约、承诺与传统合同相比有其特殊性。

《电子商务法》规定，电子商务当事人使用自动信息系统订立或者履行合同的行为对使用该系统的当事人具有法律效力。在电子商务中推定当事人具有相应的民事行为能力。但是，有相反证据足以推翻的除外。

电子商务经营者应当清晰、全面、明确地告知用户订立合同的步骤、注意事项、下载方法等事项，并保证用户能够便利、完整地阅览和下载。电子商务经营者应当保证用户在提交订单前可以更正输入错误。

电子商务经营者发布的商品或者服务信息符合要约条件的，用户选择该商品或者服务并提交订单成功，合同成立。当事人另有约定的，从其约定。电子商务经营者不得以格式条款等方式约定消费者支付价款后合同不成立；格式条款等含有该内容的，其内容无效。

关于电子商务合同的成立时间，我国《民法典》第四百九十一条第二款也作了类似规定：当事人一方通过互联网等信息网络发布的商品或者服务信息符合要约条件的，对方选择该商品或者服务并提交订单成功时合同成立，但是当事人另有约定的除外。

三、电子商务合同的效力及履行

《电子商务法》规定，合同标的为交付商品并采用快递物流方式交付的，收货人签收时间为交付时间。合同标的为提供服务的，生成的电子凭证或者实物凭证中载明的时间为交付时间；前述凭证没有载明时间或者载明时间与实际提供服务时间不一致的，实际提供服务的时间为交付时间。合同标的为采用在线传输方式交付的，合同标的进入对方当事人指定的特定系统并且能够检索识别的时间为交付时间。合同当事人对交付方式、交付时间另有约定的，从其约定。关于电子商务合同标的交付时间，我国《民法典》第五百一十二条也作了类似规定。

电子商务当事人可以约定采用电子支付方式支付价款。电子支付服务提供者为电子商务提供电子支付服务，应当遵守国家规定，告知用户电子支付服务的功能、使用方法、注意事项、相关风险和收费标准等事项，不得附加不合理交易条件。电子支付服务提供者应当确保电子支付指令的完整性、一致性、可跟踪稽核和不可篡改。电子支付服务提供者应当向用户免费提供对账服务以及最近 3 年的交易记录。

电子支付服务提供者完成电子支付后，应当及时准确地向用户提供符合约定方式的确认支付的信息。用户应当妥善保管交易密码、电子签名数据等安全工具。用户发现安全工具遗失、被盗用或者未经授权的支付的，应当及时通知电子支付服务提供者。未经授权的支付造成的损失，由电子支付服务提供者承担；电子支付服务提供者能够证明未经授权的支付是因用户的过错造成的，不承担责任。

四、电子商务争议解决

电子商务经营者应当建立便捷、有效的投诉、举报机制，公开投诉、举报方式等信息，及时受理并处理投诉、举报。电子商务平台经营者可以建立争议在线解决机制，制定并公示争议解决规则，根据自愿原则，公平、公正地解决当事人的争议。

电子商务争议可以通过协商和解，请求消费者组织、行业协会或者其他依法成立的调解组织调解，向有关部门投诉，提请仲裁，或者提起诉讼等方式解决。

消费者要求电子商务平台经营者承担先行赔偿责任以及电子商务平台经营者赔偿后向平台内经营者的追偿，适用我国《消费者权益保护法》的有关规定。即消费者通过网络交易平台购买商品或者接受服务，其合法权益受到损害的，可以向销售者或者服务者要求赔偿。网络交易平台提供者不能提供销售者或者服务者的真实名称、地址和有效联系方式的，消费者也可以向网络交易平台提供者要求赔偿；网络交易平台提供者做出更有利于消费者的承诺的，应当履行承诺。网络交易平台提供者赔偿后，有权向销售者或者服务者追偿。网络交易平台提供者明知或者应知销售者或者服务者利用其平台侵害消费者合法权益，未采取必要措施的，依法与该销售者或者服务者承担连带责任。

在电子商务争议处理中，电子商务经营者应当提供原始合同和交易记录。因电子商务经营者丢失、伪造、篡改、销毁、隐匿或者拒绝提供前述资料，致使人民法院、仲裁机构或者有关机关无法查明事实的，电子商务经营者应当承担相应的法律责任。

复习思考题

第一部分 知 识 题

一、单项选择题

1. 我国《电子商务法》于（　　　）开始实施。

　　A. 2005 年 1 月 1 日　　　　　　　　　　B. 2005 年 4 月 1 日

C. 2019 年 1 月 1 日　　　　　　　　D. 2019 年 4 月 1 日

2. 根据《电子商务法》规定，电子商务平台商品和服务信息、交易信息保存时间自交易完成之日起不少于（　　）。

A. 1 年　　　　　B. 2 年　　　　　C. 3 年　　　　　D. 4 年

3. 在有关电子商务的国际立法中，最重要的国际文件是联合国国际贸易法委员会在 1996 年制定完成的（　　）。

A.《信息技术协议》　　　　　　　B.《电子商务法》
C.《电子商务示范法》　　　　　　D.《全球基础电信协议》

4. 我国目前规范电子签名效力问题的法律是（　　）。

A.《合同法》　　　　　　　　　　B.《电子商务法》
C.《电子签名法》　　　　　　　　D.《电子交易法》

5. 以（　　）方式订立的合同，属于狭义概念上的电子商务合同。

A. 电报　　　　　B. 电子数据交换　　　C. 电传　　　　　D. 传真

二、多项选择题

1. 根据我国电子签名法的规定，下列不适用电子签名的有（　　）。

A. 婚姻　　　　　　　　　　　　B. 继承
C. 房屋买卖合同　　　　　　　　D. 土地使用权转让合同

2. 根据《电子商务法》规定，电子商务经营者包括（　　）。

A. 电子商务平台经营者　　　　　B. 平台内经营者
C. 其他电子商务经营者　　　　　D. 电子商务认证机构

3. 我国《民法典》中关于数据电文这种视为合同书面形式主要有（　　）。

A. 电报　　　　　　　　　　　　B. 电子邮件
C. 传真　　　　　　　　　　　　D. 电子数据交换

4. 审查数据电文作为证据的真实性，应当考虑以下因素（　　）。

A. 生成、储存或者传递数据电文方法的可靠性
B. 保持内容完整性方法的可靠性
C. 用以鉴别发件人方法的可靠性
D. 数据电文书面形式的可靠性

5. 视为可靠的电子签名，必须具备下列（　　）等条件。

A. 电子签名制作数据用于电子签名时，属于电子签名人专有
B. 签署时电子签名制作数据仅由电子签名人控制
C. 签署后对电子签名的任何改动能够被发现
D. 签署后对数据电文内容和形式的任何改动能够被发现

三、判断题

1. 电子签名的效力低于传统的手写签名。　　　　　　　　　　　　　（　　）
2. 根据我国《电子签名法》的规定，所有的合同交易都可适用电子签名。　（　　）
3. 电报、电传、传真属于我国《民法典》规定的书面形式。　　　　　（　　）
4. 当事人一方通过互联网等信息网络发布的商品或者服务信息符合要约条件的，对方选

择该商品或者服务并提交订单成功时合同成立,当事人不得另有约定。　　　（　　）

5. 网上合同的履行方式,都是网上签订合同后在网上履行。　　　　　　（　　）

第二部分　技　能　题

四、综合分析题

甲公司（买方）、乙公司（卖方）达成一项销售日用品协议,约定双方日用品的下单和接单均通过双方指定的系统以电子数据交换（EDI）的形式,由双方的计算机自动进行。就此,双方达成并签署了书面合同,其中约定:甲公司日用品存货不足时,一经甲公司采购负责人决定,甲公司计算机自动给乙公司下单（信息发送成功,计算机会自动显示）,乙公司收到订单后,无须特定的人同意,计算机便自动接单。然后,乙公司便根据甲公司的订单送货上门。合同还同时约定,乙公司一有新品,计算机便会自动向甲公司发出提示,以便甲方发出订单。

根据双方的协议,合同生效后,系统运行一直正常。但之后双方出现纠纷,由于甲公司库存的日用品低于正常库存量,急需进货,9 月 12 日甲公司计算机通过双方指定的系统便自动给乙公司下单,订单对货号、数量作了约定,计算机也显示信息发送成功。按照常规,乙公司当天收到订单后,应立即组织发货,9 月 15 日就能到货。但直到 9 月 21 日,乙公司的货才送到甲公司。而甲公司库存的日用品已经于 9 月 16 日销售完毕,为了应急,甲公司只得从另一家公司进了一批其他类型的日用品。甲公司拒绝接受乙公司这批晚到的货物,还要求乙公司赔偿损失。乙公司声称,他们是在 9 月 18 日才接到订单的,并且立即组织发货,但并未提供相关证据。乙公司认为没有任何违约行为,不应承担责任,并要求甲公司履行合同。

请问:

（1）甲、乙两公司通过电子数据交换（EDI）的形式签订的合同是否有效?

（2）本案纠纷应如何解决?

module 11

模块十一

劳动法律制度

能力目标

◎ 掌握如何订立一份有效的劳动合同。

◎ 熟悉劳动合同解除的事由及经济补偿。

◎ 具备一定劳动争议纠纷风险防范能力。

知识目标

◎ 了解并掌握劳动法的概念、劳动法律关系的概念及其特征。

◎ 掌握劳动法律关系主体及主体资格。

◎ 掌握劳动合同的概念、特征、形式和内容。

◎ 了解劳动合同变更的条件，劳动合同解除的事由、程序及经济补偿。

◎ 了解我国劳动争议处理的范围及处理程序，重点了解劳动争议仲裁程序。

高校毕业生是就业的重点群体之一。增强大学生劳动法律意识，使其了解和掌握劳动法相关法律法规，明确其作为法律主体所享有的权利和承担的义务，在劳动相关社会活动中能够依法办事，运用法律武器维护自身的合法权益，能有效促进大学生作为劳动者与社会及企业早日融合，为社会经济发展和个人事业提升做好积极准备。本模块从劳动关系入手，介绍劳动合同、劳动争议解决的法律规定。

引导案例

大学生兼职是劳动关系还是劳务关系？

广东省佛山市南海区人民法院审理了一起 7 名大学生的劳务合同纠纷案。

小明（化名）等 7 名大学生在 2020 年寒假前夕了解到广东省佛山某公司提供兼职工作的信息，通过该公司的法定代表人加入了某实习群，并在该微信群中协商确定了兼职工作事宜。双方约定：报酬 120 元 / 天，加班费 15 元 / 小时，并报销小明等人过去工作的路费。之后，小明等人被安排到佛山市顺德区陈村的花场工作。

工作一段时间后，小明等人因不满该公司无理要求加班至凌晨的行为向该公司提出辞职。

但该公司以忙碌为借口一直不给结算工资，还一直避开"结算工资"的话题。后来在小明等人的争取下，该公司虽同意结算报酬，但以对工作质量不满意为由随意克扣该 7 人的报酬。原来约定的 120 元 / 天，加班另计 15 元 / 小时，变成了 100 / 天，加班 10 元 / 小时，并且还要求工作的前 3 天不计算工资。

由于追讨报酬未果，小明等 7 人起诉至法院，盼望能够追讨到报酬。但在审理中，该公司主张公司是替案外人杨某招聘，小明等人也不是在该公司的经营场所工作，被告不承认与该 7 名大学生存在劳务关系。

经审理，广东省佛山市南海法院认为，该公司通过建立某实习群的方式招聘兼职人员，小明等人劳务关系建立、报酬协商、工作安排、请求结算工资等各个环节均是在该实习群或单独微信与该公司的法定代表人联系。法院认定，小明等人与该公司存在劳务关系，判决该公司支付小明等人的劳务报酬。

小明等 7 名学生的"在校学生"身份，其脱产学业外的兼职工作以及在校学生为完成学校安排的社会实习、自行从事的社会实践活动等，一般被认定是劳务关系而不是劳动关系。

单元一　劳动法概述

一、劳动法的概念和法律体系

劳动法是调整劳动关系以及与劳动关系密切联系的社会关系的法律规范的总称。劳动法最初是资本主义发展到一定阶段，而从民法中分离出来的法律部门，是一种独立的法律部门。其形成的法律条文规管工会、雇主及雇员的关系，并保障各方面的权利及义务。

我国目前劳动法部门实用核心法律规范主要包括《中华人民共和国劳动法》《中华人民共和国劳动合同法》《中华人民共和国劳动合同法实施条例》《中华人民共和国工会法》《集体

合同规定》《劳务派遣暂行规定》《中华人民共和国劳动争议调解仲裁法》《最高人民法院关于审理劳动争议案件适用法律若干问题的解释》《最高人民法院关于审理劳动争议案件适用法律若干问题的解释（二）》《最高人民法院关于审理劳动争议案件适用法律若干问题的解释（三）》《最高人民法院关于审理劳动争议案件适用法律若干问题的解释（四）》《最高人民法院关于审理拒不支付劳动报酬刑事案件适用法律若干问题的解释》等。

二、劳动关系

劳动关系是劳动者在劳动过程中运用劳动能力与用人单位形成的一种社会关系，是生产关系的重要组成部分。劳动关系是否和谐，事关广大职工和企业的切身利益。但不是所有劳动过程中形成的社会关系都是劳动法意义上的"劳动关系"。

不受劳动法保护的用工关系主要包括：

1. 学生兼职

全日制在校学生兼职，属于脱产学业外的兼职性质。因此，在校学生在外兼职、为完成学校安排的社会实习、自行从事的社会实践活动等，一般无法被认定为劳动关系，与用人单位已签订三方就业协议的除外。

2. 退休返聘

劳动者开始依法享受基本养老保险待遇的，劳动合同终止。且相关司法解释明确规定，用人单位与其招用的已经依法享受养老保险待遇或领取退休金的人员发生用工争议，向法院提起诉讼的，法院应当按劳务关系处理。

3. 家政服务

家政服务一般指保姆和钟点工，雇主作为"自然人"无法成为劳动法意义上的"用人单位"。但是，目前社会上有一些家政服务公司与旗下家政人员签订劳动合同建立劳动法律关系后，再委派家政人员上门服务。劳动关系的双方当事人是家政服务公司与家政服务员，接受家政服务的家庭则不是该劳动关系当事人。

4. 协议承包

协议承包即承揽合同关系，是承揽人按照定作人的要求，以自己的设备、技术和劳力完成主要工作，交付工作成果，定作人给付报酬的合同关系。

5. 保险代理人

某种意义上讲，保险代理人与保险公司之间是委托代理关系。

6. 无证的外国人、无国籍人、台港澳人员或者外国企业常驻代表机构、台港澳企业为一方当事人的用工关系

未依法办理外国人就业证、台港澳人员就业证的外国人、无国籍人、台港澳人员与用工单位形成的用工关系不按劳动关系处理，但劳动者已经付出劳动的，应由用人单位参照合同约定支付劳动报酬。

外国企业常驻代表机构或台港澳企业未依规定通过相关就业服务单位，而直接招用劳动者形成的用工关系，按雇佣关系处理。

> **小资料**　　　　　**快递员与快递公司之间成立的是承揽关系还是劳动关系？**
>
> 　　有人认为，快递员与快递公司的关系属于承揽关系，不是劳动关系。因为，快递员往往没有保底工资，其报酬通常是每送达一件快递，公司支付若干元的计件薪酬方式；另外，快递员需要自备交通工具。
>
> 　　但主流观点认为，即便快递员自备交通工具，没有保底工资，按件计酬，但快递员事实上从属于快递公司，因为其在工作时间、地点等方面均服从快递公司的指挥，故快递员和快递公司是劳动关系。
>
> 　　区别承揽关系与劳动关系的关键在于认定主体双方是否具有从属关系，即劳动者是否在用人单位的指挥监督下劳动。具体表现在工作地点、工作时间等是否由用人单位单方决定，在工作时间内劳动者是否处于随时待命的状态。报酬的支付方式不是确定劳动关系的标准；是否自备劳动工具只是认定劳动关系的一个方面，但不是主要方面。
>
> 　　例如，吕某与嵊州市某快递有限公司城西营业部劳动争议〔（2015）绍嵊民初字第3106号〕一审民事判决书中记载：本院认为，原告受被告招纳，接受被告的指挥和管理，由被告安排从事有报酬的劳动，其提供的劳动系被告单位的业务组成部分。双方虽未签订书面劳动合同，但双方形成事实劳动关系的事实清楚。故原告要求确认其与被告存在事实劳动关系的诉讼请求，有事实和法律依据，本院予以支持。判决中也确认吕某与嵊州市某快递有限公司城西营业部存在事实劳动关系。

三、劳动法律关系

（一）劳动法律关系的概念

劳动法律关系是指劳动法律规范在调整劳动关系过程中形成的法律上的劳动权利和劳动义务关系。劳动法律关系是劳动关系在法律上的表现，是当事人之间发生的符合劳动法律规范、具有权利义务内容的社会关系。

（二）劳动法律关系的特征

1. 人身关系属性和财产关系属性相结合

由于劳动力存在和支出的人身属性，劳动者提供劳动力，实际上就是劳动者将其人身在一定限度内交给用人单位，因而劳动关系就其本来意义说是一种人身关系；而劳动交换物质，在某种程度上又是一种财产关系。

2. 平等性质与不平等性质相结合

劳动者与用人单位订立劳动合同时双方平等协商；但在劳动关系存续期间，劳动者相对用人单位又处于从属地位。

3. 对抗性质与非对抗性质相结合

劳动者与用人单位在利益目标上存在冲突即对抗性（如工资福利与利润的对抗性）；同时，双方在某种程度上又属于利益伙伴关系。

（三）劳动法律关系的构成

构成劳动法律关系的要素有劳动法律关系的主体、内容和客体。

1. 劳动法律关系的主体

劳动法律关系的主体是指依劳动法享有权利与承担义务的劳动法律关系的参与者，包括劳动者和用人单位。

"劳动者"具体指达到法定年龄，具有劳动能力，以从事某种社会劳动获得收入为主要生活来源，依据法律或合同的规定，在用人单位的管理下从事劳动并获取劳动报酬的自然人（包括本国公民、外国公民、无国籍人）。并不是所有自然人都是合法的劳动者，要成为合法的劳动者必须具备一定的条件并取得劳动权利能力和劳动行为能力，区别于"非法劳动者"，如偷渡者打工。劳动者的主体资格始于劳动者最低用工年龄（除特种工作外为 16 周岁），终于法定退休年龄。

劳动法所称"用人单位"包括企业法人和非法人企业、其他组织、个体经济组织等。其中，企业法人指有限责任公司、股份有限公司；非法人企业，比如个人独资企业、合伙组织（会计师事务所、律师事务所、基金会等）。其他组织主要包括民办非企业单位（民办的学校、医院、图书馆、博物馆科技馆等）、国家机关招用工勤人员、企业化管理的事业单位、医院学校等聘用合同人员。个体经济组织主要指雇工 7 人以下的个体工商户。

2. 劳动法律关系的内容

劳动法律关系的内容是指劳动法律关系的主体双方依法享有的权利和承担的义务。劳动法律关系的内容是劳动法律关系的核心和实质，即劳动法律关系主体双方依法享有的权利和承担的义务。依据《中华人民共和国劳动法》（以下简称《劳动法》）、《中华人民共和国劳动合同法》（以下简称《劳动合同法》）规定，劳动者享有以下权利：①平等就业和选择职业的权利；②取得劳动报酬的权利；③休息休假的权利；④获得劳动安全卫生保护的权利；⑤接受职业技能培训的权利；⑥享受社会保险和福利的权利；⑦提请劳动争议处理的权利；⑧派遣劳动者同工同酬的权利；⑨法律规定的其他劳动权利。

3. 劳动法律关系的客体

劳动法律关系客体是指劳动者和用人单位的权利义务共同指向的对象即劳动法律关系所要达到的目的和结果，如劳动、工资、保险福利、工作时间、休息休假、劳动卫生安全等。

（四）劳动法律关系的产生、变更和消灭

劳动法律关系的运行环节都是围绕劳动合同展开的。

1. 劳动法律关系的产生

劳动者同用人单位依据劳动法律规范和劳动合同约定，明确相互间的权利义务，形成劳动法律关系。产生劳动法律关系的劳动法律事实，只能是劳动法律关系主体双方的合法行为，而不是违法行为。

2. 劳动法律关系的变更

劳动者同用人单位依据劳动法律规范可以变更其原来确定的权利义务内容。

3. 劳动法律关系的消灭

劳动法律关系的消灭，就是劳动权利义务关系的消灭。劳动者同用人单位依据劳动法律规

范，终止其相互间的劳动权利义务关系。消灭劳动法律关系的劳动法律事实，包括行为人的合法行为和违法行为及事件。

单元二　劳 动 合 同

我国《劳动合同法》于 2007 年 6 月 29 日第十届全国人民代表大会常务委员会第二十八次会议通过，根据 2012 年 12 月 28 日《全国人民代表大会常务委员会关于修改〈中华人民共和国劳动合同法〉的决定》修正。《劳动合同法》的宗旨在于完善劳动合同制度，明确劳动合同双方当事人的权利和义务，保护劳动者的合法权益，构建和发展和谐稳定的劳动关系。

一、劳动合同的概念和特征

（一）劳动合同的概念

劳动合同是指劳动者与用人单位之间确立劳动关系、明确双方权利和义务的协议。订立和变更劳动合同，应当遵循平等自愿、协商一致的原则，不得违反法律、行政法规的规定。劳动合同依法订立即具有法律约束力，当事人必须履行劳动合同规定的义务。

（二）劳动合同的特征

1. 合法性

劳动合同一般以书面形式订立，并应做到主体合法、内容合法、形式合法、程序合法。只有合法的劳动合同才能产生相应的法律效力，否则是无效合同，不受法律承认和保护。

2. 协商一致性

在合法的前提下，劳动合同的订立必须是劳动者与用人单位双方协商一致的结果，是双方"合意"的表现，不能是单方意思表示的结果。

3. 合同主体地位平等

劳动合同订立过程中，劳动者和用人单位双方的法律地位是平等的。任何一方不得对他方进行胁迫或强制命令，严禁用人单位对劳动者横加限制或强迫命令。

4. 等价有偿性

劳动合同是一种双务有偿合同，劳动者承担和完成用人单位分配的劳动任务，用人单位付给劳动者一定的报酬，并负责劳动者的相应社会保险。

二、《劳动合同法》的适用范围

《劳动合同法》第二条第一款规定，中华人民共和国境内的企业、个体经济组织、民办非企业单位等组织（以下称用人单位）与劳动者建立劳动关系，订立、履行、变更、解除或者终止劳动合同，适用《劳动合同法》。其中，包括法人企业和非法人企业在内的以营利为目的的企业组织，是用人单位的主要组成部分；个体经济组织是指雇工 7 个人以下的个体工商户；民办非企业单位主要指民办学校、民办医院、民办图书馆（博物馆、科技馆）等利用非国有资产举办的，从事非营利性社会服务活动的组织。

《劳动合同法》第二条第二款规定，国家机关、事业单位、社会团体和与其建立劳动关系的劳动者，订立、履行、变更、解除或者终止劳动合同，依照《劳动合同法》执行。国家机关的录用制、聘用制公务员则适用《中华人民共和国公务员法》。国家机关招用的工勤人员受《劳动合同法》调整。另外，部分未比照公务员法进行管理的社会团体工作人员及依法成立的会计师事务所、律师事务所等合伙组织和基金会工作人员属于《劳动合同法》规定的用人单位。

三、劳动合同的种类

（一）固定期限、无固定期限与以完成一定工作任务为期限的劳动合同

《劳动合同法》第十二条规定，劳动合同分为固定期限劳动合同、无固定期限劳动合同和以完成一定工作任务为期限的劳动合同。

1. 固定期限劳动合同

《劳动合同法》第十三条规定，固定期限劳动合同是指用人单位与劳动者约定合同终止时间的劳动合同。用人单位与劳动者协商一致，可以订立固定期限劳动合同。

2. 无固定期限劳动合同

《劳动合同法》第十四条规定，无固定期限劳动合同是指用人单位与劳动者约定无确定终止时间的劳动合同。

用人单位与劳动者协商一致，可以订立无固定期限劳动合同。有下列情形之一，劳动者提出或者同意续订、订立劳动合同的，除劳动者提出订立固定期限劳动合同外，应当订立无固定期限劳动合同：①劳动者在该用人单位连续工作满 10 年的；②用人单位初次实行劳动合同制度或者国有企业改制重新订立劳动合同时，劳动者在该用人单位连续工作满 10 年且距法定退休年龄不足 10 年的；③连续订立二次固定期限劳动合同，且劳动者没有《劳动合同法》第三十九条和第四十条第一项、第二项规定的情形，续订劳动合同的。④用人单位自用工之日起满 1 年不与劳动者订立书面劳动合同的，视为用人单位与劳动者已订立无固定期限劳动合同。

3. 以完成一定工作任务为期限的劳动合同

以完成一定工作任务为期限的劳动合同，是指用人单位与劳动者约定以某项工作的完成为合同期限的劳动合同。

用人单位与劳动者协商一致，可以订立以完成一定工作任务为期限的劳动合同。

（二）全日制与非全日制劳动合同

1. 全日制劳动合同

全日制用工是指劳动者在同一用人单位一般平均每日工作时间不超过 8 小时，每周工作时间累计不超过 40 小时的用工形式。全日制用工是相对于非全日制用工而言的，是典型用工形式。

2. 非全日制劳动合同

《劳动合同法》第六十八条规定，非全日制用工是指以小时计酬为主，劳动者在同一用人单位一般平均每日工作时间不超过 4 小时，每周工作时间累计不超过 24 小时的用工形式。

非全日制用工双方当事人可以订立口头协议。从事非全日制用工的劳动者可以与一个或者一个以上用人单位订立劳动合同；但是，后订立的劳动合同不得影响先订立的劳动合同的履行。非全日制用工双方当事人不得约定试用期。非全日制用工双方当事人任何一方都可以随时通知对方终止用工。终止用工，用人单位不向劳动者支付经济补偿。非全日制用工小时计酬标准不得低于用人单位所在地人民政府规定的最低小时工资标准。非全日制用工劳动报酬结算支付周期最长不得超过 15 日。

四、劳动合同的订立

用人单位自用工之日起即与劳动者建立劳动关系。用人单位应当建立职工名册备查。

（一）劳动合同的形式

《劳动合同法》第十条规定，建立劳动关系，应当订立书面劳动合同。已建立劳动关系，未同时订立书面劳动合同的，应当自用工之日起 1 个月内订立书面劳动合同。用人单位与劳动者在用工前订立劳动合同的，劳动关系自用工之日起建立。因此劳动合同原则上应当以书面的形式订立。例外的是非全日制用工双方当事人可以订立口头协议。

但是随着电子信息技术的发展，且为有效应对 2020 年新冠疫情，电子形式的劳动合同得到了一定程度的承认。人力资源社会保障部办公厅印发《人力资源社会保障部办公厅关于订立电子劳动合同有关问题的函》（人社函〔2020〕33 号），明确用人单位与劳动者协商一致，可以采用电子形式订立书面劳动合同。采用电子形式订立劳动合同，应当使用符合《电子签名法》等法律、法规规定的可视为书面形式的数据电文和可靠的电子签名。用人单位应保证电子劳动合同的生成、传递、储存等满足《电子签名法》等法律、法规规定的要求，确保其完整、准确、不被篡改。符合《劳动合同法》规定和上述要求的电子劳动合同一经订立即具有法律效力，用人单位与劳动者应当按照电子劳动合同的约定，全面履行各自的义务。

（二）劳动合同的主要内容

根据《劳动合同法》第十七条规定，劳动合同应当具备以下条款：①用人单位的名称、住所和法定代表人或者主要负责人；②劳动者的姓名、住址和居民身份证或者其他有效身份证件号码；③劳动合同期限；④工作内容和工作地点；⑤工作时间和休息休假；⑥劳动报酬；⑦社会保险；⑧劳动保护、劳动条件和职业危害防护；⑨法律、法规规定应当纳入劳动合同的其他事项。劳动合同除上述规定的必备条款外，用人单位与劳动者可以约定试用期、培训、保守秘密、补充保险和福利待遇等其他事项。

五、试用期

《劳动合同法》第十九条规定，劳动合同期限 3 个月以上不满 1 年的，试用期不得超过 1 个月；劳动合同期限 1 年以上不满 3 年的，试用期不得超过 2 个月；3 年以上固定期限和无固定期限的劳动合同，试用期不得超过 6 个月。同一用人单位同一岗位与同一劳动者只能约定一次试用期。以完成一定工作任务为期限的劳动合同或者劳动合同期限不满 3 个月的，不得约定试用期。试用期包含在劳动合同期限内。劳动合同仅约定试用期的，试用期不成立，该期限为劳动合同期限。劳动者在试用期的工资不得低于本单位相同岗位最低档工资或者劳动合同约定工资的 80%，并不得低于用人单位所在地的最低工资标准。

《劳动合同法》第二十一条规定，在试用期中，除劳动者有《劳动合同法》第三十九条和第四十条第一项、第二项规定的情形外，用人单位不得解除劳动合同。用人单位在试用期解除劳动合同的，应当向劳动者说明理由。同时，第八十三条也规定，用人单位违反《劳动合同法》规定与劳动者约定试用期的，由劳动行政部门责令改正；违法约定的试用期已经履行的，由用人单位以劳动者试用期满月工资为标准，按已经履行的超过法定试用期的期间向劳动者支付赔偿金。

小资料　　　　　　**试用期内，用人单位需要缴纳社会保险费吗？**

有一些用人单位在试用期内不为员工缴纳社会保险费，而很多劳动者也以为在试用期内用人单位是可以不缴纳社会保险费的，以致其合法权益受到损害。实际上，缴纳社会保险费是用人单位必须履行的法定义务，自劳动关系建立起即应当依法缴纳。根据《劳动合同法》规定，试用期包含在劳动合同期限内。既然试用期属于劳动合同期限的范围，员工就有权享受各项社会保险，包括养老保险、工伤保险、医疗保险等。

如果单位没有在职工试用期期间缴纳社会保险，可以在正式签订劳动合同之后为职工补缴。

根据《劳动合同法》的相关规定，用人单位未依法缴纳社会保险费的，劳动者有权解除合同，用人单位还需支付经济赔偿。

六、劳动合同的履行和变更

（一）劳动合同的履行

用人单位与劳动者应当按照劳动合同的约定，全面履行各自的义务。用人单位应当按照劳动合同约定和国家规定，向劳动者及时足额支付劳动报酬。用人单位拖欠或者未足额支付劳动报酬的，劳动者可以依法向当地人民法院申请支付令，人民法院应当依法发出支付令。用人单位应当严格执行劳动定额标准，不得强迫或者变相强迫劳动者加班。用人单位安排加班的，应当按照国家有关规定向劳动者支付加班费。

劳动者拒绝用人单位管理人员违章指挥、强令冒险作业的，不视为违反劳动合同。劳动者对危害生命安全和身体健康的劳动条件，有权对用人单位提出批评、检举和控告。

（二）劳动合同的变更

用人单位变更名称、法定代表人、主要负责人或者投资人等事项，不影响劳动合同的履行。用人单位发生合并或者分立等情况，原劳动合同继续有效，劳动合同由承继其权利和义务的用人单位继续履行。

用人单位与劳动者协商一致，可以变更劳动合同约定的内容。变更劳动合同，应当采用书面形式。变更后的劳动合同文本由用人单位和劳动者各执一份。

七、劳动合同的解除与终止

（一）双方协商解除劳动合同

《劳动合同法》第三十六条规定，用人单位与劳动者协商一致，可以解除劳动合同。协商解除劳动合同没有规定实体、程序上的限定条件，只要双方达成一致，内容、形式、程序不违反法律禁止性、强制性规定即可。

若是用人单位提出解除劳动合同的，用人单位应向劳动者支付解除劳动合同的经济补偿金。

（二）劳动者可以解除劳动合同的情形

劳动者提前30日以书面形式通知用人单位，可以解除劳动合同。劳动者在试用期内提前3日通知用人单位，可以解除劳动合同。

《劳动合同法》第三十八条规定，用人单位有下列情形之一的，劳动者可以解除劳动合同：①未按照劳动合同约定提供劳动保护或者劳动条件的；②未及时足额支付劳动报酬的；③未依法为劳动者缴纳社会保险费的；④用人单位的规章制度违反法律、法规的规定，损害劳动者权益的；⑤因用人单位过错致使劳动合同无效的；⑥法律、行政法规规定劳动者可以解除劳动合同的其他情形。

用人单位以暴力、威胁或者非法限制人身自由的手段强迫劳动者劳动的，或者用人单位违章指挥、强令冒险作业危及劳动者人身安全的，劳动者可以立即解除劳动合同，不需事先告知用人单位。

（三）用人单位可以解除劳动合同的情形

《劳动合同法》第三十九条规定，劳动者有下列情形之一的，用人单位可以解除劳动合同：①在试用期间被证明不符合录用条件的；②严重违反用人单位的规章制度的；③严重失职，营私舞弊，给用人单位造成重大损害的；④劳动者同时与其他用人单位建立劳动关系，对完成本单位的工作任务造成严重影响，或者经用人单位提出，拒不改正的；⑤因劳动者过错（欺诈、胁迫、乘人之危等）致使劳动合同无效的；⑥被依法追究刑事责任的。

据《劳动合同法》第四十条规定，有下列情形之一的，用人单位提前30日以书面形式通知劳动者本人或者额外支付劳动者1个月工资后，可以解除劳动合同（无过失性辞退）：①劳动者患病或者非因工负伤，在规定的医疗期满后不能从事原工作，也不能从事由用人单位另行安排的工作的；②不能胜任工作，经过培训或者调整工作岗位，仍不能胜任工作的；③劳动合同订立时所依据的客观情况发生重大变化，致使劳动合同无法履行，经用人单位与劳动者协商，未能就变更劳动合同内容达成协议的。

案例分析

劳动者提供虚假学历证书导致劳动合同无效

基本案情：2018年6月，某网络公司发布招聘启事，招聘计算机工程专业大学本科以上学历的网络技术人员1名。赵某为销售专业大专学历，但其向该网络公司提交了计算机工程专业大学本科学历的学历证书、个人履历等虚假材料。后赵某与网络公司签订了劳动合同，进入网络公司从事网络技术工作。2018年9月初，网络公司偶然获悉赵某的实际学历为大专，并向赵某询问。赵某承认自己为应聘而提供虚假学历证书、个人履历的事实。网络公司认为，赵某提供虚假学历证书、个人履历属欺诈行为，严重违背诚实信用原则，根据我国《劳动合同法》第二十六条、第三十九条规定解除了与赵某的劳动合同。赵某不服，向劳动人事争议仲裁委员会（以下简称仲裁委员会）申请仲裁。

本案的争议焦点是赵某提供虚假学历证书、个人履历是否导致劳动合同无效。

《劳动合同法》第八条规定:"用人单位招用劳动者时,应当如实告知劳动者工作内容、工作条件、工作地点、职业危害、安全生产状况、劳动报酬,以及劳动者要求了解的其他情况;用人单位有权了解劳动者与劳动合同直接相关的基本情况,劳动者应当如实说明。"第二十六条第一款规定:"下列劳动合同无效或者部分无效:(一)以欺诈、胁迫的手段或者乘人之危,使对方在违背真实意思的情况下订立或者变更劳动合同的……"第三十九条规定:"劳动者有下列情形之一的,用人单位可以解除劳动……(五)因本法第二十六条第一款第一项规定的情形致使劳动合同无效的……"从上述条款可知,劳动合同是用人单位与劳动者双方协商一致达成的协议,相关信息对于是否签订劳动合同、建立劳动关系的真实意思表示具有重要影响。《劳动合同法》第八条既规定了用人单位的告知义务,也规定了劳动者的告知义务。如果劳动者违反诚实信用原则,隐瞒或者虚构与劳动合同直接相关的基本情况,根据《劳动合同法》第二十六条第一款规定属于劳动合同无效或部分无效的情形。用人单位可以根据《劳动合同法》第三十九条规定解除劳动合同并不支付经济补偿。此外,应当注意的是,《劳动合同法》第八条"劳动者应当如实说明"应仅限于"与劳动合同直接相关的基本情况",如履行劳动合同所必需的知识技能、学历、学位、职业资格、工作经历等,用人单位无权要求劳动者提供婚姻状况、生育情况等涉及个人隐私的信息,即不能任意扩大用人单位知情权及劳动者告知义务的外延。

本案中,"计算机工程专业""大学本科学历"等情况与网络公司招聘的网络技术人员岗位职责、工作完成效果有密切关联性,属于"与劳动合同直接相关的基本情况"。赵某在应聘时故意提供虚假学历证书、个人履历,致使网络公司在违背真实意思的情况下与其签订了劳动合同。因此,根据《劳动合同法》第二十六条第一款规定,双方签订的劳动合同无效。网络公司根据《劳动合同法》第三十九条第五项规定,解除与赵某的劳动合同符合法律规定,故依法驳回了赵某的仲裁请求。

《劳动合同法》第三条规定:"订立劳动合同,应当遵循合法、公平、平等自愿、协商一致、诚实信用的原则。"第二十六条规定,以欺诈、胁迫的手段或者乘人之危,使对方在违背真实意思的情况下订立或者变更劳动合同的劳动合同无效或部分无效;第三十九条有关以欺诈手段订立的劳动合同无效、可以单方解除的规定,进一步体现了诚实信用原则。诚实信用既是《劳动合同法》的基本原则之一,也是社会基本道德之一。用人单位与劳动者订立劳动合同时都必须遵循诚实信用原则,建立合法、诚信、和谐的劳动关系。

(四)经济性裁员

在市场经济中,用人单位直接面对激烈的市场竞争。为此,《劳动合同法》规定,在满足一定条件下,用人单位可以单方解除还未到期的固定期限劳动合同以及无固定期限劳动合同。经济性裁员是用人单位出于经营方面考虑,单方解除劳动合同的方式。《劳动合同法》第四十一条规定,有下列情形之一,需要裁减人员20人以上或者裁减不足20人但占企业职工总数10%以上的,用人单位提前30日向工会或者全体职工说明情况,听取工会或者职工的意见后,裁减人员方案经向劳动行政部门报告,可以裁减人员:①依照企业破产法规定进行重整的;②生产经营发生严重困难的;③企业转产、重大技术革新或者经营方式调整,经变更劳动合同后,仍需裁减人员的;④其他因劳动合同订立时所依据的客观经济情况发生重大变化,致使劳动合同无法履行的。

裁减人员时，应当优先留用下列人员：①与本单位订立较长期限的固定期限劳动合同的；②与本单位订立无固定期限劳动合同的；③家庭无其他就业人员，有需要扶养的老人或者未成年人的。

用人单位依法裁减人员，在 6 个月内重新招用人员的，应当通知被裁减的人员，并在同等条件下优先招用被裁减的人员。

《劳动合同法》第四十二条规定，劳动者有下列情形之一的，用人单位不得依照《劳动合同法》第四十条（无过失性辞退）、第四十一条（经济性裁员）的规定解除劳动合同：①从事接触职业病危害作业的劳动者未进行离岗前职业健康检查，或者疑似职业病病人在诊断或者医学观察期间的；②在本单位患职业病或者因工负伤并被确认丧失或者部分丧失劳动能力的；③患病或者非因工负伤，在规定的医疗期内的；④女职工在孕期、产期、哺乳期的；⑤在本单位连续工作满 15 年，且距法定退休年龄不足 5 年的；⑥法律、行政法规规定的其他情形。

用人单位单方解除劳动合同，应当事先将理由通知工会。用人单位违反法律、行政法规规定或者劳动合同约定的，工会有权要求用人单位纠正。用人单位应当研究工会的意见，并将处理结果书面通知工会。在经济性裁员中，由于是用人单位单方解除劳动合同，且劳动者并没有过错，因此用人单位应当依法向劳动者支付经济补偿。

（五）劳动合同的终止

有下列情形之一的，劳动合同终止：①劳动合同期满的；②劳动者开始依法享受基本养老保险待遇的；③劳动者死亡，或者被人民法院宣告死亡或者宣告失踪的；④用人单位被依法宣告破产的；⑤用人单位被吊销营业执照、责令关闭、撤销或者用人单位决定提前解散的；⑥法律、行政法规规定的其他情形。

《劳动合同法》第四十五条规定，劳动合同期满，有该法第四十二条规定情形之一的，劳动合同应当续延至相应的情形消失时终止。但是，《劳动合同法》第四十二条第二项规定丧失或者部分丧失劳动能力劳动者的劳动合同的终止，按照国家有关工伤保险的规定执行。

（六）经济补偿金

有下列情形之一的，用人单位应当向劳动者支付经济补偿：①用人单位有过错的，劳动者依法解除劳动合同的；②用人单位向劳动者提出解除劳动合同并与劳动者协商一致解除劳动合同的；③用人单位依照《劳动合同法》第四十条规定解除劳动合同（无过失性辞退）的；④用人单位依照《劳动合同法》第四十一条第一款规定解除劳动合同（经济性裁员）的；⑤除用人单位维持或者提高劳动合同约定条件续订劳动合同，劳动者不同意续订的情形外，依照《劳动合同法》第四十四条第一项规定终止固定期限劳动合同的；⑥因用人单位被依法宣告破产或者因用人单位被吊销营业执照、责令关闭、撤销或用人单位决定提前解散而终止劳动合同的；⑦法律、行政法规规定的其他情形。

经济补偿按劳动者在本单位工作的年限，每满 1 年支付 1 个月工资的标准向劳动者支付。6 个月以上不满 1 年的，按 1 年计算；不满 6 个月的，向劳动者支付半个月工资的经济补偿。劳动者月工资高于用人单位所在直辖市、设区的市级人民政府公布的本地区上年度职工月平均工资 3 倍的，向其支付经济补偿的标准按职工月平均工资 3 倍的数额支付，向其支付经济补偿的年限最高不超过 12 年。该月工资是指劳动者在劳动合同解除或者终止前 12 个月的平均工资。

八、劳务派遣

（一）劳务派遣的适用岗位

《劳动合同法》第六十六条规定，劳动合同用工是我国的企业基本用工形式。劳务派遣用工是补充形式，只能在临时性、辅助性或者替代性的工作岗位上实施。

（二）经营劳务派遣业务的条件

企业经营劳务派遣业务，应当向劳动行政部门依法申请行政许可；经许可的，依法办理相应的公司登记。同时，企业的注册资本不得少于人民币 200 万元，且必须有与开展业务相适应的固定的经营场所和设施，有符合法律、行政法规规定的劳务派遣管理制度，符合法律、行政法规规定的其他条件。

（三）劳务派遣单位、用工单位及劳动者的权利义务

1. 劳务派遣单位的义务

劳务派遣单位是劳动合同法所称用人单位，应当履行用人单位对劳动者的义务。劳务派遣单位与被派遣劳动者订立的劳动合同，除应当载明一般的劳动合同事项外，还应当载明被派遣劳动者的用工单位以及派遣期限、工作岗位等情况。

劳务派遣单位应当与被派遣劳动者订立 2 年以上的固定期限劳动合同，按月支付劳动报酬；被派遣劳动者在无工作期间，劳务派遣单位应当按照所在地人民政府规定的最低工资标准，向其按月支付报酬。劳务派遣单位应当将劳务派遣协议的内容告知被派遣劳动者。劳务派遣单位不得克扣用工单位按照劳务派遣协议支付给被派遣劳动者的劳动报酬。劳务派遣单位和用工单位不得向被派遣劳动者收取费用。

2. 用工单位的义务

用工单位应当履行下列义务：①执行国家劳动标准，提供相应的劳动条件和劳动保护；②告知被派遣劳动者的工作要求和劳动报酬；③支付加班费、绩效奖金，提供与工作岗位相关的福利待遇；④对在岗被派遣劳动者进行工作岗位所必需的培训；⑤连续用工的，实行正常的工资调整机制。用工单位不得将被派遣劳动者再派遣到其他用人单位。

3. 被派遣劳动者的权利

被派遣劳动者享有与用工单位的劳动者同工同酬的权利。用工单位应当按照同工同酬原则，对被派遣劳动者与本单位同类岗位的劳动者实行相同的劳动报酬分配办法。用工单位无同类岗位劳动者的，参照用工单位所在地相同或者相近岗位劳动者的劳动报酬确定。

九、劳动工资报酬

（一）工资的概念

劳动法中的"工资"是指用人单位依据国家有关规定或劳动合同的约定，以货币形式直接支付给本单位劳动者的劳动报酬，一般包括计时工资、计件工资、奖金、津贴和补贴、延长工作时间的工资报酬以及特殊情况下支付的工资等。"工资"是劳动者劳动收入的主要组成部分。

　　用人单位根据本单位的生产经营特点和经济效益，依法自主确定本单位的工资分配方式和工资水平。工资分配应当遵循按劳分配原则，实行同工同酬。

（二）最低工资保障

　　国家实行最低工资保障制度。最低工资的具体标准由省、自治区、直辖市人民政府规定，报国务院备案。用人单位支付劳动者的工资不得低于当地最低工资标准。在劳动者提供正常劳动的情况下，用人单位应支付给劳动者的工资在剔除了加班加点工资，中班、夜班、高温、低温、井下、有毒有害等特殊工作环境、条件下的津贴，以及国家法律法规、政策规定的劳动者保险、福利待遇和企业通过贴补伙食、住房等支付给劳动者的非货币性收入后不得低于当地最低工资标准。

　　确定和调整最低工资标准应当综合参考劳动者本人及平均赡养人口的最低生活费用、社会平均工资水平、劳动生产率、就业状况、地区之间经济发展水平的差异等因素。

十、工作时间和休息休假

（一）工作时间和休息时间的概念

　　工作时间是劳动者按照劳动合同约定或法律规定，用于完成用人单位工作任务的时间长度。工作时间通常以小时作为计算单位。工作时间不限于实际劳动时间，还包括：①生产或工作前从事必要的准备和工作结束时的整理时间；②因用人单位的原因造成的等待工作任务的时间；③参加与工作有直接联系并有法定义务性质的职业培训和教育时间；④连续性有害于健康工作的间歇时间；⑤女职工哺乳的往返途中时间、孕期检查时间以及未成年人工作中适当的工作休息时间；⑥法律规定的其他属于计算作为工作时间的事项。

　　休息时间是指劳动者根据法律规定，在企业事业单位、机关团体以及其他组织任职期内，不必从事生产和工作而自行支配的时间。休息时间又称为日常休息，包括：①工作日内的间歇时间；②工作日间的休息时间；③工作周间的休息日（又称为公休假日）；④法定节假日。

（二）延长工作时间制度

　　国家实行劳动者每日工作时间不超过8小时、平均每周工作时间不超过44小时的工时制度。根据《国务院关于职工工作时间的规定》，职工每日工作8小时、每周工作40小时。实践中按照国务院规定执行。对实行计件工作的劳动者，用人单位则应当合理确定其劳动定额和计件报酬标准。

　　《劳动法》第四十一条规定，用人单位由于生产经营需要，经与工会和劳动者协商后可以延长工作时间，一般每日不得超过1小时；因特殊原因需要延长工作时间的，在保障劳动者身体健康的条件下延长工作时间每日不得超过3小时，但是每月不得超过36小时。《劳动法》第四十二条规定有以下情形之一的，延长工作时间不受第四十一条规定的限制：①发生自然灾害、事故或者因其他原因，威胁劳动者生命健康和财产安全，需要紧急处理的；②生产设备、交通运输线路、公共设施发生故障，影响生产和公众利益，必须及时抢修的；③法律、行政法规规定的其他情形。

　　延长工作时间后，用人单位应当按照下列标准支付高于劳动者正常工作时间工资的工资报酬：①安排劳动者延长工作时间的，支付不低于工资的150%的工资报酬；②休息日安排劳动者工作又不能安排补休的，支付不低于工资的 200% 的工资报酬；③法定休假日安排劳动者工作的，支付不低于工资的 300% 的工资报酬。

（三）休假制度

休假是法定的劳动者得免于上班劳动并且有工资保障的休息时间。它是休息时间的重要组成部分。休假通常要比休息时间长，相对比较集中，而且可以享受工资待遇，即带薪。

1. 法定休假日

《劳动法》中法定休假日包括全体公民放假的节日和部分公民放假的节日两类。

全体公民放假的节日包括：元旦、春节、清明节、劳动节、端午节、中秋节、国庆节。

部分公民放假的节日包括：妇女节、青年节、儿童节、中国人民解放军建军纪念日。

全体公民放假的假日，如果适逢星期六、星期日，应当在工作日补假。部分公民放假的假日，如果适逢星期六、星期日，则不补假。

2. 职工带薪年休假

据《职工带薪年休假条例》第二条规定，机关、团体、企业、事业单位、民办非企业单位、有雇工的个体工商户等单位的职工连续工作 1 年以上的，享受带薪年休假（以下简称年休假）。单位应当保证职工享受年休假。职工在年休假期间享受与正常工作期间相同的工资收入。

职工累计工作已满 1 年不满 10 年的，年休假 5 天；已满 10 年不满 20 年的，年休假 10 天；已满 20 年的，年休假 15 天。国家法定休假日、休息日不计入年休假的假期。单位确因工作需要不能安排职工休年休假的，经职工本人同意，可以不安排职工休年休假。对职工应休未休的年休假天数，单位应当按照该职工日工资收入的 300% 支付年休假工资报酬。

十一、劳动安全卫生

《劳动法》第五十二条规定，用人单位必须建立、健全劳动安全卫生制度，严格执行国家劳动安全卫生规程和标准，对劳动者进行劳动安全卫生教育，防止劳动过程中的事故，减少职业危害。

劳动安全卫生设施必须符合国家规定的标准。新建、改建、扩建工程的劳动安全卫生设施必须与主体工程同时设计、同时施工、同时投入生产和使用。用人单位必须为劳动者提供符合国家规定的劳动安全卫生条件和必要的劳动防护用品，对从事有职业危害作业的劳动者应当定期进行健康检查。从事特种作业的劳动者必须经过专门培训并取得特种作业资格。劳动者在劳动过程中必须严格遵守安全操作规程。劳动者对用人单位管理人员违章指挥、强令冒险作业，有权拒绝执行；对危害生命安全和身体健康的行为，有权提出批评、检举和控告。国家建立伤亡事故和职业病统计报告和处理制度。县级以上各级人民政府劳动行政部门、有关部门和用人单位应当依法对劳动者在劳动过程中发生的伤亡事故和劳动者的职业病状况，进行统计、报告和处理。

国家对女职工和未成年工实行特殊劳动保护。用人单位应当对未成年工定期进行健康检查。

十二、社会保险和福利

《劳动法》第七十条规定，国家发展社会保险事业，建立社会保险制度，设立社会保险基金，使劳动者在年老、患病、工伤、失业、生育等情况下获得帮助和补偿。

（一）基本养老保险

职工应当参加基本养老保险，由用人单位和职工共同缴纳基本养老保险费。无雇工的个体工商户、未在用人单位参加基本养老保险的非全日制从业人员以及其他灵活就业人员可以参加基本养老保险，由个人缴纳基本养老保险费。城镇个体劳动者按规定比例缴纳的基本养老保险费依法不计入个人所得税的应纳税所得额。

基本养老保险采用社会统筹与个人账户相结合的方式，基本养老保险基金由用人单位和个人缴费以及政府补贴等组成。用人单位应当按照国家规定的本单位职工工资总额的比例缴纳基本养老保险费，记入基本养老保险统筹基金；职工应当按照国家规定的本人工资的比例缴纳基本养老保险费，记入个人账户。据《实施中〈华人民共和国社会保险法〉若干规定》第六条规定，职工基本养老保险个人账户原则上不得提前支取。参加职工基本养老保险的个人死亡后，其个人账户中的余额可以全部依法继承。

（二）基本医疗保险

职工应当参加职工基本医疗保险，由用人单位和职工按照国家规定共同缴纳基本医疗保险费。无雇工的个体工商户、未在用人单位参加职工基本医疗保险的非全日制从业人员以及其他灵活就业人员可以参加职工基本医疗保险，由个人按照国家规定缴纳基本医疗保险费。参加职工基本医疗保险的个人，达到法定退休年龄时累计缴费达到国家规定年限的，退休后不再缴纳基本医疗保险费，按照国家规定享受基本医疗保险待遇；未达到国家规定年限的，可以缴费至国家规定年限。个人跨统筹地区就业的，其基本医疗保险关系随本人转移，缴费年限累计计算。

（三）工伤保险

《中华人民共和国社会保险法》（以下简称《社会保险法》）第三十三条规定，职工应当参加工伤保险，由用人单位缴纳工伤保险费，职工不缴纳工伤保险费。用人单位应当按照本单位职工工资总额，根据社会保险经办机构确定的费率缴纳工伤保险费。《实施〈中华人民共和国社会保险法〉若干规定》第九条规定，职工（包括非全日制从业人员）在两个或者两个以上用人单位同时就业的，各用人单位应当分别为职工缴纳工伤保险费。职工发生工伤，由职工受到伤害时工作的单位依法承担工伤保险责任。

《社会保险法》第三十六条规定，职工因工作原因受到事故伤害或者患职业病，且经工伤认定的，享受工伤保险待遇；其中，经劳动能力鉴定丧失劳动能力的，享受伤残待遇。但职工因下列情形之一导致本人在工作中伤亡的，不认定为工伤：①故意犯罪；②醉酒或者吸毒；③自残或者自杀；④法律、行政法规规定的其他情形。

《社会保险法》第三十八条规定，因工伤发生的下列费用，按照国家规定从工伤保险基金中支付：①治疗工伤的医疗费用和康复费用；②住院伙食补助费；③到统筹地区以外就医的交通食宿费；④安装配置伤残辅助器具所需费用；⑤生活不能自理的，经劳动能力鉴定委员会确认的生活护理费；⑥一次性伤残补助金和一至四级伤残职工按月领取的伤残津贴；⑦终止或者解除劳动合同时，应当享受的一次性医疗补助金；⑧因工死亡的，其遗属领取的丧葬补助金、供养亲属抚恤金和因工死亡补助金；⑨劳动能力鉴定费等。

《社会保险法》第三十九条规定，因工伤发生的下列费用，按照国家规定由用人单位支付：①治疗工伤期间的工资福利；②五级、六级伤残职工按月领取的伤残津贴；③终止或者解除劳动合同时，应当享受的一次性伤残就业补助金。

工伤职工符合领取基本养老金条件的，停发伤残津贴，享受基本养老保险待遇。基本养老保险待遇低于伤残津贴的，从工伤保险基金中补足差额。

（四）失业保险

失业是指处于法定劳动年龄阶段的劳动者，有劳动能力和劳动愿望，但却没有劳动岗位的一种状态。

失业保险又称待业保险，是指劳动者在失业期间，由国家和社会给予一定物质帮助，以保障其基本生活并促进其再就业的一种社会保险制度。

1. 失业保险待遇的享受条件

《社会保险法》第四十五条规定，失业人员符合下列条件的，从失业保险基金中领取失业保险金：①失业前用人单位和本人已经缴纳失业保险费满 1 年的；②非因本人意愿中断就业的；③已经进行失业登记，并有求职要求的。其中，"非因本人意愿中断就业"包括：劳动（聘用）合同到期终止；被用人单位解除劳动（聘用）合同；用人单位提出，双方协商一致解除劳动（聘用）合同；被用人单位辞退；被用人单位除名或开除等情形。

2. 失业保险待遇领取期限

据《社会保险法》第四十六条规定，失业人员失业前用人单位和本人累计缴费满 1 年不足 5 年的，领取失业保险金的期限最长为 12 个月；累计缴费满 5 年不足 10 年的，领取失业保险金的期限最长为 18 个月；累计缴费 10 年以上的，领取失业保险金的期限最长为 24 个月。重新就业后，再次失业的，缴费时间重新计算，领取失业保险金的期限与前次失业应当领取而尚未领取的失业保险金的期限合并计算，最长不超过 24 个月。

3. 失业保险金的发放标准

失业保险金的发放标准，不得低于当地城市居民最低生活保障标准，一般也不高于当地最低工资标准。

4. 失业保险待遇

（1）领取失业保险金，失业保险金领取期限自办理失业登记之日起计算。

（2）失业人员在领取失业保险金期间，参加职工基本医疗保险，享受基本医疗保险待遇。失业人员应当缴纳的基本医疗保险费从失业保险基金中支付，个人不缴纳基本医疗保险费。

（3）失业人员在领取失业保险金期间死亡的，其遗属可领取一次性丧葬补助金和抚恤金。

（4）职业介绍与职业培训补助。

（五）生育保险

生育保险是国家维护女职工的合法权益，保障他们在生育期间得到必要的经济补偿和医疗保健，均衡企业间生育保险费用的负担而设立的社会保险。凡是与用人单位建立了劳动关系的职工，包括男职工，都应当参加生育保险，由用人单位按照国家规定缴纳生育保险费，职工不缴纳生育保险费。

2019 年 3 月，国务院办公厅印发《国务院办公厅关于全面推进生育保险和职工基本医疗保险合并实施的意见》（国办发〔2019〕10 号），实现生育保险和职工基本医疗保险合并实施。

单元三　劳动争议解决

劳动争议是现实中较为常见的纠纷。国家机关、企业事业单位、社会团体等用人单位与职工建立劳动关系后，一般都能相互合作，认真履行劳动合同。但由于各种原因，双方之间产生纠纷也是难以避免的事情。劳动争议的发生，不仅使正常的劳动关系得不到维护，还会使劳动者的合法利益受到损害，不利于社会的稳定。为了公正及时解决劳动争议，保护当事人合法权益，促进劳动关系和谐稳定，我国制定并通过了《中华人民共和国劳动争议调解仲裁法》（2007）、《劳动人事争议仲裁办案规则》（2017）、《企业劳动争议协商调解规定》（2011）、《最高人民法院关于审理劳动争议案件适用法律若干问题的解释》（2001）及《解释》（二）（三）（四）等法律规范。

一、劳动争议的概念和特征

（一）劳动争议的概念

劳动争议，也称"劳动纠纷""劳资争议"，是指劳动关系双方当事人即劳动者和用人单位之间在执行劳动法律、法规或履行劳动合同、集体合同过程中，就劳动权利和劳动义务发生分歧而引起的争议。

（二）劳动争议的特点

（1）劳动争议的主体是劳动关系双方，即发生在用人单位和劳动者之间，不具有劳动法律关系主体身份者之间所发生的争议，不属于劳动纠纷。

（2）劳动争议必须是因为执行劳动法律、法规或者履行、变更、解除和终止劳动合同而引起的争议。如果争议不是发生在劳动关系双方当事人之间，即使争议内容涉及劳动问题，也不构成劳动争议。如，劳动者之间在劳动过程中发生的争议，劳动者或用人单位与劳动行政部门在劳动行政管理中发生的争议等都不属劳动纠纷。

（3）劳动纠纷的内容涉及劳动权利和劳动义务，是为实现劳动关系而产生的争议。劳动关系是劳动权利义务关系，如果劳动者与用人单位之间不是为了实现劳动权利和劳动义务面发生的争议，就不属于劳动纠纷的范畴。

（三）劳动争议的范围

根据《中华人民共和国劳动争议调解仲裁法》（以下简称《劳动争议调解仲裁法》）第二条规定，中华人民共和国境内的用人单位与劳动者发生的下列劳动争议，适用该法：①因确认劳动关系发生的争议；②因订立、履行、变更、解除和终止劳动合同发生的争议；③因除名、辞退和辞职、离职发生的争议；④因工作时间、休息休假、社会保险、福利、培训以及劳动保护发生的争议；⑤因劳动报酬、工伤医疗费、经济补偿或者赔偿金等发生的争议；⑥法律、法规规定的其他劳动争议。

二、劳动争议解决方式

发生劳动争议，劳动者可以与用人单位协商，也可以请工会或者第三方共同与用人单位协商，达成和解协议。当事人不愿协商、协商不成或者达成和解协议后不履行的，可以向调解组织申请调解；不愿调解、调解不成或者达成调解协议后不履行的，可以向劳动争议仲裁委员会申请仲裁；对仲裁裁决不服的，也可以向人民法院提起诉讼。

（一）协商程序

协商是指劳动者与用人单位就争议的问题直接进行协商，寻找纠纷解决的具体方案。与其他纠纷不同的是，劳动争议的当事人一方为单位，一方为单位职工，因双方已经发生一定的劳动关系而使彼此之间相互有所了解。双方发生纠纷后最好先协商，通过自愿达成协议来消除隔阂。实践中，职工与单位经过协商达成一致而解决纠纷的情况非常多，效果很好。但是，协商程序不是处理劳动争议的必经程序。双方可以协商，也可以不协商，完全出于自愿，任何人都不能强迫。

（二）申请调解

调解程序是指劳动纠纷的一方当事人就已经发生的劳动纠纷向劳动争议调解委员会申请调解的程序。根据《劳动法》规定，在用人单位内，可以设立劳动争议调解委员会负责调解本单位的劳动争议。

《劳动争议调解仲裁法》第十条第一款规定，发生劳动争议，当事人可以到下列调解组织申请调解：①企业劳动争议调解委员会；②依法设立的基层人民调解组织；③在乡镇、街道设立的具有劳动争议调解职能的组织。

《劳动争议调解仲裁法》第十条第二款规定，企业劳动争议调解委员会由职工代表和企业代表组成。职工代表由工会成员担任或者由全体职工推举产生，企业代表由企业负责人指定。企业劳动争议调解委员会主任由工会成员或者双方推举的人员担任。

劳动争议调解组织的调解员应当由公道正派、联系群众、热心调解工作，并具有一定法律知识、政策水平和文化水平的成年公民担任。当事人申请劳动争议调解可以书面申请，也可以口头申请。口头申请的，调解组织应当当场记录申请人基本情况、申请调解的争议事项、理由和时间。调解劳动争议，应当充分听取双方当事人对事实和理由的陈述，耐心疏导，帮助其达成协议。经调解达成协议的，应当制作调解协议书。调解协议书由双方当事人签名或者盖章，经调解员签名并加盖调解组织印章后生效，对双方当事人具有约束力，当事人应当履行。

自劳动争议调解组织收到调解申请之日起 15 日内未达成调解协议的，当事人可以依法申请仲裁。达成调解协议后，一方当事人在协议约定期限内不履行调解协议的，另一方当事人也可以依法申请仲裁。

《劳动争议调解仲裁法》第十六条规定，因支付拖欠劳动报酬、工伤医疗费、经济补偿或者赔偿金事项达成调解协议，用人单位在协议约定期限内不履行的，劳动者可以持调解协议书依法向人民法院申请支付令。人民法院应当依法发出支付令。

（三）仲裁程序

仲裁程序是劳动纠纷的一方当事人将纠纷提交劳动争议仲裁委员会进行处理的程序。该程序既具有劳动争议调解灵活、快捷的特点，又具有强制执行的效力，是解决劳动纠纷的重要手段。劳动争议仲裁委员会是国家授权、依法独立处理劳动争议案件的专门机构。申请劳动仲裁是解决劳动争议的选择程序之一，也是提起诉讼的前置程序，即如果想提起诉讼打劳动官司，必须要经过仲裁程序，而不能直接向人民法院起诉。

1. 劳动争议仲裁的一般规定

劳动争议仲裁委员会按照统筹规划、合理布局和适应实际需要的原则设立。省、自治区人民政府可以决定在市、县设立；直辖市人民政府可以决定在区、县设立。直辖市、设区的市也可以设立一个或者若干个劳动争议仲裁委员会。劳动争议仲裁委员会不按行政区划层层设立。劳动争议仲裁委员会由劳动行政部门代表、工会代表和企业方面代表组成。劳动争议仲裁委员会组成人员应当是单数。

劳动争议仲裁委员会依法履行下列职责：①聘任、解聘专职或者兼职仲裁员；②受理劳动争议案件；③讨论重大或者疑难的劳动争议案件；④对仲裁活动进行监督。

劳动争议仲裁委员会应当设仲裁员名册。仲裁员应当公道正派并符合下列条件之一：①曾任审判员的；②从事法律研究、教学工作并具有中级以上职称的；③具有法律知识、从事人力资源灌流或者工会等专业工作满5年的；④律师执业满3年的。

劳动争议由劳动合同履行地或者用人单位所在地的劳动争议仲裁委员会管辖。双方当事人分别向劳动合同履行地和用人单位所在地的劳动争议仲裁委员会申请仲裁的，由劳动合同履行地的劳动争议仲裁委员会管辖。

发生劳动争议的劳动者和用人单位为劳动争议仲裁案件的双方当事人。劳务派遣单位或者用工单位与劳动者发生劳动争议的，劳务派遣单位和用工单位为共同当事人。与劳动争议案件的处理结果有利害关系的第三人，可以申请参加仲裁活动或者由劳动争议仲裁委员会通知其参加仲裁活动。

当事人可以委托代理人参加仲裁活动。丧失或者部分丧失民事行为能力劳动者，由其法定代理人代为参加仲裁活动；无法定代理人的，由劳动争议仲裁委员会为其指定代理人。劳动者死亡的，由其近亲属或者代理人参加仲裁活动。

劳动争议仲裁公开进行，但当事人协议不公开进行或者涉及国家秘密、商业秘密和个人隐私的除外。

2. 劳动争议仲裁的申请和受理

（1）仲裁时效。

劳动争议申请仲裁的时效期间为1年。仲裁时效期间从当事人知道或者应当知道其权利被侵害之日起计算。因当事人一方向对方当事人主张权利，或者向有关部门请求权利救济，或者对方当事人同意履行义务而中断。从中断时起，仲裁时效期间重新计算。因不可抗力或者有其他正当理由，仲裁时效中止。从中止时效的原因消除之日起，仲裁时效期间继续计算。

劳动关系存续期间因拖欠劳动报酬发生争议的，劳动者申请仲裁不受一年仲裁时效期间的限制；但是，劳动关系终止的，应当自劳动关系终止之日起1年内提出。

（2）仲裁申请。

申请人申请仲裁应当提交书面仲裁申请，并按照被申请人人数提交副本。仲裁申请书应当载明下列事项：①劳动者的姓名、性别、年龄、职业、工作单位和住所，用人单位的名称、住所和法定代表人或者主要负责人的姓名、职务；②仲裁请求和所根据的事实、理由；③证据和证据来源、证人姓名和住所。书写仲裁申请确有困难的，可以口头申请，由劳动争议仲裁委员会记入笔录，并告知对方当事人。

（3）仲裁受理。

劳动争议仲裁委员会收到仲裁申请之日起5日内，认为符合受理条件的，应当受理，并通知申请人；认为不符合受理条件的，应当书面通知申请人不予受理，并说明理由。对劳动争议仲裁委员会不予受理或者逾期未做出决定的，申请人可以就该劳动争议事项向人民法院提起诉讼。劳动争议仲裁委员会受理仲裁申请后，应当在5日内将仲裁申请书副本送达被申请人。被申请人收到仲裁申请书副本后，应当在10日内向劳动争议仲裁委员会提交答辩书。劳动争议仲裁委员会收到答辩书后，应当在5日内将答辩书副本送达申请人。被申请人未提交答辩书的，不影响仲裁程序的进行。

3．开庭和裁决

劳动争议仲裁委员会裁决劳动争议案件实行仲裁庭制。仲裁庭由3名仲裁员组成，设首席仲裁员。简单劳动争议案件可以由1名仲裁员独任仲裁。

仲裁员有下列情形之一，应当回避，当事人也有权以口头或者书面方式提出回避申请：①是本案当事人或者当事人、代理人的近亲属的；②与本案有利害关系的；③与本案当事人、代理人有其他关系，可能影响公正裁决的；④私自会见当事人、代理人，或者接受当事人、代理人的请客送礼的。

当事人申请劳动争议仲裁后，可以自行和解。达成和解协议的，可以撤回仲裁申请。仲裁庭在做出裁决前，应当先行调解。调解达成协议的，仲裁庭应当制作调解书。调解书经双方当事人签收后，发生法律效力。调解不成或者调解书送达前，一方当事人反悔的，仲裁庭应当及时作出裁决。

仲裁庭裁决劳动争议案件时，其中一部分事实已经清楚，可以就该部分先行裁决。仲裁庭对追索劳动报酬、工伤医疗费、经济补偿或者赔偿金的案件，根据当事人的申请，可以裁决先予执行，移送人民法院执行。仲裁庭裁决先予执行的，应当符合下列条件：①当事人之间权利义务关系明确；②不先予执行将严重影响申请人的生活。劳动者申请先予执行的，可以不提供担保。

《劳动争议调解仲裁法》第四十七条规定，下列劳动争议，除另有规定的外，仲裁裁决为终局裁决，裁决书自作出之日起发生法律效力：①追索劳动报酬、工伤医疗费、经济补偿或者赔偿金，不超过当地月最低工资标准12个月金额的争议；②因执行国家的劳动标准在工作时间、休息休假、社会保险等方面发生的争议。

当事人对发生法律效力的调解书、裁决书，应当依照规定的期限履行。一方当事人逾期不履行的，另一方当事人可以依照民事诉讼法的有关规定向人民法院申请执行。受理申请的人民法院应当依法执行。

（四）诉讼程序

根据《劳动法》第八十三条规定，劳动争议当事人对仲裁裁决不服的，可以自收到仲裁裁决书之日起15日内向人民法院提起诉讼。一方当事人在法定期限内不起诉，又不履行仲裁裁决的，另一方当事人可以申请人民法院强制执行。诉讼程序遵循《中华人民共和国民事诉讼法》的规定。该诉讼程序的启动是由不服劳动争议仲裁委员会裁决的一方当事人向人民法院提起诉讼后启动的程序。诉讼程序具有较强的法律性、程序性，作出的判决也具有强制执行力。

三、劳动争议解决中的举证责任

发生劳动争议，当事人对自己提出的主张，有责任提供证据。也就是通俗意义上的谁主张谁举证。在劳动争议中，与争议事项有关的证据属于用人单位掌握管理的，用人单位应当提供；

用人单位不提供的，应当承担不利后果。《劳动争议调解仲裁法》第三十九条第一款规定，当事人提供的证据经查证属实的，仲裁庭应当将其作为认定事实的根据。第三十九条第二款规定，劳动者无法提供由用人单位掌握管理的与仲裁请求有关的证据，仲裁庭可以要求用人单位在指定期限内提供。用人单位在指定期限内不提供的，应当承担不利后果。

根据《最高人民法院关于民事诉讼证据的若干规定》，在劳动争议纠纷案件中，因用人单位作出开除、除名、辞退、解除劳动合同、减少劳动报酬、计算劳动者工作年限等决定而发生劳动争议的，由用人单位负举证责任。

案例链接

在校大学生（兼职/就业目的）与用人单位成立劳动关系的认定

【案情梗概】

范某 2012 年 9 月就读广东某大学。自 2016 年 1 月 14 日始，范某到广州某信息科技有限公司（以下简称信息公司）工作。双方于 2016 年 4 月 28 日签订了"普通高等学校毕业生、毕业研究生就业协议书"，约定范某在信息公司从事销售工作，服务期 3 年，试用期 2 个月，从 2016 年 5 月 1 日起计，收入为 3 200 元/月，试期满后收入为 4 000 元/月等。2016 年 6 月 28 日范某毕业后，继续在信息公司就职，服从信息公司的管理，提供劳动（包括出差），领取报酬。双方没有订立书面劳动合同。2016 年 7 月 31 日范某离职，因所获报酬与约定不符而申请仲裁。

【仲裁裁决】

（1）确认范某与信息公司自 2016 年 6 月 28 日起至 2016 年 7 月 31 日止存在劳动关系。

（2）信息公司一次性支付范某 2016 年 7 月 1 日至 2016 年 7 月 31 日的工资 4 000 元、经济补偿金 2 000 元、2016 年 7 月 28 日至 2016 年 7 月 31 日未订立书面劳动合同的工资 516.13 元。

裁决后，范某不服，向一审法院起诉。

【裁判结果】

一审法院判决：双方自 2016 年 5 月 1 日起至 2016 年 7 月 31 日止存在劳动关系。信息公司向范某支付 2016 年 7 月 1 日至 2016 年 7 月 31 日的工资 4 000 元、经济补偿金 2 000 元、未订立书面劳动合同的工资 8 000 元（根据《劳动合同法》第八十二条的规定，用人单位自用工之日起超过 1 个月不满 1 年未与劳动者订立书面劳动合同的，应当向劳动者每月支付 2 倍的工资）等。判后，信息公司不服上诉。二审判决驳回上诉，维持原判。

现行法律规定并没有将在校大学生排除在劳动法适用主体之外，因此，劳动者的学生身份并不必然成为其作为劳动主体资格的限制。在校大学生为完成学习任务或因勤工俭学到用人单位提供劳动的，双方不构成劳动关系。但如果在校大学生以就业为目的进入用人单位，双方用工关系符合劳动关系实质特征，应认定为劳动关系，不应以大学生尚未毕业而否认双方存在劳动关系。

本案中，范某以就业为目的入职信息公司，范某入职时已满 18 周岁，双方签订的就业协议书明确了岗位、服务期、试用期以及报酬等情况，范某接受信息公司的管理，从事信息公司安排的劳动，信息公司按月向范某支付工资并报销差旅费，双方用工关系符合劳动关系的基本特征，应认定成立劳动关系。

复习思考题

第一部分 知 识 题

一、单项选择题

1. 劳动法律关系主体，一方是劳动者，另一方是（   ）。
   A. 用人单位　　　　B. 事业单位　　　　C. 企业　　　　D. 团体

2. 我国劳动法律规定的最低就业年龄是（   ）周岁。
   A. 18　　　　　　　B. 16　　　　　　　C. 17　　　　　　D. 15

3. 以下有关试用期的说法正确的是（   ）。
   A. 试用期不包含在劳动合同期限内
   B. 试用期内，用人单位不需要给员工缴纳社会保险费
   C. 劳动合同期限 1 年以上不满 3 年的，试用期不得超过 3 个月
   D. 劳动合同仅约定试用期的，试用期不成立，该期限为劳动合同期限

4. 下列哪种情形用人单位可以不向劳动者支付经济补偿（   ）。
   A. 劳动者向用人单位提出解除劳动合同并与用人单位协商一致解除劳动合同的
   B. 用人单位向劳动者提出解除劳动合同并与劳动者协商一致解除劳动合同的
   C. 经济性裁员
   D. 因用人单位被依法宣告破产或者因用人单位被吊销营业执照、责令关闭、撤销或者
      用人单位决定提前解散的而终止劳动合同的

5. 春节法定假日期间，某工厂开足马力，安排工人生产热销产品。根据《劳动法》，该
工厂应支付工人不低于原工资报酬的（   ）。
   A. 100%　　　　　B. 150%　　　　　C. 200%　　　　D. 300%

二、多项选择题

1. 可以招用未满 16 周岁的少年儿童的用人单位包括（   ）。
   A. 杂技团　　　　B. 体育单位　　　　C. 特种工艺单位　　D. 兵工厂
   E. 越剧团

2. 下列属于劳动法意义上的"工作时间"的有（   ）。
   A. 生产或工作前从事必要的准备和工作结束时的整理时间
   B. 因用人单位的原因造成的等待工作任务的时间
   C. 某事务所注册会计师参加"注册会计师协会"组织的培训
   D. 某公司女职工小王怀孕五个月，某周一上午去围产建卡医院孕期检查
   E. 连续性有害于健康工作的间歇时间

3. 根据我国有关法律、法规的规定，劳动者不必缴纳的保险费有（   ）。
   A. 养老保险费　　B. 失业保险费　　　C. 医疗保险费　　D. 工伤保险费
   E. 生育保险费

4. 下列有关试用期的说法，符合劳动法律规范要求的是（   ）。
   A. 劳动合同期限 3 个月以上不满 1 年的，试用期不得超过 1 个月

B. 劳动合同期限 1 年以上不满 3 年的, 试用期不得超过 3 个月

C. 3 年以上固定期限和无固定期限的劳动合同, 试用期不得超过 6 个月

D. 试用期不包含在劳动合同期限内

E. 劳动者在试用期的工资不得低于本单位相同岗位最低档工资或者劳动合同约定工资的 80%, 并不得低于用人单位所在地的最低工资标准

5. 按照劳动合同期限的不同, 劳动合同可分为（　　　　）。

A. 有固定期限的劳动合同

B. 无固定限期的劳动合同

C. 长期劳动合同

D. 以完成一定工作为期限的劳动合同

E. 短期劳动合同

三、判断题

1. 女职工回家哺乳其 6 个月的婴儿的路上往返时间也属于"工作时间"。（　　）

2. 快递员小马每送达一件快递, 公司支付若干元, 没有保底工资。所以小马与快递公司是承揽关系不是劳动关系。（　　）

3. 凡是与用人单位建立了劳动关系的职工, 包括男职工, 都应当参加生育保险。

（　　）

4. 非全日制用工, 是指以小时计酬为主, 劳动者在同一用人单位一般平均每日工作时间不超过 4 小时, 每周工作时间累计不超过 20 小时的用工形式。（　　）

5. 劳动合同原则上应当以书面的形式订立, 用人单位与劳动者协商一致, 也可以采用电子形式订立书面劳动合同。（　　）

第二部分　技　能　题

四、综合分析题

王某为广州某物业管理公司（以下简称物业公司）员工。2015 年 5 月 19 日, 物业公司以王某私下制作手指模, 交由其他同事代其打卡, 严重违反了公司规章制度为由, 解除与王某的劳动关系。王某以物业公司违法解除为由, 提起劳动仲裁。劳动仲裁委以物业公司未能提供充分证据证实其解除劳动关系的合法性为由, 支持了王某的主张。

物业公司提起一审诉讼。诉讼中, 物业公司提交了员工手册、保证书、员工个人行为责任保证书、指纹打卡记录、视频光盘、证人证言等。指纹打卡记录显示王某 2015 年 5 月 8 日、9 日、10 日均有打卡记录, 但是监控视频中对应的时间点未显示王某出现, 而是显示他人进行指纹打卡。二审时, 物业公司提交了王某 2015 年 5 月 8 日至 5 月 10 日的微信朋友圈截图, 该段时间内王某朋友圈内容为某旅游景点的视频及图片, 地点定位为上述地址。经当庭核对王某手机, 公司所提交的截图与王某朋友圈记录一致。

一审判决: 物业公司向王某支付经济赔偿金 83 758.32 元。

二审判决: 物业公司无须向王某支付经济赔偿金。

根据劳动争议解决中举证责任相关知识, 回答下列问题:

（1）王某与广州某物业管理公司之间是否存在劳动法律关系?

（2）劳动争议仲裁和一审中, 仲裁委和法庭均支持王某的主张而不认定物业公司解除合同的合法性, 为什么?

（3）后二审法院改为支持物业公司的主张, 为什么?

module 12

模块十二

经济仲裁与民事诉讼法律制度

———————————— 学习目标 ————————————

能力目标

◎ 能正确选择经济纠纷的处理方式。

◎ 能理解经济仲裁的基本程序，能应用经济仲裁制度处理经济纠纷。

◎ 能理解民事诉讼的基本程序，能应用经济审判制度处理经济纠纷。

知识目标

◎ 了解经济仲裁的概念、仲裁法的基本原则、仲裁委员会的设置。

◎ 掌握仲裁协议的内容。

◎ 掌握仲裁程序、仲裁裁决的执行。

◎ 了解民事诉讼的概念、民事诉讼法的基本原则。

◎ 理解民事诉讼管辖。

◎ 掌握经济审判的程序。

自然人、法人、非法人组织相互之间在社会经济活动中，发生经济纠纷，有和解、调解、仲裁、诉讼四种处理方式。本模块主要从经济仲裁、民事诉讼的概念、基本制度与原则入手，介绍仲裁协议、仲裁程序，民事诉讼的诉讼时效、诉讼管辖、诉讼程序的法律规定。

引导案例

互联网法院第一案："甄嬛"告网易侵权

为适应互联发展需求，方便当事人进行民事诉讼，2017年8月18日，全国首家互联网法院落户浙江杭州。此后，杭州地区涉互联网案件全部在互联网法院审理。法院揭牌后开审的第一案，原告为《后宫甄嬛传》作者，被告为网易公司，起诉案由：侵权。此案件的原告是作家吴某，她发现自己撰写的小说《后宫甄嬛传》，在未经授权的情况下，被"网易云阅读"平台以收费阅读的方式提供在线阅读服务。原告认为，被告严重侵犯其著作权，要求被告赔偿相关经济损失，并承担全部诉讼费用。被告代理人则表示，原告将该著作授权某文化公司，对外可以转授信息网络传播权，该公司又将图书的信息网络传播权授权给网易。原告终止与该公司的合作网易并不知情。因此请求驳回原告起诉，并建议追加案外的某文化公司为第三人或者是共同被告。双方代理人围绕争议焦点进行了举证和质证，隔空在屏幕上"唇枪舌剑"。最后，根据语音软件的实时转化，庭审记录实时出现在双方当事人的计算机屏幕上："鉴于原、被告双方均同意调解，本庭将另行组织双方在线进行调解，若未能达成调解，本案将定期宣判，今天开庭到此结束。"当事人只需点击鼠标即可完成法律上的确认。大约20分钟后，法官敲响法槌，庭审结束。

互联网法院最大特点是案件从当事人起诉到最后宣判，全部通过网络在线进行。这意味着，当事人足不出户就可完成诉讼。案件审理时，原、被告双方代理人没有出现在法庭，而是分处杭州、北京两个城市。审判员在审判席上通过面前的大屏幕与诉讼双方交流。如此"便捷"的互联网法院的出现，正是中国司法主动适应互联网发展大趋势的一项重大制度创新。信息技术高速发展引发了大量涉网诉讼，但涉网纠纷往往具有虚拟性、跨地域性等特点。例如假货卖家在千里之外、发表在网上的作品被人剽窃等，公众运用传统司法规则和诉讼方式解决涉网纠纷常会面临成本高、流程长的问题。互联网法院以互联网方式审理互联网案件，从起诉、立案、举证、开庭到判决等全部流程均可在网上完成，大大节省了双方当事人及法院系统的诉讼成本和庭审时间。网上诉讼打破了时间和空间概念，把很多原本属于庭审时需要去解决的事情提前了，包括举证、质证，法庭辩论的争议焦点提前推送，从而大大节省评审的时间。在内容上，也将涉及互联网的案件从现有审判体系中剥离出来，专门审理、研判涉网案件，推进互联网治理的法制化、规范化。杭州互联网法院是一审法院，集中管辖杭州市辖区内基层人民法院有管辖权的涉互联网案件。有关法律专家表示，我国对涉网行为的监督尚处于起步阶段，涉网违法犯罪行为多发、易发，同时也存在法律盲区，通过设立专门的互联网法院，可以有效加强对互联网纠纷的司法实践研究，通过个案审理来形成对网络行为的规则指引。未来，将进一步加强审判团队建设，把不同专业背景的人聚集起来，让法官从法律人才成长为熟悉法律、懂得互联网技术的复合型人才。

单元一 经济仲裁

一、经济仲裁的概念

仲裁也称公断，是指双方当事人在对某一事件或问题发生争议时，提请第三者对争议进行审理，居中调解作出裁决的活动。仲裁作为解决争议的方式，有着悠久的历史，在古罗马时代就曾被采用过。随着各国经济和国际贸易的发展，仲裁作为解决经济纠纷的一种方式得到了广泛采用。仲裁分为民商事仲裁（经济仲裁）、劳动争议仲裁、农业承包合同纠纷仲裁三类。

经济仲裁是指经济纠纷的当事人按照事先或事后达成的协议，自愿将有关争议提交仲裁机构，仲裁机构对争议的事实和权利义务作出判断和裁决的活动。其法律特征包括：①仲裁是一种民间自治行为；②仲裁是当事人的自愿行为；③仲裁是解决合同纠纷和其他财产权益纠纷的手段；④仲裁由仲裁机构依仲裁协议进行。

根据《中华人民共和国仲裁法》（以下简称《仲裁法》）第二条、第三条的规定，平等主体的公民、法人和其他组织之间发生的合同纠纷和其他财产权益纠纷，可以仲裁。但下列纠纷不能仲裁：①婚姻、收养、监护、扶养、继承纠纷；②依法应当由行政机关处理的行政争议。

《仲裁法》第七十七条规定，劳动争议和农业集体经济组织内部的农业承包合同纠纷的仲裁，另行规定。因此，这两类合同不属于《仲裁法》所规定的仲裁范围。

经济仲裁的必要性：开展仲裁既有利于保护当事人的合法权益，又有利于增强当事人之间的团结；仲裁时间短，费用省。随着市场经济的发展变化，经济纠纷越来越多，如果当事人自愿选择仲裁方式解决纠纷，可以减轻法院的负担。在国际贸易中，企业发生纠纷时都比较喜欢选择仲裁的方式来解决纠纷。

小资料

首用仲裁解决消费纠纷

消费者遭遇消费纠纷除向法院起诉外是否还有其他办法可行？天津市一消费者在洗衣店提供服务过程中因衣服破损向消费者协会投诉，经和平区消费仲裁工作站工作，消费者与洗衣店达成协议，双方自愿申请仲裁解决。据悉，这是天津市首例由消费仲裁工作站初审立案的消费纠纷案。此案为该市解决消费纠纷提供了一个良好的范本。据该市和平区消费者协会负责投诉工作的任平先生介绍，消费仲裁工作站的职责是做好消费仲裁案件的初审工作。我国《消费者权益保护法》中赋予消费者解决纠纷的途径有消费者同经营者、服务者协商解决，请求消费者协会调解，向有关行政部门申诉，根据与经营者达成的仲裁协议提请仲裁，向当地人民法院提起诉讼五种方式。但实际操作中，消费者多是向消费者协会投诉，而对于申请仲裁却很少涉足。这起案件可以说是开创了该市消费纠纷以仲裁方式解决的先河。

二、仲裁法的概念

仲裁法是指调整在仲裁过程中发生的社会关系的法律规范的总称。我国于1991年开始起草《仲裁法》，经3年时间完成。1994年8月31日全国人大常委会第九次会议通过了《仲裁法》，于1995年9月1日起生效。其立法宗旨是：保证公正、及时地仲裁经济纠纷，保障当事人的合法权益，保障社会主义市场经济的健康发展。根据2009年8月27日第十一届全国人民代表大会常务委员会第十次会议《关于修改部分法律的决定》第一次修正；根据2017年9月1日第十二届全国人民代表大会常务委员会第二十九次会议《关于修改〈中华人民共和国法官法〉等八部法律的决定》第二次修正，自2018年1月1日起施行。

三、经济仲裁的基本原则和制度

1. 协议（自愿）仲裁原则

《仲裁法》第四条、第五条、第六条规定，当事人采用仲裁方式解决纠纷，应当双方自愿，达成仲裁协议。没有仲裁协议，一方申请仲裁的，仲裁委员会不予受理。当事人达成仲裁协议，一方向人民法院起诉的，人民法院不予受理，但仲裁协议无效的除外。仲裁委员会应当由当事人协议选定。仲裁不实行地域管辖和级别管辖。

2. 以事实为根据、以法律为准绳原则

《仲裁法》第七条规定，仲裁应当根据事实，符合法律规定，公平合理地解决纠纷。

3. 独立仲裁原则

《仲裁法》第八条规定，仲裁依法独立进行，不受行政机关、社会团体和个人的干涉。

4. 一裁终局制度

《仲裁法》第九条规定，仲裁实行一裁终局的制度。裁决作出后，当事人就同一纠纷再申请仲裁或向人民法院起诉，仲裁委员会和人民法院不予受理。裁决被人民法院依法裁定撤销或者不予执行的，当事人就该纠纷可以根据双方重新达成的仲裁协议申请仲裁，也可以向人民法院起诉。

5. 财产保全制度

《仲裁法》第二十八条规定，一方当事人因另一方当事人的行为或其他原因，可能使裁决不能执行或难以执行的，可以申请财产保全。当事人申请财产保全的，仲裁委员会应当将当事人的申请依照《中华人民共和国民事诉讼法》（以下简称《民事诉讼法》）的有关规定提交人民法院。申请有错误的，申请人应当赔偿被申请人因财产保全所遭受的损失。

6. 委托代理制度

《仲裁法》第二十九条规定，当事人、法定代理人可以委托律师和其他代理人进行仲裁活动，委托律师和其他代理人进行仲裁活动的，应当向仲裁委员会递交授权委托书。

7. 仲裁回避制度

《仲裁法》第三十四条规定，仲裁员有下列情形之一的，必须回避，当事人也有权提出回避申请：①是本案的当事人或当事人、代理人的近亲属；②与本案有利害关系；③与本案当事人、代理人有其他关系，可能影响公正仲裁的；④私自会见当事人、代理人，或者接受当事人、代理人的请客送礼的。

8. 仲裁不公开进行制度

《仲裁法》第四十条规定，仲裁不公开进行，当事人协议公开的，可以公开进行，但涉及国家机密的除外。

9. 先行调解制度

《仲裁法》第五十一条规定，仲裁庭在作出裁决前，可以先行调解，当事人自愿调解的，仲裁庭应当调解。调解不成的，应当及时作出裁决。调解达成协议的，仲裁庭应当制作调解书或者根据协议的结果制作裁决书。调解书与裁决书具有同等法律效力。

10. 仲裁时效制度

《仲裁法》第七十四条规定，法律对仲裁时效有规定的，适用该规定；法律对仲裁时效没有规定的，适用诉讼时效的规定。

四、仲裁机构

（一）仲裁委员会

1. 仲裁委员会的设立

仲裁委员会可以在直辖市和省、自治区人民政府所在地的市设立，也可以根据需要在其他设区的市设立，不按行政区划层层设立。仲裁委员会由前款规定的市的人民政府组织有关部门和商会统一组建。设立仲裁委员会，应当经省、自治区、直辖市的司法行政部门登记。

仲裁委员会是常设性的经济仲裁机构，它独立于行政机关，与行政机关没有隶属关系。仲裁委员会之间也没有隶属关系。仲裁委员会应当具备下列条件：①有自己的名称、住所和章程；②有必要的财产；③有该委员会的组成人员；④有聘任的仲裁员。

仲裁委员会由主任1人、副主任2～4人和委员7～11人组成。仲裁委员会的主任、副主任和委员由法律、经济贸易专家和有实际工作经验的人员担任。仲裁委员会的组成人员中，法律、经济贸易专家不得少于2/3。

2. 仲裁员的聘任条件

仲裁委员会应当从公道正派的人员中聘任仲裁员。仲裁员应当符合下列条件之一：①通过国家统一法律职业资格考试取得法律职业资格，从事仲裁工作满8年的；②从事律师工作满8年的；③曾任法官满8年的；④从事法律研究、教学工作并具有高级职称的；⑤具有法律知识、从事经济贸易等专业工作并具有高级职称或者具有同等专业水平的。仲裁委员会按照不同专业设仲裁员名册。

（二）中国仲裁协会

中国仲裁协会是社会团体法人。仲裁委员会是中国仲裁协会的会员。中国仲裁协会的章程由全国会员大会制定。

中国仲裁协会是仲裁委员会的自律性组织，根据章程对仲裁委员会及其组成人员、仲裁员的违纪行为进行监督。

中国仲裁协会依照《仲裁法》和《民事诉讼法》的有关规定制定仲裁规则。

五、仲裁协议

（一）仲裁协议的概念与内容

仲裁协议是指双方当事人自愿把他们之间已经发生或可能发生的经济纠纷提交仲裁解决的书面约定。仲裁协议包括合同中订立的仲裁条款和以其他书面方式在纠纷发生前或者纠纷发生后达成的请求仲裁的协议。

仲裁协议应当具有下列内容：①请求仲裁的意思表示；②仲裁事项；③选定的仲裁委员会。仲裁协议对仲裁事项或者仲裁委员会没有约定或者约定不明确的，当事人可以补充协议；达不成补充协议的，仲裁协议无效。

（二）仲裁协议无效的法定情形

有下列情形之一的，仲裁协议无效：①约定的仲裁事项超出法律规定的范围的；②无民事行为能力人或限制民事行为能力人订立的仲裁协议；③一方采用胁迫手段，迫使对方订立仲裁协议的；④仲裁协议约定不明确，当事人又达不成补充协议的。

六、仲裁程序

1. 申请和受理

仲裁纠纷发生后，任何一方当事人均有权在法律规定的时效内向仲裁委员会申请仲裁。当事人申请仲裁应当符合下列条件：①有仲裁协议；②有具体的仲裁请求和事实、理由；③属于仲裁委员会的受理范围。

当事人申请仲裁，应当向仲裁委员会递交仲裁协议、仲裁申请书及副本。

仲裁委员会收到仲裁申请书之日起5日内，认为符合受理条件的，应当受理，并通知当事人；认为不符合条件的，应当书面通知当事人不予受理，并说明理由。

2. 组成仲裁庭

仲裁庭可以由3名仲裁员或者1名仲裁员组成。由3名仲裁员组成的，设首席仲裁员。当事人约定由3名仲裁员组成仲裁庭的，应当各自选定或者各自委托仲裁委员会主任指定1名仲裁员，第3名仲裁员由当事人共同选定或者共同委托仲裁委员会主任指定。第3名仲裁员是首席仲裁员。当事人约定由1名仲裁员成立仲裁庭的，应当由当事人共同选定或者共同委托仲裁委员会主任指定仲裁员。当事人没有在仲裁规则规定的期限内约定仲裁庭的组成方式或者选定仲裁员的，由仲裁委员会主任指定。仲裁庭组成后，仲裁委员会应当将仲裁庭的组成情况书面通知当事人。

3. 开庭

仲裁委员会应当在仲裁规则规定的期限内将开庭日期通知双方当事人。当事人有正当理由的，可以在仲裁规则规定的期限内请求延期开庭，是否延期由仲裁庭决定。证据应当在开庭时出示，当事人可以质证，在仲裁过程中有权进行辩论。

4. 和解

当事人申请仲裁后，可以自行和解。达成和解协议的，可以请求仲裁庭根据和解协议作出和解书，也可以撤回仲裁申请，当事人达成仲裁和解协议，撤回仲裁申请后反悔的，可以根据仲裁协议申请仲裁。

5．调解

仲裁庭作出裁决前，可以先行调解。当事人自愿调解的，仲裁庭应当调解。调解不成的，应当及时作出裁决。

6．裁决

裁决应当按照多数仲裁员的意见作出，少数仲裁员的不同意见可以记入笔录。仲裁庭不能形成多数意见时，裁决应当按照首席仲裁员的意见作出。裁决书自作出之日起发生法律效力。

七、申请撤销仲裁裁决

当事人提出证据证明裁决有下列情形之一的，可以向仲裁委员会所在地的中级人民法院申请撤销裁决：

（1）没有仲裁协议的。

（2）裁决的事项不属于仲裁协议的范围或者仲裁委员会无权仲裁的。

（3）仲裁庭的组成或者仲裁的程序违反法定程序的。

（4）裁决所根据的证据是伪造的。

（5）对方当事人隐瞒了足以影响公正裁决的证据的。

（6）仲裁员在仲裁该案时有索贿受贿、徇私舞弊、枉法裁决行为的。

当事人申请撤销裁决的，应当自收到裁决书之日起6个月内提出。人民法院应当在受理撤销裁决申请之日起2个月内作出撤销裁决或者驳回申请的裁定。人民法院受理撤销裁决的申请后，认为可以由仲裁庭重新仲裁的，通知仲裁庭在一定期限内重新仲裁，并裁定中止撤销程序。仲裁庭拒绝重新仲裁的，人民法院应当裁定恢复撤销程序。

八、仲裁裁决的执行

根据《仲裁法》的规定，当事人应当履行仲裁裁决。一方当事人不履行的，另一方当事人可以依照《民事诉讼法》的有关规定向人民法院申请执行。受申请的人民法院应当执行。一方当事人申请执行裁决，另一方当事人申请撤销裁决的，人民法院应当裁定中止执行。人民法院裁定撤销裁决的，应当裁定终结执行。撤销裁决的申请被裁定驳回的，人民法院应当裁定恢复执行。

案例分析

位于甲市的A公司与位于乙市的B公司签订了一份买卖办公大楼的合同，合同中约定如果发生纠纷，由位于丙市的仲裁委员会进行仲裁。后发生纠纷，由丙市仲裁委员会进行仲裁，鉴于该案有比较大的教育意义，该仲裁委员会决定公开审理，但A公司表示反对。该仲裁委员会作出裁决后，A公司不服，准备向法院起诉，B公司则要求A公司履行裁决书。由于A公司长时间不履行仲裁裁决书，B公司便申请该仲裁委员会执行，但被该仲裁委员会拒绝。

问题：

（1）A公司与B公司是否可约定由丙市的仲裁委员会仲裁？为什么？

（2）A公司能否反对仲裁委员会公开审理？为什么？

（3）A公司能否向法院起诉？为什么？

（4）该仲裁委员会拒绝B公司的执行申请是否正确？为什么？

> **分析：**
> （1）可以约定。仲裁不实行级别管辖和地域管辖，由当事人自愿达成仲裁协议，选定仲裁委员会。
> （2）能。仲裁不公开进行，当事人协议公开的，可以公开进行。本案中，A公司反对公开进行是符合《仲裁法》规定的。
> （3）A公司不能向法院起诉。仲裁实行一裁终局制度，裁决作出后，当事人就同一纠纷再向人民法院起诉，人民法院不予受理。
> （4）该仲裁委员会拒绝B公司的执行申请是正确的。当事人应当履行裁决。一方当事人不履行的，另一方当事人可以依照《民事诉讼法》的规定向人民法院申请强制执行。

单元二　民事诉讼

一、民事诉讼的概念与特征

（一）民事诉讼的概念

民事诉讼是指人民法院在双方当事人和其他诉讼参与人的参加下，依法对经济纠纷进行审理、作出裁决的活动。审理经济纠纷所适用的法律，在实体法方面是我国的国内法，也可以根据我国法律的规定适用外国法律和我国缔结或参加的国际条约、国际惯例。在程序法方面，适用《民事诉讼法》的有关规定。

（二）民事诉讼的特征

诉讼与和解、调解、仲裁相比较，具有最终性、强制性和规范性的特征。

1. 最终性

和解是指经济纠纷发生后，双方当事人在平等互利的基础上，自觉自愿解决经济纠纷的行为。调解是指经济纠纷发生后，双方当事人在第三方的主持与斡旋下，达成谅解协议以解决经济纠纷的行为。仲裁是指双方当事人在争议发生之前或争议发生之后达成协议，自愿将争议交给第三方作出裁决，争议双方有义务执行该裁决，从而解决经济争议的活动。只有诉讼才是由人民法院代表国家行使审判权，依照法定程序进行审理并最终解决经济纠纷的行为。

2. 强制性

和解和调解都是处理经济纠纷中较为简单而行之有效的方式，但由于没有法律上的强制执行力（诉讼调解除外），当事人一方的合法权益很难得到有效保障。而诉讼判决或裁定生效后，一方当事人逾期不履行应尽义务的，另一方当事人则可以向人民法院申请强制执行。

3. 规范性

诉讼严格按照诉讼程序进行。以其他方式解决经济纠纷，即使是仲裁活动，也没有如此严格的程序和制度。

1991年4月9日第七届全国人民代表大会第四次会议通过，2007年、2012年、2017年先后三次修正的《民事诉讼法》是解决经济纠纷、进行民事诉讼的法律依据。

小资料 2017年8月18日上午9时，全国首家互联网法院——杭州互联网法院正式成立，用互联网方式审理互联网案件，涉网诉讼像"网购"一样便利。互联网法院设有高科技取号机，根据不同的办理业务，分配到不同的窗口；设有高科技的智能诉讼机，当事人只需扫描身份证，按诉讼问卷依次选择，就能得到一份符合法律规定、条理清晰的诉状。法庭没有书记员，因为有语音识别。杭州互联网法院最大的法庭也只有8张长椅，因为可以在线旁听。

二、民事诉讼的基本原则和制度

1．同等原则和对等原则

《民事诉讼法》第五条规定，外国人、无国籍人、外国企业和组织在人民法院起诉、应诉，同中华人民共和国公民、法人和其他组织有同等的诉讼权利义务。外国法院对中华人民共和国公民、法人和其他组织的民事诉讼权利加以限制的，中华人民共和国法院对该国公民、企业和组织的民事诉讼权利，实行对等原则。

2．审判权由人民法院行使原则

《民事诉讼法》第六条规定，民事案件的审判权由人民法院行使。人民法院依照法律规定对民事案件独立进行审判，不受行政机关、社会团体和个人的干涉。

3．以事实为根据，以法律为准绳原则

《民事诉讼法》第七条规定，人民法院审理民事案件，必须以事实为根据、以法律为准绳。

4．当事人诉讼权利平等原则

《民事诉讼法》第八条规定，民事诉讼当事人有平等的诉讼权利。人民法院审理民事案件，应当保障和便利当事人行使诉讼权利，对当事人在适用法律上一律平等。

5．调解原则

《民事诉讼法》第九条规定，人民法院审理民事案件，应当根据自愿和合法的原则进行调解；调解不成的，应当及时判决。

6．合议、回避、公开审判、两审终审制度

《民事诉讼法》第十条规定，人民法院审理民事案件，依照法律规定实行合议、回避、公开审判和两审终审制度。

7．各民族公民有权使用本民族语言、文字进行民事诉讼制度

《民事诉讼法》第十一条规定，各民族公民都有用本民族语言、文字进行民事诉讼的权利。在少数民族聚居或者多民族共同居住的地区，人民法院应当用当地民族通用的语言、文字进行审理和发布法律文书。人民法院应当对不通晓当地民族通用的语言、文字的诉讼参与人提供翻译。

8．辩论制度

《民事诉讼法》第十二条规定，人民法院审理民事案件时，当事人有权进行辩论。

9. 诚实信用原则和当事人有权依法处分自己的民事权利和诉讼权利制度

《民事诉讼法》第十三条规定，民事诉讼应当遵循诚实信用原则。当事人有权在法律规定的范围内处分自己的民事权利和诉讼权利。

三、诉讼时效

（一）诉讼时效的概念

诉讼时效是指权利人在法定期间不行使权利，就丧失了请求人民法院依照诉讼程序强制义务人履行义务的权利的法律制度。诉讼时效以请求权的不行使为前提，诉讼时效适用于一切债权。物权、人身权、知识产权的不行使，不适用诉讼时效，但这些权利受侵害所产生的损害赔偿或其他民事补救请求权属于债权，应适用诉讼时效。这里的"行使"包括各种合法形式的权利行使，如直接向债务人提出清偿请求、向债务人发出请求清偿的信函、提起诉讼、提请仲裁等。

诉讼时效期间届满的，义务人可以提出不履行义务的抗辩。诉讼时效期间届满后，义务人同意履行的，不得以诉讼时效期间届满为由抗辩；义务人已经自愿履行的，不得请求返还。人民法院不得主动适用诉讼时效的规定。诉讼时效的期间、计算方法以及中止、中断的事由由法律规定，当事人约定无效。当事人对诉讼时效利益的预先放弃无效。

诉讼时效的意义主要表现在：①维护社会经济关系的稳定；②督促权利人及时行使权利；③有利于法院及时处理纠纷。

（二）诉讼时效期间

1. 不同民事诉讼的时效期间规定

《民法典》第一百八十八条规定，向人民法院请求保护民事权利的诉讼时效期间为3年。法律另有规定，依照其规定。《民法典》第五百九十四条规定，因国际货物买卖合同和技术进出口合同争议提起诉讼或者申请仲裁的时效期间为4年。

2. 诉讼时效期间起算

（1）诉讼时效期间自权利人知道或者应当知道权利受到损害以及义务人之日起计算。法律另有规定，依照其规定。但是，自权利受到损害之日起超过20年的，人民法院不予保护，有特殊情况的，人民法院可以根据权利人的申请决定延长。

（2）当事人约定同一债务分期履行的，诉讼时效期间自最后一期履行期限届满之日起计算。

（3）无民事行为能力人或者限制民事行为能力人对其法定代理人的请求权的诉讼时效期间，自该法定代理终止之日起计算。

（4）未成年人遭受性侵害的损害赔偿请求权的诉讼时效期间，自受害人年满18周岁之日起计算。

（三）诉讼时效中止、中断

1. 诉讼时效中止

诉讼时效中止是指在诉讼时效期间进行的最后6个月内，因发生一定事由，使权利人不能行使权利，因而暂停计算诉讼时效期间，待中止事由消除之日起，诉讼时效期间继续计算。

《民法典》第一百九十四条规定，在诉讼时效期间的最后6个月内，因下列障碍，不能行使请求权的，诉讼时效中止：①不可抗力；②无民事行为能力人或者限制民事行为能力人没有法定代理人，或者法定代理人死亡、丧失民事行为能力、丧失代理权；③继承开始后未确定继承人或者遗产管理人；④权利人被义务人或者其他人控制；⑤其他导致权利人不能行使请求权的障碍。

2．诉讼时效中断

诉讼时效的中断是指发生一定的法定事由，使已经经过的诉讼时效期间归于无效，诉讼时效期间重新起算。《民法典》第一百九十五条规定，有下列情形之一的，诉讼时效中断，从中断、有关程序终结时起，诉讼时效期间重新计算：①权利人向义务人提出履行请求；②义务人同意履行义务；③权利人提起诉讼或者申请仲裁；④与提起诉讼或者申请仲裁具有同等效力的其他情形。

3．不适用诉讼时效的法定情形

《民法典》第一百九十六条规定，下列请求权不适用诉讼时效的规定：①请求停止侵害、排除妨碍、消除危险；②不动产物权和登记的动产物权的权利人请求返还财产；③请求支付抚养费、赡养费或者扶养费；④依法不适用诉讼时效的其他请求权。

四、民事诉讼管辖

民事诉讼管辖是指人民法院之间受理第一审民事案件的分工和权限。

（一）级别管辖

级别管辖是指上下级人民法院之间受理第一审民事案件的分工和权限。我国的级别管辖分为四级：

（1）基层人民法院管辖第一审民事案件，但法律另有规定的除外。

（2）中级人民法院管辖下列第一审民事案件：重大涉外案件；在本辖区有重大影响的案件；最高人民法院确定由中级人民法院管辖的案件。

（3）高级人民法院管辖在本辖区有重大影响的第一审民事案件。

（4）最高人民法院管辖下列第一审民事案件：在全国有重大影响的案件；认为应当由本院审理的案件。

（二）地域管辖

地域管辖是指同级别但不同地域人民法院之间受理第一审民事案件的分工和权限。

1．一般地域管辖

对公民、法人或者其他组织提起的民事诉讼，由被告住所地人民法院管辖；被告住所地与经常居住地不一致的，由经常居住地人民法院管辖。同一诉讼的几个被告住所地、经常居住地在两个以上人民法院辖区的，各该人民法院都有管辖权。两个以上人民法院都有管辖权的诉讼，原告可以向其中一个人民法院起诉；原告向两个以上有管辖权的人民法院起诉的，由最先立案的人民法院管辖。

2．特殊地域管辖

（1）因合同纠纷提起的诉讼，由被告住所地或者合同履行地人民法院管辖。

（2）因保险合同纠纷提起的诉讼，由被告住所地或者保险标的物所在地人民法院管辖。

（3）因票据纠纷提起的诉讼，由票据支付地或者被告住所地人民法院管辖。

（4）因公司设立、确认股东资格、分配利润、解散等纠纷提起的诉讼，由公司住所地人民法院管辖。

（5）因铁路、公路、水上、航空运输和联合运输合同纠纷提起的诉讼，由运输始发地、目的地或者被告住所地人民法院管辖。因侵权行为提起的诉讼，由侵权行为地或者被告住所地人民法院管辖。因铁路、公路、水上和航空事故请求损害赔偿提起的诉讼，由事故发生地或者车辆、船舶最先到达地、航空器最先降落地或者被告住所地人民法院管辖。

（6）因船舶碰撞或者其他海事损害事故请求损害赔偿提起的诉讼，由碰撞发生地、碰撞船舶最先到达地、加害船舶被扣留地或者被告住所地人民法院管辖；因海难救助费用提起的诉讼，由救助地或者被救助船舶最先到达地人民法院管辖；因共同海损提起的诉讼，由船舶最先到达地、共同海损理算地或者航程终止地的人民法院管辖。

3. 专属管辖

专属管辖是指法律规定某些诉讼标的特殊的案件，由特定的人民法院管辖。《民事诉讼法》第三十三条规定，下列案件，由规定的人民法院专属管辖：①因不动产纠纷提起的诉讼，由不动产所在地人民法院管辖；②因港口作业中发生纠纷提起的诉讼，由港口所在地人民法院管辖；③因继承遗产纠纷提起的诉讼，由被继承人死亡时住所地或者主要遗产所在地人民法院管辖。

4. 协议管辖

协议管辖是指根据合同当事人双方的约定来确定管辖。民事诉讼法规定，合同或者其他财产权益纠纷的当事人可以书面协议选择被告住所地、合同履行地、合同签订地、原告住所地、标的物所在地等与争议有实际联系的地点的人民法院管辖，但不得违反法律对级别管辖和专属管辖的规定。

（三）指定管辖

指定管辖是指上级人民法院依照法律规定，指定其管辖区内的下级法院对某一具体案件行使管辖权。指定管辖有以下三种情况：

（1）受移送的人民法院认为受移送的案件依照规定不属于本院管辖的，应当报请上级人民法院指定管辖。

（2）有管辖权的人民法院由于特殊原因不能行使管辖权的，由上级人民法院指定管辖。

（3）人民法院之间因管辖权发生争议，由争议双方协商解决；协商解决不了的，报请它们的共同上级人民法院指定管辖。

（四）移送管辖

移送管辖是指人民法院对已经受理的案件经审查发现本院无管辖权的，应当移送有管辖权的人民法院受理。受移送的人民法院认为受移送的案件依照规定不属于本院管辖的，应当报请上级人民法院指定管辖，不得再自行移送。上级人民法院有权审理下级人民法院管辖的第一审民事案件，确有必要将本院管辖的第一审民事案件交下级人民法院审理的，应当报请其上级人民法院批准。下级人民法院对它所管辖的第一审民事案件，认为需要由上级人民法院审理的，可以报请上级人民法院审理。

案例分析

　　A 地甲公司与 B 地乙公司签订一份书面购销合同，约定甲公司向乙公司购买冰箱 200 台，每台价格是 1 500 元。双方约定由乙公司代办托运，甲公司在收到货物后的 10 日内付款，合同的违约金为合同价款的 10%，并且约定了因合同发生纠纷由合同签订地 C 地的法院管辖。但是，在合同签订后，乙公司因为资金不足，发生生产困难，没能够按照合同约定的时间交付货物。甲公司要求乙公司支付违约金，乙公司拒绝，双方发生争议，甲公司提起诉讼。

　　问题：

　　（1）甲乙双方约定合同的签订地的法院为合同纠纷的管辖法院，该管辖协议是否有效？为什么？

　　（2）如果双方当事人约定 C 地为合同的履行地，并且约定合同履行地的法院为合同纠纷的管辖法院，请问此时就本案而言，C 地的法院是否因此而取得管辖权？为什么？

　　分析：

　　（1）该管辖协议有效，因为是在书面合同中约定了合同签订地的法院为合同纠纷管辖法院，不违反专属管辖和级别管辖等特殊规定，具备了管辖协议生效的条件。

　　（2）此时 C 地的法院取得管辖权，因为双方当事人约定 C 地的法院为合同纠纷的管辖法院并不违反法律的禁止规定，而且也符合管辖协议的生效条件。

五、民事诉讼程序

（一）第一审程序

第一审程序分为普通程序、简易程序和特别程序。这里主要介绍普通程序。

1. 起诉和受理

起诉由原告一方当事人向有管辖权的人民法院提交书面起诉状，并按照被告人数提交副本。人民法院接到起诉状后，经审查，符合受理条件的，应当立案；不符合受理条件的，应当通知原告不予受理，并说明理由。

小资料　　　　　　　　　　民事起诉状（模板）

　　原告：姓名_____，民族_____，出生日期_____，职业_____，住址_____。

　　被告：姓名_____，民族_____，出生日期_____，职业_____，住址_____。

　　诉讼请求：

　　1. 要求被告赔偿原告（费用名称如医药费、误工费、护理费、伤残补偿金等）损失_____元。

　　2. 本案诉讼费由全部由被告承担。

事实和理由：

应写明侵害行为的事实和侵害后果的事实。若是人身伤害的，应写明受侵害的时间、地点、起因、经过，实际损害程度、恢复状况、就医情况等，做过法医鉴定的也应写明结论。若是姓名权、肖像权、名誉权、荣誉权受到侵害的，应写明侵权行为的具体情节、后果和影响。

此致

　　　　　　　　　　　　　　　_____省_____人民法院

　　　　　　　　　　　　　　　具状人（本人签名）：

　　　　　　　　　　　　　　　_____年_____月_____日

注：①诉状若是手写的，须用蓝黑或黑墨水钢笔书写，诉状用 A4 纸。

②诉讼副本应按被告人数提交。

③随诉状应交原告身份证复印件及有关验伤单、伤势证明、护理证明及各种合理费用凭据、转院证明等。

2. 审理前的准备

人民法院立案后，应当组成合议庭，并将起诉状副本发送给被告，由被告提出答辩状。被告不提出答辩状的，不影响人民法院审理。审判人员必须认真审核诉讼材料，调查收集必要的证据。在此基础上，根据双方自愿原则进行调解。

3. 开庭审理

开庭审理一般经过开庭准备、法庭调查、法庭辩论、法庭调解、法庭评议和宣判等阶段。法庭辩论终结，可以再行调解，法庭调解未达成协议的，应依法做出判决。

（二）第二审程序

第二审程序是指当事人不服地方各级人民法院的第一审未生效的判决、裁定，向上一级人民法院提出上诉，上一级人民法院进行审理的活动过程。

1. 在法定期限内提出上诉状

对判决或裁决不服的当事人，在收到判决书或裁定书后，在上诉期内（判决为 15 日、裁定为 10 日）有权提起上诉。上诉应通过原审法院提出，当事人直接向上一级法院上诉的，第二审法院应当在 5 日内将上诉状发给原审人民法院。

2. 答辩

原审人民法院收到上诉状，应当在 5 日内将上诉状副本送达对方当事人，对方当事人在收到上诉状的 15 日内提出答辩状。不提交答辩状的，不影响人民法院审理。

3. 审理

原审法院收到上诉状、答辩状的，应连同全部案卷和证据，尽快报送第二审法院，由第二审法院审理。对有调解可能的，应再调解；调解不成的，即应当判决。二审可开庭审理，也可进行书面审理。

4．判决

二审对上诉案件审理后，分别情况作如下处理：

（1）原判决、裁定认定事实清楚，适用法律正确，以判决、裁定方式驳回上诉，维持原判决、裁定。

（2）原判决、裁定认定事实错误或者适用法律错误的，以判决、裁定方式依法改判、撤销或者变更。

（3）原判决认定基本事实不清的，裁定撤销原判决，发回原审人民法院重审，或者查清事实后改判。

（4）原判决遗漏当事人或者违法缺席判决等严重违反法定程序的，裁定撤销原判决，发回原审人民法院重审。

第二审法院的判决、裁定，是终审判决、裁定，不准再上诉。第二审判决书，应当写明上诉人不服判决的理由以及对上诉理由所作的结论，并说明本判决书为终审判决，不得再上诉。人民法院审理对判决的上诉案件，应当在第二审立案之日起 3 个月内审结。有特殊情况需要延长的，由本院院长批准。人民法院审理对裁定的上诉案件，应当在第二审立案之日起 30 日内作出终审裁定。

（三）审判监督程序

审判监督程序又称再审程序，是指人民检察院、人民法院、诉讼当事人对已经发生法律效力的判决、裁定、调解书，认为确有错误，申请或提起再审，由人民法院对案件再次审理的程序。

（1）最高人民检察院对各级人民法院已经发生法律效力的判决、裁定，上级人民检察院对下级人民法院已经发生法律效力的判决、裁定，发现确有错误的，应按照审判监督程序提起抗诉，作出生效判决的人民法院对人民检察院提出的抗诉，应当进行再审，并通知人民检察院派员出席法庭。

（2）各级人民法院院长对本院已经发生法律效力的判决、裁定、调解书，发现确有错误，认为需要再审的，应当提交审判委员会讨论决定。最高人民法院对地方各级人民法院已经发生法律效力的判决、裁定、调解书，上级人民法院对下级人民法院已经发生法律效力的判决、裁定调解书，发现确有错误的，有权提审或者指令下级人民法院再审。

（3）当事人对已经发生法律效力的判决、裁定，认为有错误的，可以向上一级人民法院申请再审，当事人一方人数众多或者当事人双方为公民的案件，也可以向原审人民法院申请再审。当事人申请再审的，不停止判决、裁定的执行。

当事人的申请有符合法定情形之一的，人民法院应当再审。当事人对已经发生法律效力的调解书，提出证据证明调解违反自愿原则或者调解协议的内容违反法律的，可以申请再审，经人民法院审查属实的，应当再审。当事人申请再审，应当在判决、裁定发生法律效力后 6 个月内提出。

人民法院按照审判监督程序再审的案件，发生法律效力的判决、裁定是由第一审法院作出的，按照第一审程序审理，所作的判决、裁定，当事人可以上诉；发生法律效力的判决、裁定是由第二审法院作出的，按照第二审程序审理，所作的判决、裁定是发生法律效力的判决、裁定；上级人民法院按照审判监督程序提审的，按照第二审程序审理，所作的判决、裁定是发生法律效力的判决、裁定。人民法院审理再审案件，应当另行组成合议庭。

（四）督促程序

督促程序是指人民法院根据债权人的申请，向债务人发出支付令，督促债务人在限期内向债权人清偿债务的法律程序。督促程序适用于债权人请求债务人给付金钱、有价证券的案件。债权人提出申请后，人民法院应当在 5 日内通知债权人是否受理。人民法院受理申请后，经审查债权人提供的事实、证据，对债权债务关系明确、合法的，应当在受理之日起 15 日内向债务人发出支付令；申请不成立的，裁定予以驳回。债务人应当自收到支付令之日起 15 日内清偿债务，或者向人民法院提出书面异议。债务人在前款规定的期间不提出异议又不履行支付令的，债权人可以向人民法院申请执行。

（五）公示催告程序

公示催告程序是指按照规定可以背书转让的票据持有人，因票据被盗、遗失或者灭失，可以向票据支付地的基层人民法院申请公示催告，由人民法院发布公告，催促票据的利害关系人在一定期间内申报权利，如果逾期无人申报，依法作出除权判决的程序。

人民法院决定受理申请，应当同时通知支付人停止支付，并在 3 日内发出公告，催促利害关系人申报权利。公示催告的期间，由人民法院根据情况决定，但不得少于 60 日。支付人收到人民法院停止支付的通知，应当停止支付，至公示催告程序终结。公示催告期间，转让票据权利的行为无效。除权判决自公告之日起，申请人有权向支付人请求支付。利害关系人因正当理由不能在判决前向人民法院申报的，自知道或者应当知道判决公告之日起 1 年内，可以向作出判决的人民法院起诉。

（六）执行程序

执行程序是指人民法院依照法定程序以国家强制力强制实现生效法律文书确定的权利义务关系的程序。申请执行的期间为 2 年。申请执行时效的中止、中断，适用法律有关诉讼时效中止、中断的规定。上述期限的计算，从法律文书规定履行期间的最后 1 日起计算；法律文书规定分期履行的，从规定的每次履行期间的最后 1 日起计算。

根据《民事诉讼法》的规定，执行措施主要有：

（1）查询被执行人的存款、债券、股票、基金份额等财产情况。

（2）扣押、冻结、划拨、变价被执行人的财产。

（3）扣留、提取被执行人应当履行义务部分的收入，但应当保留被执行人及其所扶养家属的生活必需费用。

（4）查封、扣押、冻结、拍卖、变卖被执行人应当履行义务部分的财产，但应当保留被执行人及其所扶养家属的生活必需品。

（5）搜查被执行人隐匿的财产。

（6）强制被执行人交付法律文书指定的财物或者票证。

（7）强制被执行人完成法律文书指定的行为。

（8）强制被执行人迁出房屋或退出土地。

（9）强制被执行人支付迟延履行期间的债务利息或者迟延履行金。

―――――――――――― 实 训 项 目 ――――――――――――

模 拟 法 庭

1. 实训目的

通过实训模拟使学生在掌握经济纠纷解决途径法律知识的基础上，能对争议解决途径之民事诉讼的第一审程序有基本的掌握，更好地将所学知识应用到实践中。

2. 实训方式

课堂实际模拟开庭：①要求认真查找相关案例和模拟开庭脚本，课前分组做好模拟演练；②在实训中学生应充分发挥团队合作精神，一定要主动思考，积极参与。

3. 实训内容

（1）模拟法庭实训面向班级所有学生，以5～8位同学为一组，分别扮演法官、律师、当事人，使每个学生都能参与到模拟法庭活动中来。

（2）实训前准备：学生在掌握了民事诉讼第一审程序中法庭审判基本流程的基础上，以小组为单位，利用图书馆、网络等资源各自收集案例，注意案例的典型性，掌握案例中的各方面细节、信息和事实，并查阅相关资料和法律、法规条文，对案例中涉及的法理知识点进行梳理。

（3）学生以法官、律师、当事人的身份在课堂上进行模拟演示，由同学和教师对小组的表现进行打分。

（4）教师对学生的整体表现进行点评，总结经验和心得体会。

4. 实训报告

在小组模拟开庭和教师点评基础上，形成实训心得和体会，完成实训报告撰写。实训报告要求包括两方面内容：①总结通过实训是否掌握了民事审判一审程序的流程；②是否掌握了争议案件涉及的相关法律知识。

―――――――――――― 复习思考题 ――――――――――――

第一部分　知　识　题

一、单项选择题

1. 经济仲裁裁决书自（　　）之日起发生法律效力。

A. 作出　　　　　　B. 送达　　　　　　C. 宣布　　　　　　D. 当事人签收

2. 下列各项中，可以申请仲裁解决的是（　　）。

A. 甲与其任职单位的劳动合同争议

B. 张三、李四两人的继承遗产纠纷

C. 王某与村民委员会签订的土地承包合同纠纷

D. 丙企业与银行签订的流动资金贷款合同纠纷

3. 根据《民法典》规定，向人民法院请求保护民事权利的诉讼时效期间为（　　）；法律另有规定，依照其规定。

A. 3年　　　　　　B. 2年　　　　　　C. 4年　　　　　　D. 6个月

4. 王某户籍地是甲市，但其经常居住地是乙市。王某在外地出差时与李某发生纠纷，李某作为原告起诉王某，此纠纷由（　　）人民法院管辖。

  A. 甲市   B. 乙市   C. 王某出差地 D. 李某居住地

5. 我国人民法院审理经济纠纷案件实行（　　）制度。

  A. 一审终审 B. 两审终审 C. 一裁终局 D. 或审或裁

二、多项选择题

1. 下列纠纷不能仲裁的有（　　）。

  A. 离婚纠纷 B. 收养子女 C. 合同 D. 继承

2. 仲裁协议应当具备以下内容（　　）。

  A. 请求仲裁的意思表示   B. 仲裁事项

  C. 选定的仲裁委员会   D. 选定的仲裁员

3. 下列各项中，属于诉讼时效中止的法定事由有（　　）。

  A. 台风   B. 7 周岁的小张没有法定代理人

  C. 义务人张三同意履行义务 D. 权利人丁提起诉讼

4. 下列关于仲裁与民事诉讼区别的表述中，正确的有（　　）。

  A. 仲裁必须由双方当事人自愿达成仲裁协议方可进行，而诉讼只要一方当事人起诉即可进行

  B. 仲裁实行一裁终局制度，而诉讼实行两审终审制度

  C. 仲裁不公开进行，而诉讼一般公开进行

  D. 仲裁不实行回避制度，而诉讼实行回避制度

5. 住所在阳光市的张某在 X 地实施了侵犯住所在风江市的李某权益的行为，李某在 Y 地受到损害。如果李某起诉张某，管辖法院为（　　）。

  A. X 地法院 B. Y 地法院 C. 阳光市法院 D. 风江市法院

三、判断题

1. 仲裁实行地域管辖，但不实行级别管辖。（　　）

2. 仲裁不公开进行，当事人协议公开的，可以公开进行，但涉及国家机密和商业秘密的除外。（　　）

3. 因港口作业中发生纠纷提起的诉讼，由被告住所地人民法院管辖。（　　）

4. 当事人不服地方人民法院第一审未生效判决的，有权在判决书送达之日起 10 日内向上一级人民法院提起上诉。（　　）

5. 我国《仲裁法》规定，仲裁实行一裁终局制度。（　　）

第二部分　技　能　题

四、综合分析题

原告张某诉被告韩某合伙纠纷一案，原告方请求人民法院判决解除其与被告方合伙经营饭馆的合同的关系。此案经某县人民法院进行审理，判决解除原告之间的合伙关系。被告方不服，向某市中级人民法院提起上诉。二审人民法院指定审判员沈某处理此案。沈某经过调查审理，判决维持原判。

请问：人民法院对此案的处理在程序上是否正确？

参 考 文 献

[1] 吴薇. 经济法实用教程 [M]. 2 版. 北京：中国人民大学出版社，2019.

[2] 曾建飞，何玉龙. 经济法 [M]. 6 版. 厦门：厦门大学出版社，2019.

[3] 朱锦清. 公司法学：修订本 [M]. 北京：清华大学出版社，2019.

[4] 宋燕妮，赵旭东. 中华人民共和国公司法释义：最新修正版 [M]. 北京：法律出版社，2019.

[5] 范建，王建文. 公司法 [M]. 5 版. 北京：法律出版社，2018.

[6] 施天涛. 商法学 [M]. 6 版. 北京：法律出版社，2020.

[7] 谢秋荣. 合伙企业实务全书 [M]. 北京：中国法制出版社，2019.

[8] 中华人民共和国民法典：附草案说明 [M]. 北京：法律出版社，2020.

[9] 中华人民共和国民法典：实用版 [M]. 北京：中国法制出版社，2020.

[10] 最高人民法院法典贯彻实施工作领导小组. 中华人民共和国民法典理解与适用 [M]. 北京：人民法院出版社，2020.

[11] 杨立新. 《中华人民共和国民法典》条文精释与实案全析 [M]. 北京：中国人民大学出版社，2020.

[12] 杜月秋，孙政. 民法典条文对照与重点解读 [M]. 北京：法律出版社，2020.

[13] 郭明瑞，房绍坤，张平华. 担保法 [M]. 5 版. 北京：中国人民大学出版社，2017.

[14] 知识产权法：实用版法规专辑 [M]. 6 版. 北京：中国法制出版社，2020.

[15] 王迁. 知识产权法教程 [M]. 6 版. 北京：中国人民大学出版社，2019.

[16] 孔祥俊. 反不正当竞争法新原理 [M]. 北京：法律出版社，2019.

[17] 法规应用研究中心. 产品质量法、食品安全法、消费者权益保护法一本通 [M]. 7 版. 北京：中国法制出版社，2019.

[18] 吴景明. 《中华人民共和国电子商务法》消费者权益保护法律制度：规则与案例 [M]. 北京：中国法制出版社，2019.

[19] 赵松梅. 消费者权益保护法实用案例：实践应用版 [M]. 呼和浩特：内蒙古人民出版社，2019.

[20] 刘翠屏. 财经法规与会计职业道德 [M]. 2 版. 北京：清华大学出版社，2019.

[21] 吴霙斐，杨艳. 财经法规与会计职业道德 [M]. 上海：立信会计出版社，2019.

[22] 刘心稳. 票据法 [M]. 4 版. 北京：中国政法大学出版社，2018.

[23] 朱晓娟. 电子商务法 [M]. 北京：中国人民大学出版社，2019.

[24] 全国人大财经委员会电子商务法起草组. 中华人民共和国电子商务法条文释义 [M]. 北京：法律出版社，2018.

[25] 中华人民共和国劳动合同法：实用版 [M]. 北京：中国法制出版社，2018.

[26] 人民法院出版社法信编辑部. 劳动合同纠纷司法观点与办案规范 [M]. 北京：人民法院出版社，2017.

[27] 杨秀清，史飚. 仲裁法学 [M]. 3 版. 厦门：厦门大学出版社，2019.

[28] 杨兢，刘英俊. 仲裁法理论与实务教程 [M]. 厦门：厦门大学出版社，2020.

[29] 张卫平. 民事诉讼法 [M]. 5 版. 北京：法律出版社，2019.

[30] 江伟，肖建国. 民事诉讼法 [M]. 8 版. 北京：中国人民大学出版社，2018.